NEW

贾国栋 主编
北京德和衡律师事务所 编著

新能源项目
法律实务精要

ENERGY

马丽红 田江涛 刘俊丽
李霄然 张景盛 赵倩南 副主编

法律出版社
LAW PRESS·CHINA
北京

图书在版编目(CIP)数据

新能源项目法律实务精要 / 贾国栋主编 ; 北京德和衡律师事务所编著. -- 北京 : 法律出版社, 2024
ISBN 978-7-5197-8853-7

Ⅰ. ①新… Ⅱ. ①贾… ②北… Ⅲ. ①新能源-基本建设投资-经济法-研究-中国 Ⅳ. ①D922.674

中国国家版本馆 CIP 数据核字(2024)第 037779 号

新能源项目法律实务精要
XINNENGYUAN XIANGMU FALÜ SHIWU JINGYAO

贾国栋 主编
北京德和衡律师事务所 编著

策划编辑 林 蕊 周 洁
责任编辑 林 蕊 周 洁
装帧设计 李 瞻

出版发行 法律出版社
编辑统筹 司法实务出版分社
责任校对 杨锦华
责任印制 胡晓雅
经　　销 新华书店

开本 710 毫米×1000 毫米 1/16
印张 15.75 **字数** 242 千
版本 2024 年 4 月第 1 版
印次 2024 年 4 月第 1 次印刷
印刷 三河市兴达印务有限公司

地址:北京市丰台区莲花池西里 7 号(100073)
网址:www.lawpress.com.cn
投稿邮箱:info@lawpress.com.cn
举报盗版邮箱:jbwq@lawpress.com.cn

销售电话:010-83938349
客服电话:010-83938350
咨询电话:010-63939796

书号:ISBN 978-7-5197-8853-7
定价:65.00 元
凡购买本社图书,如有印装错误,我社负责退换。电话:010-83938349

本书编委会

主　编：贾国栋

副主编：（按姓氏笔画排序）

马丽红　田江涛　刘俊丽

李霄然　张景盛　赵倩南

编委会成员：（按姓氏笔画排序）

马丽红　田江涛　刘俊丽

刘笑冰　李霄然　吴志英

辛　艳　张　磊　张明阳

张景盛　赵倩南　胡　婧

贾国栋　景　赛　蔡美娟

前言 Foreword

在今天，无论从国内还是全球视野来看，人类面临应对气候变化减少碳排放和应对能源危机完成第三次能源革命两大任务，已是无可争议的共识。这两大任务共同指向一处——以风力和光伏为主要代表的新能源替代传统化石能源。

实际上，发展新能源不仅仅是大势所趋，且已刻不容缓。从投资的角度看，新能源行业是一个确定的、有长期而巨大投资需求的行业。据统计，要实现联合国《巴黎协定》的气候目标，全球需要在2030年前将气候投资增加至少7倍，年增长率要达到21%。我国要实现“双碳”目标，到2060年非化石能源比例要从2022年的15%增长到80%。因此，可以预测，未来10年左右将是新能源投资增长最快的期间。

在大势之下，北京德和衡律师事务所顺势而为，率先成立专门的新能源律师团队，专注于为新能源行业的投资者提供专业的法律服务。团队集合了北京、上海、深圳、青岛、济南等各地的合伙人和资深律师，专业领域涵盖投资并购、金融、私募基金、土地、房地产、建设工程、政府和社会资本合作模式（PPP）、反垄断、涉外、公司、证券、保险等，致力于为新能源行业的客户提供优质的综合性商事法律服务，为投资活动防范法律风险，助力客户获得商业的成功。

本书是德和衡新能源团队近期法律研究的成果，是团队中各位律师从自身专业领域和执业经验出发,对新能源行业涉及的法律问题的观察和初步研究。律师的价值,在于协助客户取得成功。文章的价值,在于指导实践。唯愿本书对新能源行业的投资实践有所助益。

编　者

2023 年 8 月

目录 Contents

第一章

新能源项目投资

1

碳达峰、碳中和目标下绿色投资的规范化需求

——私募股权投资基金视角

张景盛　景　赛

2020年9月，我国在第75届联合国大会上向世界宣布了在2030年前实现碳达峰、2060年前实现碳中和的目标。所谓碳达峰，是指在某个时间点，二氧化碳的排放达到峰值后不再增长，之后逐步回落。根据政府间气候变化专门委员会(IPCC)《全球升温1.5℃特别报告》，碳中和又称二氧化碳净零排放，是指一定时期内通过人为二氧化碳移除使得全球人为二氧化碳排放量达到平衡。①

不管是碳中和还是碳达峰，核心就是减少二氧化碳排放量，这不论是对全球气候环境、我国国际综合实力还是国内经济模式都具有战略性意义。目前来说，我国作为碳排放量最高的发展中国家，相比发达国家，实现“双碳”目标的任务显得更为艰巨，这也意味着巨额的投资资金与巨量的投资需求。为达到“双碳”目标，投资主题无疑将围绕新能源、能源基础设施以及绿色科技创新和传统产业改造转型等长时间维度的项目展开，具有长期性、资本多样性、直接投资的私募股权投资资金自然会成为“双碳”目标长期资本投入的重要一环。

---

① 参见李静、柯坚：《价值与功能之间：碳达峰碳中和目标下我国能源法的转型重构》，载《江苏大学学报(社会科学版)》2022年第3期。

一、"双碳"目标为私募股权基金带来新的发展机遇

(一)投资者绿色投资需求日益增长

"双碳"目标愿景下,传统经济逐渐向绿色经济转型,在投资领域,企业道德、环境等非财务领域的风险已经成为投资中不可忽视的重要风险。与此同时,以环境(environmental)、社会(social)和公司治理(governance)为核心的 ESG 责任投资正在成为资管行业进行投资标的筛选等投资决策的重要考量因素之一。

另外,新冠疫情后,投资者更加意识到可持续发展的重要性,意识到绿色技术和绿色产业发展的竞争力。不得不承认的是,新冠疫情使投资者提升了对绿色产业革命的再认识,一定程度上影响了投资者的投资选择。

(二)私募股权基金绿色投资风口逐渐显现

2019 年 2 月 14 日,国家发展和改革委员会(以下简称国家发展改革委)会同有关部门发布《绿色产业指导目录(2019 年版)》(以下简称《指导目录》),明确了节能环保、清洁生产、清洁能源、生态环境、基础设施绿色升级、绿色服务六类绿色产业,提倡各地方、各部门要以《指导目录》为基础,根据各自领域、区域发展重点,出台投资、价格、金融、税收等方面政策措施,着力壮大节能环保、清洁生产、清洁能源等绿色产业。与传统产业相比,绿色产业往往具有高科技性、可持续发展性、强竞争性以及正外部性等突出优势,经济效益与社会效益突出,发展前景好。随着全球气候变化加速,环境问题愈演愈烈,低碳转型、发展绿色产业已成了包括中国在内的许多国家的国家级战略,绿色产业投资也成为当前时代背景下的投资风口。

但与传统产业相比,绿色产业往往存在起步晚、高新技术要求高、初期投资需求大、投资回报周期较长等问题,这也使传统的绿色信贷与绿色债券无法完全满足绿色产业发展的需要,中小企业融资难的现象普遍存在。而私募股权投资基金可通过市场化的方式,较为高效地引导资金流向绿色产业,可以成为绿色产业融资渠道的重要补充。

二、私募股权基金绿色投资发展现状

2018 年 11 月 10 日,中国证券投资基金业协会(以下简称中基协)发布《绿色

投资指引(试行)》,第一次定义了"绿色投资"的概念,绿色投资是指以促进企业环境绩效、发展绿色产业和减少环境风险为目标,采用系统性绿色投资策略,对能够产生环境效益、降低环境成本与风险的企业或项目进行投资的行为。绿色投资范围应围绕环保、低碳、循环利用,包括并不限于提高能效、降低排放、清洁与可再生能源、环境保护及修复治理、循环经济等。《绿色投资指引(试行)》要求基金管理人应每年开展一次绿色投资情况自评估,报告内容包括但不限于公司绿色投资理念、绿色投资体系建设、绿色投资目标达成等,并于每年 3 月底前将上一年度自评估报告连同《基金管理人绿色投资自评表》以书面形式报送中基协。中基协每年发布自评估报告,为广大投资者了解绿色投资情况开辟了路径。

2022 年 12 月 13 日,《基金管理人绿色投资自评估报告(2022)》(以下简称《绿色投资自评估报告》)发布,《绿色投资自评估报告》从绿色投资战略管理、绿色投资制度建设、绿色投资产品运作三个方面对包括私募股权和创业投资基金在内的资产管理类会员机构[①]的绿色投资情况进行统计分析,综合显示 2022 年私募股权机构绿色投资建设及实践情况较 2021 年有所提升。以下具体来看这三个方面的统计数据。

(一)绿色投资战略管理

根据《绿色投资自评估报告》的调查结果,27.5% 的样本私募股权投资机构将绿色投资明文纳入公司战略,其中 66.7% 的样本私募股权机构进一步建立了绿色投资业务目标,其中 40% 的机构向投资者披露目标完成情况。

(二)绿色投资制度建设

根据《绿色投资自评估报告》的调查结果,现有样本私募股权投资机构中,开展绿色投资研究的比例较高,占比 65.4%;在投资标的评价方面,有 16.8% 的机构建立了绿色表现正面评价方法,11.0% 的机构建立了绿色表现负面清单,数量较少;针对环境风险,19.9% 的机构建立了监控机制,21.4% 的机构建立了应急处置

---

① 资产管理类会员机构分为证券类投资机构和股权类投资机构。其中证券类投资机构包括公募基金管理公司、私募证券投资基金管理人、除公募基金管理公司外的证券期货经营机构,股权类投资机构包括私募股权和创业投资管理人、证券公司及其资管子公司、私募子公司和公募基金管理公司子公司。

机制。

(三)绿色投资产品运作

从现有报告数据来看,首先,327 家样本私募股权投资机构中,44 家机构发行过以绿色投资为目标的产品,产品只数合计 70 只,其中 54 只产品遵循特定绿色投资策略,绿色投资策略主要为配置绿色低碳产业,在合同中约定清洁能源、新能源、节能环保、新材料、生态环境治理等投向领域。其次,33 只产品采取主动措施促进被投企业提升绿色绩效,相关措施主要包括主动与被投企业交流绿色理念、为被投企业提供增值服务、通过参与企业管理的方式推动企业绿色发展等。最后,样本私募股权产品多为近 3 年设立,样本私募股权产品数量分布较为分散,规模主要为 2 亿~10 亿元。从投资者类型来看,个人投资者、非金融企业和金融产品占比位列前三。

三、私募股权基金绿色投资现有规范体系

(一)现有私募股权基金规范体系

私募股权基金绿色投资仍属于私募股权基金投资的一种,在投资的募、投、管、退环节均需符合私募基金的相关规定。现行规范体系中,主要包括《私募投资基金监督管理暂行办法》《私募投资基金募集行为管理办法》以及其他相关自律规则的规定。

2022 年 9 月,上海市地方金融监管局等 6 家单位联合发布《关于支持上海股权托管交易中心开展私募股权和创业投资份额转让试点工作的若干意见》,为私募股权和创业投资股权投资人有序退出提供了政策依据,同时,支持发起设立专业化的私募股权二级市场基金(Secondary Fund,又称 S 基金)。这项政策的出台也为私募基金绿色投资项目的退出创设了新的路径,随着 S 基金政策的逐步完善,有望解决绿色投资长期性与私募基金投资人投资期限不匹配的矛盾,在一定程度上实现部分投资人提前退出的需求。

2023 年 2 月 20 日,中基协发布《不动产私募投资基金试点备案指引(试行)》(以下简称《不动产指引》),于 2023 年 3 月 1 日实施。这是证监体系为促进资本市场支持房地产市场平稳健康发展的又一重大举措。值得强调的是,《不动产指

引》第3条规定的不动产私募投资基金的投资范围中包括了新能源风电光伏设施等新型基础设施，这也意味着以新能源风电光伏设施作为投资项目的绿色投资同样可作为不动产私募投资基金的试点。

2023年2月24日，中基协发布《私募投资基金登记备案办法》（以下简称《私募基金备案办法》），并将于2023年5月1日实施。《私募基金备案办法》系对2014年1月发布的《私募投资基金管理人登记和基金备案办法（试行）》进行的修订。该《私募基金备案办法》将我国私募基金试行以来相关的碎片化规则化零为整，使私募基金自律监管进一步体系化、透明化。

（二）现有绿色投资规范体系

在遵循现有私募基金规范的情况下，亦应主动适用已公开的绿色投资指导规范，以筛选投资标的、最大化绿色投资优势。已公开的行业绿色投资规范除上述提到的《绿色投资指引（试行）》外，还包括中国证监会《关于支持绿色债券发展的指导意见》、《绿色信贷指引》及沪深交易所关于开展绿色公司债券试点的相关要求，中国人民银行、国家发展改革委、证监会发布的《绿色债券支持项目目录》，国家发展改革委办公厅《绿色债券发行指引》，国际资本市场协会（ICMA）《绿色债券原则》（GBP）和气候债券倡议组织《气候债券标准》（CBI）等。

四、私募股权基金绿色投资规范化需求

从上述私募基金绿色投资现状来看，我国目前展开绿色投资的私募基金投资机构中，已建立起完善投资管理体系的仍在少数，且多数开展绿色投资的私募基金投资机构的绿色投资战略仍只停留在战略层面，此种现象与我国目前私募基金绿色投资的相关政策文件体系的缺失直接相关。

为了真正发挥私募基金在绿色投资方面的巨大作用，顺应“双碳”发展潮流，需要在国家及行业层面建立相关专门规范化政策，而私募基金内部也需要建立全投资流程的绿色投资管理体系。具体来说，首先，应该建立相应的法规及行业自律规范标准，在投资标的筛选、资金使用、信息披露等各方面进行把控，尤其是建立相应的统计信息报送及信息披露制度，便于对投资情况进行宏观的统计及监测。此外，基于绿色投资初期性、长期性的特点，在基金募集备案方面及退出阶段应给予

相应政策上的一定便利,一定程度减轻投资者的投资及退出顾虑;其次,可以丰富对私募基金绿色投资的鼓励性及支持性政策,吸引社会资本真正参与私募基金绿色投资,更好地引导私募基金绿色投资的发展,助力"双碳"目标的完成。

2

新能源项目全阶段、各商业模式法律风险与合规分析

刘俊丽

在过去的2022年中，从国际来看，国际油价持续走高；从国内来看，距离实现2030年碳达峰目标仅仅余下不到7年，能源行业的改革、转型、升级、迭代的压力巨大。面对能源转型过程中必然伴随的阵痛，本文试从法律角度预判、预防和化解相关风险，以期推动新能源项目的发展。本文分为四个部分，分别是：（1）新能源的概念；（2）新能源项目各阶段法律合规；（3）新能源项目的各类商业模式及法律风险分析；（4）融资模式与现金流。

一、新能源的概念

国家能源局《能源法（征求意见稿）》（2020年版）定义了以下几个能源概念：（1）能源，是指产生热能、机械能、电能、核能和化学能等能量的资源，主要包括煤炭、石油、天然气（含页岩气、煤层气、生物天然气等）、核能、氢能、风能、太阳能、水能、生物质能、地热能、海洋能、电力和热力以及其他直接或者通过加工、转换而取得有用能的各种资源。（2）化石能源，是指由远古动植物的化石演变而成的能源，主要包括煤炭、石油和天然气等。（3）非化石能源，是指除化石能源之外的一次能源，主要包括水能、核能、风能、太阳能、生物质能、地热能和海洋能等。（4）可再生能源，是指自然界中可以循环再生、反复持续利用的一次能源，主要包括水能、风能、太阳能、生物质能、地热能和海洋能等。（5）清洁能源，是指开发利用、使用过程中环境污染物和二氧化碳等温室气体零排放或者低排放的能源。

1981年联合国召开的联合国新能源和可再生能源会议对新能源的定义为以

新技术和新材料为基础,使传统的可再生能源得到现代化的开发和利用。用取之不尽、周而复始的可再生能源取代资源有限、对环境有污染的化石能源,重点开发太阳能、风能、生物质能、潮汐能、地热能、氢能和核能等。

新能源在国内的标准规范、法律法规和政策均未给出明确定义。在传统意义上,新能源是相对于常规能源而言的。常规能源,是指技术上比较成熟且已被大规模利用的能源,包括煤炭、石油、天然气以及大中型水电等能源。新能源具有环保和可再生特质,当前把太阳能、风能、生物质能、地热能、海洋能以及核能、氢能等作为新能源,废弃物的资源化利用(如生活垃圾发电)也是新能源技术的一种形式。随着技术的进步,人们对新能源的认识和理解逐步加深与丰富,其内涵和外延将逐渐清晰。

二、新能源项目各阶段法律合规

新能源项目总体可分为三个阶段:一是前期准备阶段,主要指在取得核准或备案文件之前的准备工作,包括同意开展前期工作的批复、地质勘查报告、环境影响评价报告等,以及获取核准或备案和前期审批文件;二是项目建设阶段;三是项目并网投产阶段。

(一)前期准备阶段

此阶段除了需要对项目进行技术论证、各项可行性分析等,从合规角度还涉及以下问题。

1. 规模指标及竞争性配置问题

以风电、光伏为主的可再生能源发电项目在行业发展初期政府主要采取度电补贴的方式鼓励和扶持行业发展。而对于风电、光伏项目来说,获得该等补贴资格的一项重要条件,就是项目被纳入国家及各省市每年公布的规模指标。随着平价上网项目的推进,规模指标的要求也发生了相应变化。需要关注的是,自 2019 年起,除分散式风电外,新增核准的集中式陆上风电项目和海上风电项目应全部通过竞争方式进行配置和确定上网电价。而光伏项目的建设规模自 2016 年起,也需通过竞争性方式取得。如前所述,如未能取得建设规模,电站及项目公司将失去获得国家可再生能源基金补贴的资格。项目公司和投资人应结合具体项目情况,密切关注在项目立项申请环节各省竞配政策中对投资主体、项目接网、消纳条件、投资环境等申请条件及竞争性配置的程序性要求，详细分析并综合评估相关要求对电价及项目收益率的影响。

2. 用地、生态保护红线及其他问题

风电及光伏项目用地均需依照法律规定办理相关用地手续。此外，风电及光伏项目在进行项目前期规划选址时，需特别关注项目场区位置是否与国家禁止或限制项目建设的生态保护红线区域重叠。如占压生态保护红线，可能面临拆除风险。各省及国家层面针对风电、光伏项目涉及生态红线的问题也陆续发布了一些规定。自然资源部在其 2020 年 12 月的一则官网回复中明确新建风电、光伏等设施应避让生态保护红线。投资人应密切关注占压生态保护红线及相关政策法律风险。风电、光伏项目属于易影响当地生态环境、破坏植被、造成水土流失的建设工程项目，因此，对于法律要求的水土保持方案审批等诸多程序，在开发过程中也应予以关注。

3. 项目立项问题

风电项目在国家或地方政府核准，光伏项目由所在地投资主管部门实行备案管理。项目公司及投资人在申请核准备案时，应关注审批权限，避免越权审批。在获得立项文件后如果项目建设过程中建设地点、投资规模、建设内容等事项发生重大变更的，应向原立项机关申请变更。此外，项目送出线路部分的立项问题也应予以关注。

（二）项目建设阶段

由于风电、光伏项目的建设进度、并网时间和项目的上网电价与补贴政策息息相关，为了获取补贴红利，“突击抢装”成为行业普遍现象，由此也带来了诸多合规问题及法律风险。

1. 开工前审批手续及招投标问题

同其他建设项目一样，风电、光伏项目在取得立项批复后、建设开工前，需根据项目具体情况办理环境影响评价、压覆矿产资源审批、文物保护批复、军事设施批复、节能审批等政府审批。此外，此阶段项目公司还应取得电力方面的相关手续，如项目公司需委托有资质的单位进行电力接入方案设计，报当地市级电网公司发展策划部进行方案评审,请其出具接入和消纳初步意见;同时向省级电网公司就电网接入方案申请批复。

同时,从《招标投标法》角度还需要关注若干国家强制性要求对项目建设流程的影响以及相应的合规性风险。根据《必须招标的基础设施和公用事业项目范围规定》的规定,“煤炭、石油、天然气、电力、新能源等能源基础设施项目”必须招标。据此,对于新能源项目,结合其资金性质和项目性质,均属于应进行招标的项目类型。对于进行工程建设时所涉及的采购事项,并非一概而论均需进行招标,结合上述规定,对于新能源项目而言,如项目采购中预计采购金额超过如下标准,应当进行招标:施工单项合同估算价在400万元人民币以上;重要设备、材料等货物的采购,单项合同估算价在200万元人民币以上;勘察、设计、监理等服务的采购,单项合同估算价在100万元人民币以上。

在(2020)京01民终5173号案件中,2016年3月22日,B公司向锡林郭勒盟发展和改革委员会发出函件,请求参与该地区风电建设。3月28日,锡林郭勒盟发展和改革委员会出具关于配置特高压外送新能源资源的函,载明:原则同意B公司参与我盟特高压外送新能源建设,拟为B公司配置风电20万千瓦、光伏发电5万千瓦。B公司与A公司及其关联公司总计签署了四份咨询服务协议,约定A公司为B公司取得锡林郭勒盟风电项目提供咨询服务,费用为5000万元。这四份合同的签订没有经过招投标程序。后来,审计署认定这四份合同为虚假合同,B公司要求A公司退还已支付的费用。双方因而对簿公堂。

一审法院认为,涉案的四份咨询服务协议未经强制招投标程序而订立;且合同内容与当事人的内心真意不一致,意思表示不真实,故应当被认定为无效。B公司要求确认本案咨询服务合同无效之主张,有事实和法律依据,法院予以支持,判令A公司退还B公司已支付的咨询服务酬金1100万元。二审法院驳回了A公司上诉,维持原判。

2. 项目用地合规性问题

用地问题是此类项目的难点及重点。风电、光伏项目均存在电站建设占用土地面积大、用地类型多样的情况。对于陆上风电项目和光伏项目来说,项目所涉及的风电机组用地、升压站等永久设施占地部分均应按照建设用地管理,项目公司应取得土地使用权(如涉及农用地转为建设用地的,应办理相应农用地转用审批手续;涉及征地的,应办理相应土地征收审批手续)。对于光伏列阵、风机吊装平台等部分,如使用戈壁、荒漠、荒草地等未利用土地的,该部分项目占地可按原地类认定,用地允许以租赁等方式取得。对于符合条件的光伏复合项目及光伏扶贫项目来说,则有更为优惠的用地政策。实践中,项目用地情况一般都比较复杂,均需要结合具体的项目情况进行判断。建议投资人加强用地环节的审查及合规管控,以避免违反用地规定可能导致的项目停工、拆除、行政处罚甚至刑事责任的风险。

3. 项目建设及竣工验收问题

陆上风电、光伏项目在建设环节应取得相应建设用地规划许可证、建设工程规划许可证和建筑工程施工许可证等。对于海上风电项目来说,项目建设环节应取得海域使用权审批等诸多针对用海及海上作业的特殊审批证照。实践中主要关注工程总承包(EPC)代项目业主办理的情形及其相关法律风险。项目建设完成后,风光电项目需依法依规组织进行环境、安全设施、水土保持、并网及建设的各项竣工验收,未经验收项目不得投产使用。

(三)项目并网投产阶段

风电、光伏项目公司在相关发电机组投入商业运营之前,应取得发电类的电力业务许可证。对于分布式光伏及分散式风电项目来说,经能源主管部门以备案(核准)等方式明确的分布式发电项目不纳入电力业务许可管理范围,该等项目可直接申请并网发电,无须取得发电类电力业务许可证。风电、光伏项目在投运阶段主要涉及电价确定、购售电、运维等方面的内容。项目投入商业运营前,项目公司应与当地电网公司签署购售电合同及并网调度协议,并根据实际运维安排签署必要的协议。审核时应注意上述协议的重点难点条款,锁定核心商业风险。

购售电合同重要条款包括合同的适用范围、售电方权利义务、购电方权利义务以及关于电价执行标准的约定。新能源场站并网调度协议重要条款包括协议适用范围、新能源场站权利义务、电网企业权利义务以及关于生产安全的约定。

三、新能源项目的各类商业模式及法律风险分析

2030 年碳达峰、2060 年碳中和的“双碳”目标倒逼中国的能源转型,为了实现这一目标,需要大力发展风电、光伏发电等新能源,以此促进我国能源转型。在强

大的碳减排需求及政策支持下，在未来很长一段时间内，我国新能源电站的新建及投资并购将持续掀起热潮。如何迅速找到优质的新能源项目，是众多积极投身“双碳”经济建设中的企业所面临的第一步问题。本部分将逐一介绍并解析新能源项目的各类商业模式及相应的法律风险。

（一）自建项目模式

在通常情况下，投资方可按照一般的自建项目流程，对接各地的能源局，寻找有关新能源项目的机会。以投资方自身队伍和力量，实施开发、建设、运营的全过程。在上述工作过程中，可能涉及的主要的合同有：项目投资开发协议、土地出让/租赁协议、融资租赁/借款合同、EPC 总承包合同、道路补偿及建设合同、并网调度协议、购售电合同、运维合同等。

在自建项目的模式下，投资方自身拥有项目开发团队以及丰富的操作经验。除了关注常规的合同签订及履约风险外，尤其要注重在最近几年国家对生态环境重点保护的政策背景下，投资方和政府签订的投资协议所衍生的土地出让合同因涉及环保问题无法执行，进而导致合同履行纠纷的问题。

在“古田翠屏湖爱乐置业有限公司、福建爱乐投资有限公司诉古田县人民政府行政协议及赔偿案”中，2014 年 7 月 3 日，古田县人民政府（以下简称古田县政府）与福建爱乐投资有限公司（以下简称福建爱乐公司）签订了《古田县翠屏湖片区项目投资框架协议书》，约定项目总投资约 50 亿元，用地总面积约 1000 亩，项目定位为酒店、居住、旅游为一体的现代化高端生态城市综合体。随后，古田翠屏湖爱乐置业有限公司（以下简称古田爱乐公司）进行项目建设，不同程度建设了酒店、附属楼及 50 余栋别墅并预售了部分别墅。其后，古田县政府及有关部门以适应省生态文明实验区建设需要，依照新颁布的水资源、国有林场的有关行政管理规定，按照省有关主管部门的意见和建议，以停止翠屏湖沿线公路内侧地产类开发项目的实施、对翠屏湖高头岭片区规划进行新的调整等为由，叫停了案涉项目的开发建设和经营销售。同时，古田县政府成立整改对接工作小组，启动协商收回国有建设用地使用权等工作。后因收回及补偿事宜协商未果，古田爱乐公司、福建爱乐公司提起行政诉讼，请求解除双方签订的招商引资合同（《古田县翠屏湖片区项目投资框架协议书》和《补充协议》）及补偿损失约 2.6 亿元。

福建省福州市中级人民法院一审认为，因政策、规划、用途等调整，涉案行政协议已无法履行，福建爱乐公司和古田爱乐公司请求解除案涉行政协议应予支持。为此，一审判决解除双方签订的《古田县翠屏湖片区项目投资框架协议书》及《补充协议》；由古田县政府向古田爱乐公司支付302,146,933元及相关利息的损失。福建省高级人民法院二审期间，经多方组织调解，促成各方自愿达成调解协议。

从法律上分析，首先，我们认为，政府与投资方签订的土地出让合同，系基于特定项目所产生的合同关系，如果因此发生纠纷，在双方无法协商一致的情况下，该合同具有可诉性。其次，由于政府原因无法向投资方提供特定项目所需的土地，进而导致合同无法履行，投资方有权要求解除合同，并要求得到损失赔偿。

因此，投资方在项目获取及相应工作全面展开之前，应对项目土地的背景情况、当地政府的土地规划等审批文件作充分论证，检验不同政府机关文件之间的一致性和闭环性。总之，除了经济指标、资本收益率之外，投资方还需关注因政府审批、规划、环保等政策原因导致的土地不可用，项目不可建等风险因素。

（二）委托渠道方获得项目进行自建

投资方除自己寻找项目资源外，往往也可以通过委托具有项目资源信息的渠道方协助寻找项目资源。渠道方能够更加便利地获取指标信息、沟通地方、降低开发成本。渠道方得到项目信息，进而链接投资方和项目所在地政府部门达成合作后，可根据与投资方签订的委托合同或中介合同获得报酬，从而实现双方的互利共赢。

在此类商业模式下，除了常规建设中所涉及的合同以外，涉及的较为特殊的合同有投资方与渠道方的委托协议或中介协议。这一合同的相关法律风险是：第一，建议在与渠道方的合同中设置明确的时限，超时则解除合同。第二，要限制渠道方的授权范围，尤其要限制部分渠道方以受托身份超出授权范围，或者未经投资方同意以投资方名义从事越权的事务。例如，某项目投资方发现渠道方竟然持委托合同，以私自刻制的“某投资方××地新能源项目部”公章在项目所在地开展工作，这种情况无疑对投资方产生了极大的法律风险。同时，对于向渠道方支付费用问题，投资方也需要注意自身内部的审计风险。

(三)与渠道方合资成立项目公司进行项目建设

在上一种模式下,某些渠道方的诉求除了获得委托的中介费用之外,还希望深度参与项目的开发建设,或者以其他方式获得更大收益。因此,有些渠道方可通过参股建设项目公司来进行商业合作。但是,渠道方通常资金实力有限,融资实力弱,在新能源项目建设过程中,难以长期持续有效地支撑资金链条。在这种情况下,可以前期设立项目公司,在项目核准后、投资方主要建设资金投入之前,渠道方再通过股权转让退出。这种商业模式又称"预收购"。

在这种模式下,如果渠道方转让股权退出,其预期收益的取得成为焦点问题。如果收购方为国企,其任何收购均需要通过审计评估等定价程序,流程过长会拖延成交时间,给渠道方带来风险。同时,渠道方也不愿意等到项目建成后再转让股权退出、通过收购环节获取收益。因此,此种模式下,需要寻找到各方的利益平衡点。除此之外,还需要符合法律规定以及各个投资方内部的风控制度。

此种模式的典型项目表现为:投资方与渠道方按照 2∶8 的股权比例建立项目公司,项目公司获得核准前,完成项目公司的 EPC 等主要工作的预先招标采购程序,在项目公司获得核准后,渠道方再零对价转让股权给投资方,实现股权退出,而渠道方通过业务合作得到商业机会。

在该种模式下,投资方需要重点关注以下三个问题。

1. 鉴于项目公司在项目获得核准之前,投资方并不控股,除部分已经商定的事项外,原则上应当由渠道方对公司实施管理

投资方对于控制哪些事项需要重点关注。首先,项目公司认缴不实缴。约定项目前期工作的成本和费用均由渠道方承担。其次,严控项目公司的管理:(1)双方共管印章,所有用印手续必须经过管控。(2)公司法定代表人由投资方选定。(3)项目公司严禁开展融资、担保、借贷等活动。(4)项目公司不开户,不开展除项目核准申报之外的任何经营活动。当项目公司满足适当条件后,可开展经投资方认可的部分工作,如工程建设的预先招标等。(5)项目公司登记的法定代表人由执行董事担任,执行董事和经理由投资方指派的一人担任,同时建议监事也由投资方指派人员担任。上述限制条件,在项目公司获得项目核准、渠道方转让股权退出后失效。

2. 预先设定好合作条件无法成就时的退出机制

即使对项目公司实施严格管控，但因项目的推进具有不确定性，加上投资方分公司和子公司数量、企业层级限制等内控要求，项目公司在设立之初就要建立好退出机制。投资方的退出方式有两种，一是渠道方收购投资方的股权，二是直接注销项目公司。若投资方为国有企业，以股权转让的方式实现退出，会涉及国有资产转让程序事项，因此在实践中通常以直接注销企业的方式退出。建议建立如下风控措施。

首先，在签订合作协议中，明确约定项目公司的存续条件与时限，如果合同期限届满，项目公司尚未得到项目核准，项目公司予以注销，除非投资方和渠道方协商一致延长存续时限；其次，各方应确保项目公司注销的法律文件齐备，包括但不限于股东会决议、申请注销的申请文件等，注销文件可由双方共管。若项目公司按照上述意见严把风控措施，该注销基本不会产生大额成本费用，也不会导致项目公司或投资方的经济损失。

3. 该模式是否会触发“倒卖路条”的监管机制

国家能源局于 2021 年 11 月 24 日发布的《光伏电站开发建设管理办法（征求意见稿）》删除了原办法中的“项目单位不得自行变更光伏电站项目备案文件的重要事项，包括项目投资主体、项目场址、建设规模等主要边界条件”。国家能源局综合司于 2022 年 1 月 6 日公开发布拟废止《关于规范光伏电站投资开发秩序的通知》，这似乎表明“路条”监管政策终将退出历史舞台。

在孝义市人民法院（2018）晋 1181 民初 233 号案中，2017 年 6 月 26 日，原告电子科技公司与被告光伏新能源公司签订《8.5 兆瓦项目预收购协议》，就被告开发的屋顶 8.5 兆瓦光伏发电项目预收购事宜约定：自协议签订之日起，原告需在 7 个工作日内完成对项目的尽调工作，若项目通过原告尽调审核，被告需将合同约定的文件原件交于原告，同时原告支付被告预收购订金 1 万元；若原告 40 天不进场、不施工视为放弃，合同作废，保证金不退。

由于我国法规政策明令禁止风电、光伏项目在并网前擅自变更投资主体，部分投资人为提前锁定收购方，往往通过签订预收购合同的方式，约定于项目并网后进行项目股权收购。在该模式项下，仍存在买卖“路条”之嫌疑，预收购合同是否有效存疑。尤其对于风电项目而言，因其采用核准制，故预收购合同可能因违反《行政许可法》的规定而无效;对于光伏项目而言,其虽然采用备案制,但由于预收购协议一般仅约定股权收购的前提条件与基本要求,投资人亦只承担条件成就或期间届满后,就项目公司股权转让事项签署股权转让合同的义务。同时,转让方如违反预收购合同,也仅承担预收购合同项下的违约责任,故收购方无法直接要求股权转让或对股权收益等可得利益主张赔偿。因此,即便对于已经发生的合理损失,也可能会因为自己本身亦存在过错而分担损失。

(四)受让前期成果,获取项目

1. 模式概述

此种模式处于新能源项目的第一阶段(前期准备阶段),在该种模式下,原开发主体通常已经完成前期工作,包括取得同意开展前期工作的批复文件、地质勘查报告、环境影响评价报告等工作,但尚未获得项目的正式核准或备案文件。原开发主体通常囿于资金周转问题等困境,已无法再继续建设项目,因此,双方在政府认可的情况下签订权益受让合同,原开发主体将第三方合同权利义务概括转让给投资方,即前期成果的业主方变更到投资方的项目公司名下。最终投资方继续以项目公司的名义获取后续的核准备案文件和环境影响评价等审批文件。

2. 主要法律风险识别及防范措施

投资方受让原开发主体的前期成果合同的前置条件是政府认可,目的是获得项目正式立项文件。首先,对于投资者而言,合同权益的实现并非现实利益,而更多的是基于双方的信任关系所产生的一种期待利益的自觉履行,因此在权益转让合同的签署阶段,投资者须全面核查第三方的资质信息、履约能力和信用评级,尤其是编制环境影响评价报告的单位必须具备相应资质,否则可能影响后续行政部门审批进度。其次,投资者须规范合同签约过程,须采用书面形式承继合同权利义务。最后,投资者须谨慎审查合同条款,确认合同具有可转让性后,一旦发生争议,可根据合同内容进行客观衡量责任归属问题。

(五)直接受让立项文件,获取项目

1. 模式概述

虽然此模式也处于新能源项目的第一阶段(前期准备阶段),但与上述第四种

模式不同的是,此种模式下原开发主体通常已经取得了项目正式的核准备案文件和环境影响评价等报告。由于原开发主体发生现金流断裂等融资障碍,无法继续进行项目的后续建设。当地政府为了保证项目的继续运行,主动招商引资确定新的开发主体,并组织双方进行磋商,决定重新核准或备案项目业主,将项目业主变更为投资方,原开发主体退出。

2. 主要法律风险识别及防范措施

为促进地方经济总量增长,政府通常会出面主导原开发主体与投资方共同召开会议,并达成会议纪要。但应当明确的是,会议纪要不等同于合同,不具备法律效力。合同成立的两大要素是要约和承诺,由于会议纪要为政府单方行为,并无原开发主体与投资方的签章,因此不具备承诺要件,不能视为双方达成合意。并且,会议纪要是行政主体的内部行为,也不具备可诉性。

鉴于该种模式受让权益的特殊性,投资者可能会依赖政府见证,忽视合同效力、限制性条款而使受让行为产生法律瑕疵。首先,投资者可能会基于未附签章的会议纪要、往来函件,以口头承诺的方式受让合同权益,但地质勘查报告、环境影响评价报告均须为要式合同,若未签署正式书面合同,不具有法律约束力。其次,投资者可能会忽略原合同中的限制转让条款,若未经第三方同意,原开发主体直接转让合同权益给投资者也会增加可转让性风险。我们提示投资方在该模式下,切忌过度依赖政府行为,虽然由政府中间搭桥主导双方进行磋商,但从法律层面上讲,合法有效的合同才能产生法律约束力,保障投资方的合法权益。

实践中,关于新能源项目转让对象存在几种说法:项目开发权、项目前期成果、项目开发权+项目前期成果、项目机会权益。其中,项目开发权指的是项目的核准或备案文件,实质是行政许可,不可转让;项目前期成果指的是已经完成的各项评估报告和测算指标数据,实质为合同权益,可以转让;项目机会权益又称优先权转让,指的是一方放弃竞标,对方给予一定公允补偿的方式。就此模式而言,项目前期成果是依附于项目开发权的表现载体,项目开发权是前期成果的内在权益,二者是形式与实质的对应关系,原则上不可分割。我们提示投资方,在实践中,若双方因此产生诉讼争议,主张诉求时须明确新能源项目的转让对象实质是项目整体转让,即项目开发权+项目前期成果。

（六）EPC 总承包方垫资后，处置项目公司的股权获得项目

1. 模式概述

该种模式在实践中比较常见，渠道方在项目建设期不投入或投入较少资金，而是选择投资方作为 EPC 中的总承包方垫资建设项目，同时渠道方将项目公司的股权质押给投资方，并设置其他相关担保措施如资产抵押、电费收益权质押，待项目并网投产后，投资方通过司法拍卖途径受让项目公司的股权。

2. 主要法律风险

第一，项目收购成本高。由于获取项目的节点在并网投产且要通过司法拍卖程序，因此该种模式的周期长、费用高，即通过诉讼收购项目耗时较长，评估拍卖费用较高。第二，EPC 中各方的选定需要履行招标程序，指定投资方为 EPC 总承包方存在因违反招标投标法而导致行政处罚或合同无效的风险。第三，以司法拍卖程序受让股权存在不确定性。司法拍卖基本通过公开竞价的方式开展，“价高者得”是基本特征，各项程序设计的根本目的也在于最大限度发挥司法拍卖的经济价值，投资者也并非项目公司股东，无优先购买权等权利，因此受让标的股权就存在极大的不确定性。第四，若项目无法满足投资方收购要求，可能难以寻求其他受让方，而投资方作为 EPC 总承包方垫资建设，存在垫资款无法收回的风险。

因此，该种商业模式下，投资方利益的实现存在多种障碍：若采用该种模式，投资方需要完善担保措施的登记手续，才能保障债权顺利实现。

3. 类似模式

实践中还存在与本模式类似的一种新能源项目获取方式，即处理债务人所持有的项目公司的股权获得项目。两种模式的共通性在于最终都是通过司法拍卖的途径受让项目公司的股权。但区别在于该种模式中，受让方起初并无收购项目之意，由于受让方对原开发主体享有债权，原开发方又不履行债务时，受让方最终通过强制执行程序受让项目公司以实现债权价值。

（七）受让已建成项目公司的股权，获取项目

1. 模式概述

该种模式为投资方收购存量项目的传统收购方式。一般在项目并网投产后，

投资方与原开发主体接触、洽谈收购事宜，再由投资方聘请的三方审计、评估、法律机构对项目及公司情况进行调查，最后拟订收购方案，完成股权交割和管理权交割事项。

2. 主要法律风险识别

值得关注的是，随着国务院国有资产监督管理委员会相关考核办法的收紧以及央企对于新能源投资市场的越发了解，在其新能源项目合作开发及并购方面，央企的推进力度有收紧趋势，主要体现在项目合规性，包括土地性质以及老项目的补贴申报手续等方面，如土地合规已经成为央企、国企上会立项的一个基本条件。

在该过程中可能存在的风险有：第一，政策合规风险。若在新能源收购过程中，投资方因对国家、地方政策不了解，收购前调查不力等因素导致遗漏项目问题，必然增加收购风险，进而可能造成国有资产的流失。第二，财务风险。若投资方因金融市场融资条件变化等因素，或对自身财务状况认识不足导致新能源项目的资金链断裂，可能会危及原企业的总体发展。第三，市场风险。新能源项目发电收益与当地电力市场供需、消纳情况息息相关，这些因素亦可能会影响项目的预期盈利。第四，运营风险。新能源项目生产设备、风光资源、运维成本等因素影响项目的预期盈利状况。

3. 法律风险防范措施

碳达峰、碳中和的实现是一个阶段性的历史时刻。企业首先应立足于国家能源战略规划目标，并结合企业自身发展，确定新能源收购业务的定位和方向，确保外部环境与内部环境契合，部署总体战略方案，具体可分为三个方面。第一，优选目标。投资方在锁定新能源项目时，应全方位考虑项目出让方、建设方的影响力与信赖值，同时完善收购预期模式，确保项目质量优乘。第二，专业机构辅佐。为保障收购效益、梳理项目风险点、挖掘项目潜在风险，投资方须委托审计财务机构、律师事务所、资产评估事务所从不同角度切入调查，进而汇总项目的总体风险，论证收购方案的科学性和合理性，提高企业综合经济效益和核心竞争力。第三，设计收购方案。在满足上述条件后，我们特别提示投资方须根据法律、财务、评估、技术尽调出具的报告及意见设计风险防范交易条款，并重点关注双方权责划分界限、股权转让价款、付款节点与比例、资金安排与进度、过渡期安排、消缺事项质保金等重点事项。

四、融资模式与现金流

在新能源项目融资方面,境内的风电、光伏项目采用标准的有限追索或者无追索的项目融资模式的项目较少,采用传统公司融资模式的较多。不少项目采用银行贷款或融资租赁方式,与融资方签署相应借款或融资租赁合同。项目公司通常会以其电站电费收费权质押、项目公司股权质押、大股东担保及不动产抵押等作为融资增信措施,获取融资方的资金支持,以满足项目公司的建设和生产经营资金需求。

影响项目现金流的核心是消纳问题及电价补贴。就电价补贴而言,我国风电、光伏项目的电价政策经历了从固定标杆电价阶段到指导电价阶段的沿革历程。具体来说,2011 年至 2018 年,风电项目按照全国四类风能资源区制定相应风电标杆上网电价,光伏项目按照三类太阳能资源区实行标杆上网电价制度。该等标杆上网电价呈逐年降低趋势。2019 年起,风电、光伏项目指导价制度与风电光伏站的竞配制度配套出台,标杆上网电价制度被取代。而自 2020 年 1 月 1 日起,现行燃煤发电标杆上网电价机制改为“基准价 + 上下浮动”的市场化价格机制。对于风电、光伏项目来说,如指导价低于项目所在地燃煤发电基准价(含脱硫、脱硝、除尘电价),则指导价需按当地燃煤发电基准价执行。

随着电力交易市场化改革的推进,部分省区市如内蒙古、云南、山西,已经陆续发布规定要求风电、光伏项目部分电量进入当地电力交易市场交易,在此情况下项目公司就进入电力交易市场交易的电量,实际获得的电价或低于当地燃煤发电基准价。此外,近年来国家层面积极推进无须补贴的风电、光伏平价上网项目建设,对于平价项目,在保障优先发电和全额保障性收购、购售电合同期限及固定电价、优先利用国有未利用土地、土地相关收费方面均予以政策性支持。各省相继就平价风电、光伏项目出台了进一步的规定,对平价项目出台了一些地方性的优惠政策。总的来说,电力市场化交易及平价项目相关政策的落地,对项目消纳问题亦有很大影响,值得投资人给予重点关注。

对于投资人来说,无论是拟收购存量项目,还是拟开发新的风电、光伏项目,首先需紧密关注当前政策中对于补贴、平价项目备案/核准和并网的相关要求,结合项目实际建设进度及各项目具体情况,审核项目电价及补贴的合规性。例如,自 2021

年1月1日开始,新核准的陆上风电项目全面实现平价上网,国家不再补贴。而对于过往的存量项目,2018年年底之前核准的陆上风电项目,2020年年底前仍未完成并网的,国家不再补贴;2019年1月1日至2020年年底前核准的陆上风电项目,2021年年底前仍未完成并网的,国家不再补贴。该等项目将转为平价项目管理。此外,对于平价风电、光伏项目,项目公司也需及时申请纳入各省市组织的平价项目清单,被纳入清单的平价项目才能享受平价项目政策上的优惠待遇。应根据项目具体适用的全生命周期小时数、补贴实际支付(或延迟支付)周期并结合项目机组利用率等技术边界,综合项目本身消纳相关风险,合理评估及测算现金流及项目投资回报。

在北京市高级人民法院(2018)京民初190号案中,某金融租赁公司(出租人)与Z公司(承租人)签订《融资租赁合同》约定,出租人根据承租人对卖方和租赁物的选择及确定的交易条件出资购买租赁物,再将租赁物以融资租赁方式出租给承租人使用。同日,某金融租赁公司、Z公司与国建公司签订《融租购买协议》约定:鉴于Z公司已自行选择并与国建公司签订了《项目采购协议》委托国建公司采购风电场项目设备,三方确认前述合同项下的采购设备由某金融租赁公司为Z公司提供融资租赁服务,某金融租赁公司通过本协议追溯承认对Z公司的委托购买行为。设备所有权为某金融租赁公司所有,且其仅承担根据Z公司申请进行付款的义务。后该金融租赁公司依约向国建公司支付了设备购买款项。但因Z公司未能按期支付其到期应付租金,某金融租赁公司遂向法院提起诉讼。

实践中,融资租赁是新能源项目获取融资的一种常见和重要的方式。但由于光伏、风电项目具有其特殊性,光伏组件、风机本身并不能产生收益,只有建设完成光伏风电电站后才能取得发电收益。故一旦发生争议,则双方通常会对租赁物究竟是组件、风机,还是电站,以及是否完成交付存在不同认识,这也会在一定程度上影响法院对于融资租赁关系的认定。对此,根据最高人民法院《关于审理融资租赁合同纠纷案件适用法律问题的解释》规定,需结合标的物的性质、价值、租金的构成以及当事人的合同权利和义务进行认定。如不存在确定的、客观存在的租赁物,或租赁物所有权未转移至出租人,抑或租赁物转让价值明显偏低而无法担保租赁债权,应认定该类合同没有融物属性,系以融资租赁之名行借贷之实,不构成融资租赁法律关系。而在上述案件中,法院认为,Z公司与某金融租赁公司以附表的形式对《融资租赁合同》《项目采购协议》《融租购买协议》的对应关系及内容予以确认,双方签订合同的内容及履约事实符合融资租赁合同的基本特征，并判决 Z 公司限期支付合同项下租金、租赁手续费及逾期罚息。

五、结语

本文从新能源项目的流程与各种商业模式两种角度出发，相应分析了各自的法律风险与合规问题。由于新能源项目投资并购一直处于风口之中，供不应求的态势使新能源市场呈现“卖方市场”，投资方在思考如何快速抢占市场的同时，更要注重如何防范法律风险，才不至进退维谷。

对于拟在风电、光伏等主要新能源领域布局或加大投入的投资人来说，了解此类项目全流程环节可能涉及的法律问题，有助于在项目开发时提高规则意识、加强风险管理，依法合规开拓市场，规范项目实施及强化投资并购交易中的合规管理，从而确保投资收益。

3

新能源项目并购投资法律实务要点解析

吴志英

能源是经济社会发展的重要物质基础，也是碳排放的最主要来源。坚持安全降碳，大力实施可再生能源替代，推进煤炭消费替代和转型升级，加快构建清洁低碳安全高效的能源体系，是深入贯彻落实党中央、国务院关于碳达峰、碳中和的重大战略决策中的重要任务。国务院2030年前碳达峰行动方案指出，到2030年，风电、太阳能发电总装机容量达到12亿千瓦以上。

2023年2月13日，新能源和可再生能源司副司长王大鹏在国家能源局新闻发布会上介绍，2022年，全国风电光伏发电新增装机突破1.2亿千瓦，达到1.25亿千瓦，连续三年突破1亿千瓦，再创历史新高。截至2022年年底，可再生能源装机突破12亿千瓦，达到12.13亿千瓦，占全国发电总装机的47.3%，其中，风电3.65亿千瓦、太阳能发电3.93亿千瓦。

"双碳"目标指引下，我国新能源行业的开发、投资将持续处于风口之中。本文主要从新能源项目并购视角，结合笔者多年行业服务经验梳理新能源并购过程中应关注的主要事项及风控点。笔者做律师前曾在清洁能源上市公司，从事新能源项目投融资多年，为项目投资开发、建设、运营、转让提供全程法律服务以及为项目融资交易提供法律服务，积累了一些并购投资的实务经验，成为执业律师后，也处理了一些新能源并购投资业务及相关法律服务，能较好把握新能源政策、商业和政策监管环境，为并购投资业务投资人及企业提供综合解决方案。

一、我国新能源并购投资的发展现状

（一）我国新能源并购投资规模快速扩张

根据德勤中国2022年新能源行业投资并购交易分析，2022年新能源行业投资并购已披露交易金额约为3399.4亿元，清洁能源发电产业链中，下游电站投资并购交易遥遥领先，其中光伏电站和风力电站为投资重点，多能互补电站可通过能源互相补充以提高输出和利用效率，亦受到投资者关注。在新能源投资受资本市场追捧和央企国企参与加持下，笔者预估我国新能源发电年投资额已过万亿元，基于我国新能源行业开发、投资的特点，大部分新能源投资均有并购属性，我国的新能源并购投资额每年在数千亿元以上。

德勤中国2023年2月发布的《2022年新能源行业投资并购交易分析》数据显示，2019年至2022年，新能源行业投资并购交易量分别为319笔、304笔、447笔和519笔，整体呈上升趋势。民企参与新能源行业投资并购热度不断增加，交易量从2019年的92笔增加至2022年的142笔，主要集中在动力电池产业链和清洁能源发电，多为基于战略并购横向扩张以及布局产业链上下游；在能源转型政策导向下，国企参与度不断提升，参与新能源行业投资并购交易量占同期全部交易比重于2021年达到最高值（29.5%，132笔），主要集中在清洁能源发电；私募股权投资（PE）/风险投资（VC）类投资方参与交易活跃度整体呈波动上升趋势，2019年至2022年交易量分别为126笔、124笔、183笔和241笔。

可见，我国新能源电站的投资并购已经有了巨大规模。

（二）并购的拟建新能源项目在平价上网和竞争性上网机制下，直接影响发电收入

自2021年8月1日起，新备案的光伏发电、陆上风力发电都已实现无政府补贴下的平价上网，并且保障小时数外的发电量还要竞争电价上网，同时叠加部分地区发电量消纳不足导致弃风限电损失，直接影响新能源企业的发电收入。受区域影响，不同地区的光伏发电项目年有效利用小时也存在极大偏差，东南、西南地区光照小时数低，年有效利用小时数为1000小时左右，新疆、青海、宁夏、内蒙古等三北地区，光资源好，年有效利用小时数为1600小时以上，但由于经济欠发达，本地

电量需求小，存在当地不能完全消纳的问题，也就是投资面临限电问题。同时，随着电价市场化交易，实际电价会低于标杆电价，对新能源投资企业预期收入也会造成很大影响。

平价上网时代，对于新能源光伏行业来说这会是一个全新的起点，也对光伏发电降本提出了更高的要求，加快技术创新和产品迭代，提升自身竞争力，是光伏步入“后平价”时代的重中之重。

（三）存量项目受补贴拖欠及电站质量问题影响，面临收入持续降低的经营风险

对于补贴未发到位的项目，要充分考虑补贴拖后对并购投资收益率的负面影响，同时还要考虑补贴发放的周期，①甚至可能因补贴拖欠而面临现金流枯竭。由于国家可再生能源基金面临缺口，要考虑补贴资金何时到位。随着政策调整，后续补贴有可能以绿证交易和市场交易等方式减少补贴需求，投资并购要充分考虑补贴政策变化对项目收入的重大或有负面影响。

另外，“抢电价”时期造成很大部分项目质量有缺陷，最为突出的就是光伏组件、风机在保管、运输、安装、调试、运维等环节不符合规范，可能存在大量发电设备质量问题导致的发电效能急剧下降，最终导致发电收入大大偏离预期。当然影响发电收入的还有运维水平、设备选型、设计安装等很多因素。作为并购方，应充分考虑拟并购项目的收入变化，合理测算投资收益率。

二、新能源项目并购法律尽职调查应重点关注的事项及防范建议

新能源投资并购过程中，投资者除了可能面临传统投资并购所涉及的各类风险之外，还可能面临新能源装机规模考核、交易成本等风险。作为新能源并购行业

---

① 根据财政部《关于提前下达 2022 年可再生能源电价附加补助地方资金预算的通知》（财建〔2021〕346 号），电网企业应严格按照《资金管理办法》，将补贴资金拨付至已纳入可再生能源发电补助项目清单范围的发电项目。在拨付补贴资金时，应优先足额拨付国家光伏扶贫项目、50kW 及以下装机规模的自然人分布式项目至 2022 年年底；优先足额拨付公共可再生能源独立系统项目至 2021 年年底；优先足额拨付 2019 年采取竞价方式确定的光伏项目、2020 年起采取“以收定支”原则确定的符合拨款条件的新增项目至 2021 年年底；对于国家确定的光伏“领跑者”项目和地方参照中央政策建设的村级光伏扶贫电站，优先保障拨付项目至 2021 年年底应付补贴资金的 50%；对于其他发电项目，按照各项目至 2021 年年底应付补贴资金，采取等比例方式拨付。

专业律师，除了对传统公司并购技能的掌握，更应系统了解新能源行业法律、合规、投资、并购、造价、技术、工程建设等特点，在尽调发现问题后，提出消除风险、降低风险、转移风险等解决方案，保证并购方商业利益。而基于并购方的商业利益实现，并购交易团队需要能够精准发现交易核心风险，设计出切实有效的交易结构，并在交易文件中设置相应条款安排，帮助交易能够顺利落地。

近几年，新能源投资项目兴起，但受制于建成并网前项目公司股权变更限制等因素，一些项目公司基于融资困难而大量采用 EPC 垫资的方式进行项目建设，后续项目建成后融资仍无法到位，项目公司无力偿还工程垫资款，项目业主只能寻求通过股权转让方式实现债务偿还。过去，大部分中小民营企业投资新能源项目后最终通过溢价转让给央国企或上市公司获取投资收益，由于此类股权收购又掺杂了垫资建设等因素，导致项目面临的法律关系十分复杂，风险识别困难，这些都需要收购方有充足的经验和熟练的法律技巧去处理。

同为新能源项目，因收购阶段、收购标的的不同，以及不同的收购主体，面临的具体法律风险也必然不尽相同，尽调的充分与否，对收购方案、收购定价必然产生实质影响。本文从以下几方面谈尽调要点及防范建议措施。

（一）核实项目用地是否存在瑕疵

1. 核实项目选址可行性

项目选址如果违反了有关法律法规的强制性规定或地方的城乡规划，选址意见书不但不会得到有关政府行政部门的许可，即使获得了许可，该许可也必然因违反法律法规或者地方城乡规划而被撤销，在建或建成项目面临罚款、拆除等处罚，作为投资方要高度关注项目选址的合法性、合规性。建议现场踏勘，了解项目用地周围地形地貌。

实践中，有违法占用自然保护区等生态红线的光伏电站及风电项目被拆除。虽然有环评手续，也有立项手续，因选址不科学、不合理，会导致项目各项许可手续迟延，甚至项目被叫停拆除。

2. 核实用地类型①

（1）风电、光伏用地。

对于升压站、综合楼、风电光伏发电设备基础用地等需永久占地的部分，应严格按照法律规定申请建设用地，履行农用地转用审批、土地征收、"招拍挂"出让等程序，并最终取得国有建设用地权属证书。

（2）光伏场区。

设备基础之外的用地，如果是未利用地的，可以采用租赁方式；如果是农光互补、渔光互补、牧光互补等复合电站的占用非未利用地可以采用租赁方式；但是需高度注意，如果是单一型地面电站且场区土地不是未利用地，整个光伏场区只能调整成建设用地。

（3）吊装平台、施工期临时使用道路。

对于临时使用道路，应当办理临时用地手续，不得修建永久建筑物和硬化，期满应及时归还，并进行复垦和植被恢复。

（4）进场道路、检修道路。

对于永久道路，应当办理永久用地手续，涉及农用地的，需办理转用手续，但可以使用农村道路、防火通道等原有道路，以租代征的方式，这是行业内通用的操作手法，但也要注意合规性。

（5）外部线路的基础一般以租代征的方式。

3. 核实用地是否涉林涉草

光伏电站占用森林、河道、草原等特殊类型土地时，除了应履行国土部门的审批程序之外，还应根据草原、水利、林业等单行法规规定履行相应的审批程序。缺少任一相关行政部门审批程序，都有可能导致光伏项目用地有违法违规风险。

我国法律法规禁止在天然林保护区、基本草原等区域开发建设。根据《森林法》、《森林法实施条例》、《建设项目使用林地审核审批管理办法》、原国家林业局

---

① 原国土资源部、国家发展改革委等六部委 2015 年出台的《关于支持新产业新业态发展促进大众创业万众创新用地政策的意见》（国土资规〔2015〕5 号，以下简称 5 号文件），明确规定光伏、风电项目采取"差别化用地政策"，即针对不同的功能分区进行分类管理。

原国土资源部、国务院原扶贫开发领导小组办公室、国家能源局发布《关于支持光伏扶贫和规范光伏发电产业用地的意见》（国土资规〔2017〕8 号，已失效，以下简称 8 号文件），该文件进一步对一般光伏发电站用地要求予以明确。

《关于光伏电站建设使用林地有关问题的通知》(林资发〔2015〕153号,已失效)等相关规定,对于可以建设光伏项目的林地,如需永久使用的,需向县级以上人民政府林业主管部门提出用地申请,经相关层级的林业主管部门审核同意后,预交森林植被恢复费,领取使用林地审核同意书,再依法办理建设用地审批手续。如果涉及采伐林木的,还需要向林地所在地的县级以上地方人民政府林业主管部门或者国务院林业主管部门申请林木采伐许可证。

林光互补光伏项目,电池组件阵列在施工期按临时占用林地办理使用林地手续,运营期双方可通过租赁等方式使用林地。

根据《草原法》《草原征占用审核审批管理规范》,我国实行基本草原保护制度,光伏不符合可以占用基本草原的特殊情形。新能源发电项目永久使用草地,需根据使用草原的面积,由对应级别的草原行政主管部门出具准予使用草地的批复,再办理农用地转用审批手续。同时,需交纳草原植被恢复费;如使用的国家所有的草原已经被发包,还需依照国务院有关规定对草原承包经营者给予补偿。

实践中,光伏项目占用林地、草地情形较为普遍,如要依法合规开展项目建设,应避免在禁止区域内开工建设。

4.核实用地涉税缴纳

投资人投资光伏电站,有些地方政府为了招商引资,经常会表态承诺优惠政策,但是税务部门来征税,是交还是不交呢?根据现有规定,光伏电站项目用地没有税收优惠政策。投资人往往在投资并购时,会根据项目开发方或地方政府介绍的税收优惠情况,做投资测算,而实际各地征税情况存在差异,笔者曾在新疆一个收购项目中遇到收购前未考虑用地税收和征税方式就签署收购合作协议,而后期出现税务部门要计征耕地占用税、城镇土地使用税问题,投资人要求将此前未计入的税收成本转嫁给转让方,否则停止支付节点款项,双方因此陷入谈判僵局,直接影响项目建设进度。并购过程中,在不同地区投资新能源项目,建议要深入了解不同地区的政策执行尺度。

耕地占用税系一次性税费,比较容易判断并在定价中考虑,但土地使用税是每年缴纳,由于涉及是否收取以及按照何种标准收取的不确定性,导致并购交易双方在定价过程中会产生一定争议。建议并购方首先需要与交易对手就项目地的征税假设情况达成一致意见,并通过尽调对相关定价假设进行逐一核实,并预留一定的空间，将相关税费问题解决作为消缺事项或在项目价款中予以考虑。

5. 核实租赁用地是否有权利限制

笔者在收购内蒙古 60 兆瓦农光互补项目上就遇到项目方以土地承包经营权抵押的情况，在第一轮尽调时未发现土地承包经营权证上有他项权利限制登记，但是后续在走访项目所属地县级政府相关部门过程中，沟通相关用地手续办理时，工作人员表示该项目土地承包经营权在投资方租赁前早已有抵押登记，经和转让方核实，是用于项目公司所属集团公司银行抵押贷款的增信，主合同贷款金额 18 亿元。在《民法典》施行前，根据原《物权法》第 190 条规定，抵押权设立后抵押财产出租的，该租赁关系不得对抗已登记的抵押权，且最高人民法院《关于适用〈中华人民共和国担保法〉若干问题的解释》第 66 条规定："抵押人将已抵押的财产出租的，抵押权实现后，租赁合同对受让人不具有约束力。抵押人将已抵押的财产出租时，如果抵押人未书面告知承租人该财产已抵押的，抵押人对出租抵押物造成承租人的损失承担赔偿责任；如果抵押人已书面告知承租人该财产已抵押的，抵押权实现造成承租人的损失，由承租人自己承担。"租赁期内，如果土地承包经营权发生权利变动，对投资人收购的电站正常运营势必造成影响，虽然转让方表示抵押贷款是过渡，仅是贷款主合同增信措施之一，很快会通过置换解除抵押，但是作为并购方律师应就此事项作为重大收购交易障碍进行披露，要求转让方出具解决方案，并在交易文件中设置制约机制，如出现无法实现收购目的，终止合作，转让方回购股权，并承担违约责任。

当时项目收购已经在合作履行中，且已经支付了部分收购进度款，转让方未披露项目租赁用地存在抵押情况，收购方在合作前也未发现该瑕疵，双方就签署了合作协议及预收购协议，并购过程中，因为发现项目租赁土地存在附带权利限制属于重大瑕疵，双方持续多轮谈判，就这一问题解决签署补充协议，对项目投资建设进度造成了一定影响。笔者建议，针对此类租赁用地是否有权利限制，建议在尽调时，到当地农业农村部门走访核查，而不能仅核查土地承包经营权证书记载情况，避免有些地区地方政府部门土地经营权流转登记不规范而导致信息披露不真实。

（二）核实建设规模指标的取得、实际取得补贴的容量

鉴于建设规模指标作为新能源电站项目的核心价值要素，对于已并网存量项

目而言，如项目已经纳入国补目录或者补贴清单，基本可以判定已取得建设规模指标，否则应在法律尽职调查过程中，重点核查建设规模指标的取得及其合规性。①

1. 核实项目是否有“倒卖路条”情形

在行业发展初期，大部分是中小民营企业甚至自然人作为项目股东开发新能源项目，取得备案核准文件、用地预审意见后，就通过转让获益前期开发费，实践中存在因并网前股转而未取得可再生能源补贴的新能源发电项目，即违反监管规定股权限转情况。因此，并购方在项目筛选过程中，应对项目公司历史沿革做详细了解，以免发生重大颠覆性风险，可以通过管理层访谈，以及调取项目公司工商登记内档查证，同时，项目尽调过程中对项目核准备案部门进行访谈以了解监管部门的态度。

2. 是否存在容量超装

实践中，发电项目实际装机容量超出核准容量的情况较多。依据财政部、国家发展改革委、国家能源局联合发布的《关于促进非水可再生能源发电健康发展的若干意见》（财建〔2020〕4 号，以下简称 4 号文）的要求，国家不再发布可再生能源电价附加补助目录，而由电网企业确定并定期公布符合条件的可再生能源发电补贴项目清单。至此，审核确认新能源电站项目是否享有国家补贴（国补）资格的权限已委托电网公司执行，电网公司作为受领国补的直接主体（《可再生能源法》第 20 条），业内普遍存在新能源项目超建设规模指标容量建设的问题，有的省份对超装控制严格，可能会对并网、后期申请补贴、限电定额等产生不利影响。财政部于 2020 年 4 月曾发布《关于开展可再生能源电价附加补助资金核查工作的通知》，该通知明确“实际装机容量与核准（备案）容量不一致情况”是本次核查的重点内容，通知发布之后，某些地方的新能源发电企业被要求拆除超装部分或者减少补贴容量范围。因此，在尽职调查中，投资方应结合当地政策，落实项目可接受的超装幅度大小，是否必须变更核准信息等。在计算项目价值、预期电费收益时应予重点考虑，还需预估拆除、罚款可能涉及的费用。如果存在装机容量不足核准容量、少于

---

① 根据国家能源局《关于 2021 年风电、光伏发电开发建设有关事项的通知》的规定，建设指标意味着可被纳入政府消纳责任中并取得电网保障性收购资格，未取得建设指标则意味着只能通过市场化的方式实现并网，即通过自建、合建共享或购买服务等市场化方式落实并网条件后，才能由电网企业予以并网。

规模指标安装的情况,应注意项目实际收益情况的计算,避免支付过高交易对价。

(三)核实全容量并网时间

项目全容量并网时间点,直接影响新能源电站所执行的电价,能源项目全容量并网时间对于项目能否锁定既定的电价与补贴具有至关重要的意义。对于该时间节点认定,实践中存在口径不一致。作为4号文的配套文件,《可再生能源发电项目全容量并网时间认定办法》的发布为确定项目全容量并网时间提供了清晰指引,该办法认定电价的依据有三项:一是项目承诺的全容量并网时间,二是电力业务许可证明确的并网时间,三是并网调度协议明确的并网时间。当三者一致时,项目按此时间列入补贴清单,享受对应的电价政策;当三者不一致,但不影响项目享受的电价政策,项目按企业承诺全容量并网时间列入补贴清单,享受对应的电价政策;当三者不一致,且影响电价政策的,按照三个并网时间中的最后时点确认全容量并网时间,列入补贴清单,享受对应的电价政策。

实践中,新能源发电企业为了抢630、1231电价,项目首次并网投产时往往并未实现全容量并网,如项目实际全容量并网时间滞后于项目承诺全容量并网时间,会产生相应罚则,这也必定为项目收购方测算收益率时所考虑。建议法律尽职调查过程中重点核查全容量并网时间点,并在交易文件中对此设置相应补偿机制,或者在项目估值中予以考虑。

(四)核实已建成电站实际效能和寿命周期

光伏电站项目补贴年限原则上为20年①,而风电项目补贴年限并未明确规定。财政部《关于〈关于促进非水可再生能源发电健康发展的若干意见〉有关事项的补充通知》(财建〔2020〕426号)规定,新能源电站补贴按全生命周期合理利用小时数计取,且风电、光伏发电项目自并网之日起满20年后,无论项目是否达到全生命周期补贴电量,都将不再享受中央财政补贴资金。

---

① 关于光伏项目补贴年限,国务院《关于促进光伏产业健康发展的若干意见》(国发〔2013〕24号)规定:“上网电价及补贴的执行期限原则上为20年。”又据国家发展改革委《关于发挥价格杠杆作用促进光伏产业健康发展的通知》(发改价格〔2013〕1638号)规定:“光伏发电项目自投入运营起执行标杆上网电价或电价补贴标准,期限原则上为20年。”

可行性研究报告光伏电站的理论寿命一般为20～25年，但由于工程建设安装质量、设备质量、运维水平、环境等因素影响，电站的实际寿命远低于其理论寿命，光伏电站回本周期都在10年以上，因此，应考虑使用年限、运营情况，对电站的折旧程度、成本回收期的影响，这对项目估值也构成不同程度的影响。

（五）核实项目手续文件的合规性、完整性

并购在建项目，需要核实前期手续办理阶段的项目备案、批复文件、开工许可系列文件、施工阶段需要办理的手续文件，手续文件的合规性、完整性，关系项目能否如期并网发电。补贴电价的存量项目，各项手续文件的齐备、合规与否影响能否进入国补目录拿到电价补贴，对投资方项目投资价值有颠覆性影响。

一般在项目筛选中，并购方除了对收购造成实质障碍排除项目，比如用地违反生态红线建设、占用基本农田等情况，对于先建后办或边建边办项目，在尽职调查中，建议聘请专业律师对相关手续的缺失原因、是否受到行政处罚、未来补办手续可行性等事项进行核验查证，并对尽调结果作出风险判断，判断哪些手续是在交割完成后的消缺事项，并在交易文件中设置特别承诺条款，约定在发生停产或拆除等极端风险情形下，可以要求转让方或担保方承担回购义务，作为保底风控措施。

（六）核实、处置项目公司重大债权债务

并购交易中的标的公司债权债务，除了公司日常经营产生的债权债务，这里笔者主要谈新能源项目公司重大债权债务的核实、处置，有的项目公司建设期以股东借款形式投入工程建设资金；有的项目公司为关联方提供担保；还有项目EPC垫资建设，以项目公司股权质押或有负债；大部分项目公司还会通过银行信贷、融资租赁等方式融资，存在股权质押情形，并且融资合同对债务人的股权转让或实际控制人变更事项会作出限制性约定，要求债务人或实际控制人变更需要取得金融机构同意；还有项目是通过信托方式进行融资，存在项目公司实际权益人与名义权益人不一致的情形，这些债权债务均需要在并购交易前进行梳理和处置，否则将影响并购交易的顺利完成。

为解决上述债权债务及限制股权转让情形，需要在尽职调查过程中对并购标

的债权债务逐一清理,在交易文件中处置安排。针对并购标的对外担保等“或有债务”,建议要求出售方在交割之前解除担保,并对“或有债务”的范围和金额作出特别承诺。针对应付工程款债务,应审查所有工程类及设备采购相关合同,除了出售方已经披露的合同债务,应避免未披露的合同债务风险,以及核查新能源项目建设工程是否依法履行招投标程序,当然对于建设工程是否履行招投标程序,对于竣工验收合格的施工项目不影响工程价款的支付,但如果收购处于不同建设阶段的项目,收购方可能会面临不同的风险,新能源项目未经招投标程序而选择 EPC,不仅将面临行政部门的处罚,其建设工程施工合同也将因此无效,无效合同中关于工程施工、违约金、损失赔偿规则、工程质量等条款也因合同无效而无法援用,如果收购方在并购过程中不对工程履约风险与转让方明确约定权责,对收购方利益会产生影响,在并购定价中应予考虑。

针对金融机构融资债务,收购方应清晰了解交易标的的融资方式以及转让交易权限受限制的具体方面,尽早与融资交易对手就解决该等受限事项达成解决方案。一般金融机构在标的公司股转时会要求清偿全部融资债务后,同意配合解除质押等担保措施,收购方可以和出售方就金融机构融资债务的清偿在并购协议中安排交易方案,约定收购方在支付交易价款时,直接支付到出售方指定的相关债务清偿账户中。

三、新能源项目并购中的交易定价风险及防范建议

新能源项目交易定价是并购投资的核心问题,虽然是商业问题,也与法律密切相关,往往最终通过法律方式予以解决。影响新能源项目定价因素主要包括项目上网电价、应收国家补贴金额和补贴账期、项目实际发电量、项目涉税缴纳等。项目收益最终取决于项目电价和项目生命周期的发电量,而发电量取决于项目本身的运营情况、光伏组件或风机的运转效能以及项目受到的限电影响程度。对于项目上网电价而言,早期项目通常有上网电价批复,较容易确定,但自 2017 年起,各地普遍取消上网电价批复,而改为电网企业依据政府能源主管部门制定的建设规划及年度开发指导规模,对照具体项目备案(核准)文件后,按照国家发展改革委有关电价政策规定执行。此外,由于各种原因导致的国补未到位,导致项目公司账面可能存在大额应收国家补贴,该等应收补贴金额的确权问题,以及账期导致的项

目收益率影响,也会对项目定价产生影响。

建议在并购交易文件中设置相应特别条款,如关于项目电价的特别承诺、将项目公司进入国补目录作为交割先决条件或作为部分价款的支付条件、关于国补收回期限的特别承诺(或在交易价款中进行相应折现处理)、关于项目运维事项安排、关于项目发电量的特别承诺、将相关税费问题解决作为消缺事项或在项目价款中予以考虑等,将相关定价的假设安排通过交易方的权利义务形式进行固定,若发生违约情形,则视情况采取调整交易价款、要求出售方赔偿损失甚至设置相应回购条款的方式作为风控措施。

四、新能源股权并购项目尽调不充分的风险及防范建议

通过股权并购投资新能源项目是新能源企业主流商业交易模式,但在并购过程中,基于交易主体各自拥有交易信息的不对称,收购方并不了解拟收购企业生产经营合规性,对于拟收购企业基本情况及其资产是否存在瑕疵也无从判断,只有在影响交易的相关信息得以全面调查后,收购方基于已调查的信息综合评估风险并设计交易架构后才能有效降低交易风险。

在并购中,收购方应当在交易前进行尽调,对拟收购的股权、资产、债务是否存在瑕疵等重大事项和重要政策信息进行核查。实践中收购方因尽调不充分导致收购目的无法实现的案例并不鲜见,关于股权并购纠纷的司法实践,司法裁判均倾向认定“收购方负有审慎审查义务,未能履行该审查义务的,其应对其所做的商业决定自行承担相应的市场风险及法律后果”。基于此,对于新能源公司债权债务、电价及电价补贴是否明确、税务风险、工程及设备质量是否有瑕疵等与公司股权价值密切相关的事项,对于尽调发现的各种问题,应当综合研判,全面评估收购风险,提出合理的综合风险解决方案,并将风险防控措施逐项落实到法律文件中。如果在并购交易文件中无针对性条款设计,如作为交易先决条件或股权转让款支付条件,人民法院往往不支持收购方提出的诸如解除合同、付款条件不成就、索赔等诉讼请求。

建议在进行股权并购前,收购方应当组织专业团队,针对拟收购企业情况,拟收购企业名下新能源项目的具体情况,进行财务、法务、技术、工程等多方面尽调,在尽调结果基础上,设计交易方案,最大限度规避交易风险。

五、结语

新能源项目由于不同的项目类型、不同的核准备案时间、不同的建设周期、不同的项目区域、不同的投资方，并购中存在的问题多样，且问题之间有的存在钩稽关系，投资者出于审慎投资应及时关注行业发展趋势及监管动态，建议在收购前委托经验丰富的新能源领域的专业律师、会计师、技术团队，对并购项目的各项合规进行完整、全面梳理，并结合尽职调查结果设计交易文件。本文篇幅有限，仅选择了部分并购要点展开分析，未能涵盖新能源项目并购过程中的全部问题，希望能够给并购方提供一些解决问题思路。

4

新能源电站项目投资前期审批手续梳理

——以风电和光伏电站为例

贾国栋　刘笑冰

在我国，无论是国有资本还是社会资本，要进行固定资产项目的投资，都需要经过政府一系列审批手续，接受政府对投资的管理。我们通常称之为“项目投资前期审批手续”，或简称“项目前期手续”。我们通常所称的一个投资项目是否合规，主要是指项目前期手续是否完备与规范。新能源电站项目属于固定资产投资的范围，为确保新能源电站项目的合规性，有必要对项目前期手续进行充分的研究和全面的把握。本文将基于国家层面的法规文件及部分省市（尤其是可再生资源禀赋较好的省市）的地方性规定，对新能源项目前期手续进行梳理。以期对新能源项目合规性管理有所裨益。

本文将新能源项目前期手续分为两大类，一类为“项目核准备案手续”，另一类统称为“其他前期手续”。需要说明的是，关于新能源项目用地有关手续，因其重要性和特殊性，将另行探讨；另外，因我国的建设施工相关手续独立成体系，且新能源项目与其他项目的建设手续并无太大区别，故建设施工类手续亦未纳入本文当中。

一、项目核准与备案

在项目投资前期需要办理的若干行政手续当中，项目核准与备案是最为重要的一类，相当于一个项目的准生证。只有获得准生证的项目才是合规项目，才可以继续进行后期的手续办理。因此,我们首先要解决的问题是新能源项目的投资须经核准还是备案手续,并且需要准备哪些支持性文件以获得核准或备案。

说起我国的固定资产投资审批制度,首先必须提到的文件是国务院《关于投资体制改革的决定》(国发〔2004〕20 号,已失效)。该文件出台至今已有近 20 年,是我国投资管理体制方面的根本性文件。该文件确立了我国对固定资产投资的基本管理制度,即确立了政府对投资项目的三种管理模式:审批制、核准制和备案制。文件规定了如下基本原则:“对于企业不使用政府投资建设的项目,一律不再实行审批制,区别不同情况实行核准制和备案制。其中,政府仅对重大项目和限制类项目从维护社会公共利益角度进行核准,其他项目无论规模大小,均改为备案制。”也就是说,除政府投资项目外,无论是国有企业、民营企业还是外商投资企业进行固定资产项目投资只有核准制和备案制两种方式。2016 年发布的中共中央、国务院《关于深化投融资体制改革的意见》,进一步明确,由国务院及时修订并公布《政府核准的投资项目目录(2016 年本)》,实行企业投资项目管理负面清单制度,除目录范围内的项目外,一律实行备案制。

如此一来,核准与备案的范围就非常容易辨别了。企业在投资前可以通过自行查询最新一期的《政府核准的投资项目目录》明确所投资项目属于核准还是备案的项目。目前施行的最新的目录为《政府核准的投资项目目录(2016 年本)》,下面我们将分别对风电项目和光伏项目实行核准还是备案,以及其相应需要准备的文件进行讨论。

(一)风电项目以核准制为原则,以备案制为例外

根据《政府核准的投资项目目录(2016 年本)》的规定,“风电站:由地方政府在国家依据总量控制制定的建设规划及年度开发指导规模内核准”。因无特别规定,上述风电站应当包含陆上风电项目和海上风电项目,即我国陆上风电项目和海上风电项目审批均实行核准制。这是基本性规定。

但随着我国对新能源行业的大力鼓励,风电项目有逐渐走向备案制的倾向。2022 年国务院办公厅转发国家发展改革委 国家能源局《〈关于促进新时代新能源高质量发展实施方案〉的通知》中明确提出“持续提高项目审批效率……推动风电项目由核准制调整为备案制”。在实践中,某些可再生资源禀赋较好的省市,风电

项目已经实施备案制。如海南省的《海南省企业投资项目省级备案管理目录（2017 年本）》，张家口市的《关于风电项目由核准制调整为备案制的公告（2022）》等。均对风电项目由核准制改备案制作出了明确规定。

1. 核准机关

依据国家发展改革委 2017 年的《企业投资项目核准和备案管理办法》（已失效）第 7 条，《核准目录》规定由省级政府、地方政府核准的项目，其具体项目核准机关由省级政府确定。关于核准机关的级别，各地规定不一。如四川省规定集中开发风电站项目由省政府投资主管部门核准，分散接入风电站项目由市（州）人民政府投资主管部门核准。① 江苏省规定总装机容量 10 万千瓦及以上风电站项目由省政府投资主管部门核准。其余项目由设区市政府投资主管部门核准。② 山东省则是全部下放，由市级政府投资主管部门核准。③ 鉴于此，投资者应关注投资地省级政府发布的最新核准投资项目目录及其他风电核准方面的政策，以准确确定风电项目的核准机关。

需要注意的是，国家能源局、国家海洋局 2016 年发布的《海上风电开发建设管理办法》第 13 条规定，"省级及以下能源主管部门按照有关法律法规，依据经国家能源局审定的海上风电发展规划，核准具备建设条件的海上风电项目"，即按照该办法，海上风电项目的核准机关是能源主管部门。但从实际执行部门来看，海上风电的核准机关仍在投资主管部门。

2. 程序性核准条件

核准制下的风电项目经历了一个逐步简化核准手续的过程。国家能源局 2011 年《风电开发建设管理暂行办法》第 18 条规定："风电场工程项目申请报告应达到可行性研究的深度，并附有下列文件：（一）项目列入全国或所在省（区、市）风电场工程建设规划及年度开发计划的依据文件；（二）项目开发前期工作批复文件，或项目特许权协议，或特许权项目中标通知书；（三）项目可行性研究报告及其技术审查意见；（四）土地管理部门出具的关于项目用地预审意见；（五）环境保护管理部门出具的环境影响评价批复意见；（六）安全生产监督管理部门出具的风电

① 参见四川省人民政府《关于发布政府核准的投资项目目录（四川省 2017 年本）的通知》。

② 参见江苏省政府《核准的投资项目目录（2017 年本）》。

③ 参见山东省人民政府《关于发布政府核准的投资项目目录（山东省 2017 年本）》。

场工程安全预评价报告备案函;(七)电网企业出具的关于风电场接入电网运行的意见,或省级以上政府能源主管部门关于项目接入电网的协调意见;(八)金融机构同意给予项目融资贷款的文件;(九)根据有关法律法规应提交的其它文件。"

国家发展改革委、中央编办2014年发布的《关于一律不得将企业经营自主权事项作为企业投资项目核准前置条件的通知》(发改投资〔2014〕2999号)明确:"下列事项一律不再作为企业投资项目核准的前置条件:(一)银行贷款承诺;(二)融资意向书;(三)资金信用证明;(四)股东出资承诺;(五)其他资金落实情况证明材料;(六)可行性研究报告审查意见;(七)规划设计方案审查意见;(八)电网接入意见……"

国务院2016年通过的《企业投资项目核准和备案管理条例》第6条规定:"企业办理项目核准手续,应当向核准机关提交项目申请书;由国务院核准的项目,向国务院投资主管部门提交项目申请书。项目申请书应当包括下列内容:(一)企业基本情况;(二)项目情况,包括项目名称、建设地点、建设规模、建设内容等;(三)项目利用资源情况分析以及对生态环境的影响分析;(四)项目对经济和社会的影响分析。企业应当对项目申请书内容的真实性负责。法律、行政法规规定办理相关手续作为项目核准前置条件的,企业应当提交已经办理相关手续的证明文件。"

国家发展改革委2017年发布的《企业投资项目核准和备案管理办法》(已被修改)第22条规定:"项目单位在报送项目申请报告时,应当根据国家法律法规的规定附具以下文件:(一)城乡规划行政主管部门出具的选址意见书(仅指以划拨方式提供国有土地使用权的项目);(二)国土资源(海洋)行政主管部门出具的用地(用海)预审意见(国土资源主管部门明确可以不进行用地预审的情形除外);(三)法律、行政法规规定需要办理的其他相关手续。"

国家能源局2017年的《关于深化能源行业投融资体制改革的实施意见》(国能法改〔2017〕88号)明确:"(七)精简能源投资项目核准前置许可。能源投资项目核准只保留选址意见和用地(用海)预审作为前置条件,除法律法规明确规定的,各级能源项目核准机关一律不得设置任何项目核准的前置条件,不得发放同意开展项目前期工作的'路条'性文件。"

由以上法律文件的演变可以看出,我国风电项目的行政审批手续已经得到了大幅度的简化。企业投资风电项目报送当地政府发展和改革委员会核准时,除提交项目申请报告外,只需提交选址意见书(仅指以划拨方式提供国有土地使用权的项目,以出让方式获取土地使用权的项目则不需要)和用地(用海)预审意见作为前置条件。其他前期手续文件则变为项目核准后、开工前的合规文件。对于选址意见和用地(用海)预审,根据《建设项目用地预审管理办法》《企业投资项目核准和备案管理办法》以及自然资源部《关于以"多规合一"为基础推进规划用地"多审合一、多证合一"改革的通知》的规定,自然资源主管部门现已将建设项目选址意见书、建设项目用地预审意见书合并,统一核发建设项目用地预审与选址意见书。

3. 实质性核准条件

项目最终能否获得核准,关键要看是否符合实质性条件,即项目能否列入当地年度风电开发计划(规划/方案)。风电能源作为国家新型战略能源,国家对发展总量和开发进度进行控制,主要控制手段就是全国规划和地方年度计划。国务院《政府核准的投资项目目录(2016 年本)》明确规定,"风电站:由地方政府在国家依据总量控制制定的建设规划及年度开发指导规模内核准",即项目必须列入国家风电建设规划及年度开发规模。具体到每个项目,则以是否能够获得本省当年度的开发规模指标为硬性标准。随着新能源开发力度的不断增大和并网压力的增加,目前风电项目投资必须通过竞争才能获得开发指标。

(二)光伏项目一律实行备案制

光伏电站项目并不在《政府核准的投资项目目录(2016 年本)》当中,因此,依照我国的投资管理体制,企业投资建设光伏发电站项目,实行备案制。

1. 备案机关

备案机关由各省自行规定。《企业投资项目核准和备案管理条例》第 3 条规定:"实行备案管理的项目按照属地原则备案,备案机关及其权限由省、自治区、直辖市和计划单列市人民政府规定。"以山东省为例,2019 年《山东省企业投资项目核准和备案办法》第 7 条第 2 款规定:"除国家和省另有规定外,备案项目按照建设地点实行属地管理。其中,跨设区的市的项目由省人民政府备案机关负责,跨县(市、区)的项目由设区的市人民政府备案机关负责。"从山东省的实际执行情况看,企业投资项目备案的实施层级为市级,即由市级政府的投资主管部门负责备案。

2. 备案条件

依据国务院 2016 年的《企业投资项目核准和备案管理条例》第 13 条规定：实行备案管理的项目，企业应当在开工建设前通过在线平台将下列信息告知备案机关，项目备案机关应当制定项目备案基本信息格式文本，具体包括以下内容：(1)项目单位基本情况；(2)项目名称、建设地点、建设规模、建设内容；(3)项目总投资额；(4)项目符合产业政策声明。企业应当对备案项目信息的真实性负责。备案机关收到本条第 1 款规定的全部信息即为备案；企业告知的信息不齐全的，备案机关应当指导企业补正。企业需要备案证明的，可以要求备案机关出具或者通过在线平台自行打印。

按照上述备案管理的一般性规定，光伏项目只需将按照要求格式在网上提报基本投资信息即可，无须附加其他条件或资料。但国家能源局作为行业主管机关对光伏项目的备案增加了其他要求。2013 年国家能源局《光伏电站项目管理暂行办法》(已失效)第 14 条规定："省级能源主管部门依据国务院投资项目管理规定对光伏电站项目实行备案管理。备案项目应符合国家太阳能发电发展规划和国务院能源主管部门下达的本地区年度指导性规模指标和年度实施方案，已落实接入电网条件。"2013 年国家能源局《分布式光伏发电项目管理暂行办法》第 10 条规定："省级以下能源主管部门依据国务院投资项目管理规定和国务院能源主管部门下达的本地区分布式光伏发电的年度指导规模指标，对分布式光伏发电项目实行备案管理，具体备案办法由省级人民政府制定。"

综上可见，我国对光伏项目虽实行备案制，但其管理模式与核准制的风电项目并无太大差别，依然要符合发展规划、本地区的年度指导性规模指标和年度实施方案，甚至要求落实接入电网条件。虽然国家能源局 2017 年《国家能源局关于深化能源行业投融资体制改革的实施意见》(国能法改〔2017〕88 号)强调："(五)规范能源投资项目备案管理制度。实行备案制的能源投资项目，备案机关要通过全国投资项目在线审批监管平台或政务服务大厅，提供快捷备案服务，备案不得设置任何前置条件。"但在实践中，光伏项目还是出现了名为备案，实为核准的倾向。

二、其他前期手续

除了项目核准与备案外，投资新能源项目还需经过其他一系列行政审批手续。

除了电力业务许可证外,其他前期手续一般均为项目开工的前置性手续,须在开工前取得。

(一)电网接入和消纳意见

取得电网公司的电网接入意见是后续项目办理并网发电的前置条件,只有得到国家电网的电网接入和消纳意见,方可向能源主管部门申请平价上网。实践中,有些地方可能会要求投资者在项目核准与备案前就取得并网意见,并将其作为项目核准备案的条件之一。针对光伏项目,《光伏电站项目管理暂行办法》(已失效)第20条规定:“光伏电站项目接网意见由省级电网企业出具,分散接入低压电网且规模小于6兆瓦的光伏电站项目的接网意见由地市级或县级电网企业出具。”针对风电项目,根据《关于印发风电开发建设管理暂行办法的通知》的规定,风电场工程项目申请报告应达到可行性研究的深度,并附电网企业出具的关于风电场接入电网运行的意见,或省级以上政府能源主管部门关于项目接入电网的协调意见。

(二)电力业务许可证

根据国家能源局《关于贯彻落实“放管服”改革精神优化电力业务许可管理有关事项的通知》《关于进一步规范可再生能源发电项目电力业务许可管理有关事项的通知》的相关规定,我国按照项目发电规模对新能源电力业务许可实行“梯级”简化管理。具体见表1.4.1。

表1.4.1 新能源电子业务许可“梯形”简化管理情形

办理要求	具体情形
不需要办理电力业务许可证	1. 经能源主管部门以备案(核准)等方式明确的分布式发电项目 2. 单站装机容量6兆瓦(不含)以下的小水电站 3. 项目装机容量6兆瓦(不含)以下的太阳能、风能、生物质能(含垃圾发电)、海洋能、地热能等可再生能源发电项目 4. 全国范围内接入35千伏及以下电压等级电网的分散式风电项目 5. 项目装机容量6兆瓦(不含)以下的余热余压余气发电、煤矿瓦斯发电等资源综合利用项目

续表

办理要求	具体情形
简化要求，但仍需办理电力许可证[1]	1. 总装机容量50兆瓦及以下的小水电 2. 太阳能、风能、生物质能（含垃圾发电）、海洋能、地热能等可再生能源发电 3. 余热余压余气发电、煤矿瓦斯发电等资源综合利用发电

[1]主要负责人方面，企业安全负责人、生产运行负责人、技术负责人、财务负责人，允许一人兼任多项职务；财务资料方面，不再要求提供年度财务报告、财务状况审计报告，提供资产负债表即可。

除不需要电力业务办理许可证的情形外，发电企业应在项目完成启动试运工作后3个月内（风电、光伏发电项目应当在并网后6个月内）取得电力业务许可证，分批投产的发电项目可分批申请。超过规定时限仍未取得电力业务许可证的，有关机组不得继续发电上网。

（三）环境影响评价文件

新能源项目不可避免地将对环境产生影响，因此应当依照《环境影响评价法》进行环境影响评价。根据《环境影响评价法》第16条规定，建设单位应当根据环境影响的大小，分别编制环境影响报告书、环境影响报告表或者填报环境影响登记表。具体到风电光伏项目而言，分类见表1.4.2。

表1.4.2 风电光伏项目环评类别

环评文书	项目类别	管理制度
环境影响报告书	涉及环境敏感区的总装机容量5万千瓦及以上的陆上风电项目	审批制
环境影响登记表	地面集中光伏电站（总容量大于6000千瓦，且接入电压等级不小于10千伏）及其他风力发电项目	审批制
环境影响登记表	其他光伏发电项目如分布式光伏项目	备案制

续表

法律后果:上述环评文件须在项目开工前完成。未经备案或审批的,不得开工建设。如擅自开工建设,将由县级以上生态环境主管部门责令停止建设,根据违法情节和危害后果,处建设项目总投资额1%以上5%以下的罚款,并可以责令恢复原状;对建设单位直接负责的主管人员和其他直接责任人员,依法给予行政处分。建设项目环境影响报告书、报告表未经批准或者未经原审批部门重新审核同意,建设单位擅自开工建设的,依照前款的规定处罚、处分。建设单位未依法备案建设项目环境影响登记表的,由县级以上生态环境主管部门责令备案,处5万元以下的罚款
法律依据:《建设项目环境影响评价分类管理名录(2021年版)》;《关于全面开展工程建设项目审批制度改革的实施意见》

(四)水土保持批复文件

由于风电光伏项目选址多在荒山、荒沟、荒丘、荒滩等水土脆弱地区。在建设及后期运营过程中,容易导致水土流失,因此部分省(市、区)[①]要求按照《水土保持法》在开工建设前完成水土保持方案报批手续。具体分类见表1.4.3。

表1.4.3　报批中相关项目

项目	具体内容
适用区域	山区、丘陵区、风沙区以及县级以上人民政府或者其授权的部门批准的水土保持规划确定的容易发生水土流失的其他区域
报告书	征占地面积5公顷以上或者挖填土石方总量5万立方米以上的生产建设项目
报告表	征占地面积0.5公顷以上、不足5公顷或者挖填土石方总量1000立方米以上、不足5万立方米的生产建设项目
不需要编制方案	征占地面积不足0.5公顷并且挖填土石方总量不足1000立方米的生产建设项目,不需要编制水土保持方案
法律后果	应当在生产建设项目开工建设前完成水土保持方案编报并取得批准手续。否则由县级以上人民政府水行政主管部门责令停止违法行为,限期补办手续;逾期不补办手续的,处5万元以上50万元以下的罚款;对生产建设单位直接负责的主管人员和其他直接责任人员依法给予处分
法律依据	《水土保持法》《生产建设项目水土保持方案管理办法》

① 如天津市、重庆市、河北省、山西省、贵州省、湖南省均要求在开工前得到水土保持批复文件。

(五)消防审批/备案文件

根据《建设工程消防设计审查验收管理暂行规定》,如新能源项目被认定为大型发电、变配电工程,那将属于特殊建设工程,实行消防设计审查制度,需要在开工前进行消防设计审批;如新能源项目属于其他建设工程,则实行备案抽查制度。具体见表1.4.4。

表1.4.4 新能源项目审查验收相关规定

项目	具体内容
特殊建设工程	特殊建设工程的建设单位应当向消防设计审查验收主管部门申请消防设计审查,消防设计审查验收主管部门依法对审查的结果负责。特殊建设工程未经消防设计审查或者审查不合格的,建设单位、施工单位不得施工
其他建设工程	其他建设工程,建设单位申请施工许可或者申请批准开工报告时,应当提供满足施工需要的消防设计图纸及技术资料。其他建设工程经依法抽查不合格的,应当停止使用
法律后果	由住房和城乡建设主管部门、消防救援机构按照各自职权责令停止施工、停止使用或者停产停业,并处3万元以上30万元以下罚款
法律依据	《消防法》《建设工程消防设计审查验收管理暂行规定》

(六)压覆矿产资源审批文件

《矿产资源法》第33条规定:“在建设铁路、工厂、水库、输油管道、输电线路和各种大型建筑物或者建筑群之前,建设单位必须向所在省、自治区、直辖市地质矿产主管部门了解拟建工程所在地区的矿产资源分布和开采情况。非经国务院授权的部门批准,不得压覆重要矿床。”虽然对于风电光伏项目是否属于各种大型建筑物或建筑群存有争议,但在实践中,如存有压覆矿产资源的可能,审批机关往往要求办理压覆矿产资源审批文件,尤其在内蒙古、新疆等矿产资源丰富的地区,在开发建设前,相关投资主体应特别注意根据主管部门的要求办理相关手续。避免项目开建后因压覆重要矿床导致停建的风险。

(七)社会稳定风险评估文件

伴随2012年国家发展改革委《重大固定资产投资项目社会稳定风险评估暂行

办法》,大部分省市陆续出台相关细则。如陕西省要求总装机容量 2 万千瓦及以上非分散式接入风电项目需要项目社会稳定风险评估报告及审核意见。除此之外,根据《土地管理法》第 47 条的规定,需征收土地的,社会稳定风险评估文件是必备性文件。

(八)特殊地质类风险评价文件

1. 地址灾害危险性评估文件

根据《地质灾害防治条例》第 21 条第 1 款的规定:在地质灾害易发区内进行工程建设应当在可行性研究阶段进行地质灾害危险性评估,并将评估结果作为可行性研究报告的组成部分;可行性研究报告未包含地质灾害危险性评估结果的,不得批准其可行性研究报告。因此,新能源项目在建设之前,应当依法进行地质灾害危险性评估,如果建设单位未按照规定对地质灾害易发区内的建设工程进行地质灾害危险性评估的,将由县级以上地方人民政府国土资源主管部门责令限期改正;逾期不改正的,责令停止生产、施工或者使用,处 10 万元以上 50 万元以下的罚款;构成犯罪的,依法追究刑事责任。

2. 地震安全性评价文件

根据《防震减灾法》第 35 条第 2 款的规定:重大建设工程和可能发生严重次生灾害的建设工程,应当按照国务院有关规定进行地震安全性评价,并按照经审定的地震安全性评价报告所确定的抗震设防要求进行抗震设防。《防震减灾法》第 87 条规定:未依法进行地震安全性评价,或者未按照地震安全性评价报告所确定的抗震设防要求进行抗震设防的,由国务院地震工作主管部门或者县级以上地方人民政府负责管理地震工作的部门或者机构责令限期改正;逾期不改正的,处 3 万元以上 30 万元以下的罚款。

3. 洪水影响评价文件

根据《防洪法》第 33 条第 1 款的规定:洪泛区、蓄滞洪区内建设非防洪建设项目,应当就洪水对建设项目可能产生的影响和建设项目对防洪可能产生的影响作出评价,编制洪水影响评价报告,提出防御措施。洪水影响评价报告未经有关水行政主管部门审查批准的,建设单位不得开工建设。《防洪法》第 58 条第 1 款规定:违反该法第 33 条第 1 款规定,在洪泛区、蓄滞洪区内建设非防洪建设项目,未编制洪水影响评价报告或者洪水影响评价报告未经审查批准开工建设的，责令限期改正；逾期不改正的，处5万元以下的罚款。

（九）其他手续

除上述几项行政审批手续外，结合项目所在地区、项目用地类型等，可能还会涉及使用林地审核同意书、使用草地审核同意书、林木采伐许可证等。另外，各个地方可能也有本地化的一些要求。如山东省要求相关投资企业在市场化并网前提交县级及以上主管部门出具的不涉及军事设施及文物的说明文件；县级人民政府出具的关于降低非技术成本的说明文件。

总而言之，如同大多数重大固定资产项目一样，新能源项目投资前期手续比较多，提醒投资者应充分调研了解项目所在地行政主管部门的具体要求及实际情况，保证项目手续完备，积极推进项目落地，确保项目开发运营的合规性和长期安全。

5

可再生能源企业在BOT项目中如何把控特许经营权要点及风险点

赵倩南　蔡美娟

根据《可再生能源法(2009年)》的规定，可再生能源指风能、太阳能、水能、生物质能、地热能、海洋能等非化石能源。常见可再生能源项目主要包括风力发电、太阳能发电和生物质发电等项目，从社会效益和经济效益出发，可再生能源项目采用BOT模式具有诸多优势。如可再生能源项目前期投资巨大，采用BOT模式有利于项目融资，同时因政府的参与，项目审批预计也将相较顺利简单，政府的参与或承诺也有利于减少审批及政策相关的风险。根据现行法律法规，采用BOT模式投资、建设、运营、移交可再生能源项目，须遵守根据《基础设施和公用事业特许经营管理办法》(以下简称《特许经营管理办法》)，该办法第5条明确规定可采用“授予特许经营者投资新建或改扩建、运营权利，期限届满移交”的方式，即BOT模式。可再生能源项目采用BOT模式可能涉及一系列复杂合同安排，包括特许经营协议、贷款协议、投资协议、建设协议等。而特许经营协议是项目赖以运作的基础，其他协议均需以特许经营协议为基础进行安排及设置。因此，本文通过梳理BOT模式下有关特许经营协议涉及的要点及风险点，以便可再生能源企业把控项目运作，降低项目风险，维护自身利益。

一、协议主要内容

根据《特许经营管理办法》第18条之规定，特许经营协议主要包括以下内容：(1)项目名称、内容；(2)特许经营方式、区域、范围和期限；(3)项目公司的经营范围、注册资本、股东出资方式、出资比例、股权转让等;(4)所提供产品或者服务的数量、质量和标准;(5)设施权属,以及相应的维护和更新改造;(6)监测评估;(7)投融资期限和方式;(8)收益取得方式,价格和收费标准的确定方法以及调整程序;(9)履约担保;(10)特许经营期内的风险分担;(11)政府承诺和保障;(12)应急预案和临时接管预案;(13)特许经营期限届满后,项目及资产移交方式、程序和要求等;(14)变更、提前终止及补偿;(15)违约责任;(16)争议解决方式;(17)需要明确的其他事项。

可再生能源企业把控特许经营协议,首先应当了解协议的主要内容,评估项目合作方案,根据自身及项目实际情况进行条款设计,才能有利于后续协议履行及项目推进。

二、前置程序

《特许经营管理办法》针对特许经营协议的订立规定了较多的前置程序,这些程序的履行义务人即项目提出部门包括提出项目实施方案、开展可行性评估、报送审查等,上述程序实施完毕,需形成书面的项目实施方案,并确定具体的项目实施机构,实施机构必须为县级以上人民政府授权的部门或单位。特许经营的核心在于通过竞争方式选择特许经营者,因此该办法的第15条也对项目提出招投标的要求,即实施机构应根据经审定的特许经营项目实施方案,通过招标、竞争性谈判等竞争方式选择特许经营者,特许经营项目建设运营标准和监管要求明确、有关领域市场竞争比较充分的,应当通过招标方式选择特许经营者。另外,根据国家发展改革委关于印发《必须招标的基础设施和公用事业项目范围规定》,电力、新能源等能源基础设施项目属于必须招标的范围。

从合同争议解决的角度来看,项目是否立项、审批、招标等均关系着该项目投资者的利益实现,如若该项目在立项审批阶段存在瑕疵,或者未按规定进行招标,后期对企业而言存在较大风险。特许经营协议有可能因违反法律或行政法规的相关规定存在被认定为无效合同的法律风险。因此,企业应高度重视对项目前期立项、招标及合规性的审查。

三、合同主体

采用BOT方式投资建设的可再生能源项目,涉及政府、投资人、项目公司,其中项目公司可以视具体情况设立与否。一般地,为了便于划分权责,权利义务清晰,BOT 项目大多数会考虑设置项目公司,如设立项目公司,则投资人仅与政府签订初步协议,初步协议主要对设立项目公司事宜进行约定,后续再由项目公司与政府签订正式的特许经营协议,由项目公司根据协议取得特许权,并在特许期间内负责项目的设计、建设、运营和维护等。在特许协议由政府与项目公司签订的情况下,作为项目投资者之一的投资人与政府之间的法律关系主要发生在项目确定后至项目公司成立之前。项目公司成立后,发起人通过项目公司与政府发生法律关系。

作为特许经营协议一方当事人的政府有具体的范围限定,即《特许经营管理办法》所规定的特许经营项目的实施机构,而实施机构只能是县级以上政府或者其授权单位或部门。因此,企业在签订协议时,应尤其注重审核实施机构的主体资质或授权范围。

四、经营期限

根据《特许经营管理办法》第 6 条之规定,特许经营期限最长不超过 30 年,对于投资规模大、回报周期长的项目可以由政府或者其授权部门与特许经营者根据项目实际情况,约定超过 30 年的经营期限。可再生能源项目建设期一般较长,加之建设期可能存在延长的情况,再加之项目可能存在分批建成运营的情况,建设期与经营期是否需分别单独约定,以及经营期限的起算点均需根据项目实际情况斟酌确定。同时,根据规定,项目实施方案中也包含项目各项经济数据额的测算,而测算数据与经营期限直接相关,因此,特许经营协议中的经营期限约定需与实施方案的规定衔接,避免就此出现争议。

五、履行核准或审批手续

根据《特许经营管理办法》的规定,企业需要依法办理规划选址、用地和项目核准或审批等手续的,有关部门在进行审核时,应当简化审核内容,优化办理流程,缩短办理时限,对于已就项目实施方案出具书面审查意见已经明确的事项,不再作重复审查。因此,签订特许经营协议,并不等同于不需要办理其他审批手续。以垃圾焚烧发电项目为例,需取得包括土地使用权、节能审查及验收意见、立项核准批复、上网电价核定批复、环境影响评价批复、环保验收意见、选址意见、用地规划许可、用地批准、工程规划许可、社会稳定性评估意见等手续。为避免出现相关审批或许可较难取得或延迟取得的情况，企业可考虑在特许经营协议中约定政府就有关许可协助取得的义务，减少后续核准和审批带来的风险。

六、收益取得及调整

根据《特许经营管理办法》的规定，特许经营协议可以采用由经营者向用户收费的方式取得收益，当用户收费不足以覆盖成本及合理收益，可以由政府提供可行性缺口补助，同时政府可提供必要合理的财政补贴，但不得承诺固定投资回报和其他法律法规禁止的事项。需提供可行性缺口补助的特许经营项目，应当严格按照《预算法》规定，根据财政承受能力和债务风险状况，合理确定财政付费总额和分年度数额，并与政府年度预算和中期财政规划相衔接，确保资金拨付需要。

以可再生能源发电项目为例，发电企业的收入主要来自向电网企业的售电收入，根据《可再生能源法》的规定，可再生能源发电项目的上网电价由国务院价格主管部门确定并公布，电网企业收购可再生能源电量所发生的费用，高于按照常规能源发电平均上网电价计算所发生的费用之间的差额，由在全国范围对销售电量征收可再生能源电价附加补偿。但 2020 年开始，补贴政策收紧，国家提高了纳入可再生能源发电补助项目清单的要求，同时对项目开展合规核查，核查结果作为补贴发放的重要依据，对核查结果不合格的项目，电网企业暂停发放补贴。自 2021 年起，根据国家发展改革委《关于 2021 年新能源上网电价政策有关事项的通知》，对新备案集中式光伏电站、工商业分布式光伏项目和新核准陆上风电项目，中央财政不再补贴，实行平价上网。

可再生能源项目运营周期较长，项目收入受政策影响较大，因此，企业应根据项目实际情况，关注有关收费及补贴政策的变化，设置合理的价格调整机制和续签机制。垃圾焚烧发电项目还通常设置“保底量”，即政府需向企业提供的最低数量的垃圾量，但应注意规避“政府承诺固定投资回报”风险，影响条款有效性及协议后续履行。除此之外，是否设置排他经营条款也与项目收益关系紧密，需结合项目实际情况综合考量。

七、政府承诺

BOT 模式下，经营者承担了项目前期投资和运营的商业风险，如前文所述，采用 BOT 模式的重要原因在于政府的参与可以降低项目审批等政策风险，加之可再生能源项目中，项目前期工作复杂，包括选址、立项和环境影响评价等，因此，为降低经营风险，促进项目推进，特许经营协议中约定政府的承诺十分有必要。根据《特许经营管理办法》第 21 条的规定，政府承诺包括防止不必要的同类竞争性项目建设、给予必要合理的财政补贴、有关配套公共服务和基础设施的提供等内容，但不得承诺固定投资回报和其他法律、行政法规禁止的事项。

企业对政府承诺条款进行设置时，应关注承诺事项是否符合法律法规规定，如限制同类竞争性项目建设的承诺容易违反《反垄断法》的相关规定，须注意规避相关法律风险。同时，企业还应关注承诺事项是否属于协议主体的法定职权范围，避免因违法承诺导致条款无效。

八、企业/项目公司风险

企业或项目公司在运营过程中可能遇到的风险包括以下几个方面。

环保政策风险。由于环保立法和监督不断加强，未来相关的环保排放标准等将不断提高，项目公司面临升级环保处理技术与设施，从而导致成本及投资增加，影响项目收益，否则存在停运和关闭项目的风险。

项目搬迁或终止的风险。由于城市规划和政策的不断更新，可再生能源项目存在一定的被搬迁或终止运营的风险，从而给企业带来成本及投资增加甚至无法收回投资的风险。

税收政策风险。以垃圾焚烧发电项目为例，目前实行即征即退政策，垃圾焚烧发电退税比例为 100%，垃圾处理劳务在缴税后退还 70%，需缴纳 30% 增值税，自项目取得第一笔生产经营收入所属纳税年度起第 1 年至第 3 年免征企业所得税，第 4 年至第 6 年减半征收企业所得税。但由于政策的不断变化及调整，存在政策趋严风险。

履约风险。特许经营协议往往限制项目公司股权变动，如中标主体必须持股一定比例，项目公司股东不得转让股权，如转让必须由政府方同意等，但企业具有一定的股权转让需求，进而可能导致企业违约。同时，特许经营协议往往限制企业对项目资产进行抵押、质押等融资方式，并常常设置逾期竣工的违约责任，甚至约定政府享有单方解除协议、收回特许经营权等权利，而BOT模式下，可再生能源项目建设、运营周期较长，极易受到各种因素影响，存在企业无法按协议约定履行义务的风险。同样，由于政策和政府决策变化，政府方可能存在未按约定提供"保底量"、未支付相关补贴或费用及未履行其他保证和承诺等违约行为。

就环保政策、项目搬迁或终止、税收政策等风险，企业应加强可行性研究，兼顾项目运营需求和城市建设发展，顺应环保法规政策变化，确保环保合规性等。更为重要的是，特许经营协议应对潜在的政策变化作出安排，如约定价格调整机制或政府方提供补偿等，尽量减少企业方风险。

就政府违约风险，根据《行政诉讼法》的规定，政府不依法履行、未按照约定履行或者违法变更、解除特许经营协议的，人民法院判决政府承担继续履行、采取补救措施或者赔偿损失等责任。政府变更、解除特许经营协议合法，但未依法给予补偿的，人民法院判决给予补偿。根据《行政诉讼法》第12条第11项的规定，认为政府不依法履行、未按约定履行或违法变更、解除特许经营协议的，由人民法院受理公民、法人或其他组织提起的诉讼；根据最高人民法院《关于审理行政协议案件若干问题的规定》第2条的规定，就政府特许经营协议等行政协议提起行政诉讼的，人民法院应当依法受理。由于特许经营协议之特殊性，政府与企业既是平等协商的合同主体，政府同时也承担实现公共利益或行政管理职责。因此，企业/项目公司也同样可以通过诉讼等实现其权益保障。

九、总结

通过上文梳理，BOT模式下可再生能源项目特许经营协议的要点及风险点繁杂多样，其不仅与法律法规及政策的规定直接相关，更与项目的实际情况、政府与企业谈判及博弈情况密不可分。作为社会投资人的可再生能源企业，在并不具备优势地位的情况下，更应全面把控协议要点及风险点，才有可能尽量掌握谈判主动权，维护自身利益，促进项目顺利实施，实现共赢。

第二章

新能源项目开发建设

1

风电光伏电站项目用地涉及生态保护红线的法律风险

李霄然

由于能源获取与生态健康之间的矛盾日益突出，为了维护生态平衡，保护生态安全，我国采取了严格的生态保护制度，生态保护红线就是其中最为严格的制度之一。近年来，山东、内蒙古等地发生了因风电光伏电站发电项目用地侵入生态保护红线范围内而被拆除的情况。可见，生态保护红线对风电光伏电站项目用地有重大影响。本文就生态保护红线的法律风险予以分析，并提供相应的风险防范建议。

一、什么是生态保护红线？

生态空间是指具有自然属性、以提供生态服务或生态产品为主体功能的国土空间，包括森林、草原、湿地、河流、湖泊、滩涂、岸线、海洋、荒地、荒漠、戈壁、冰川、高山冻原、无居民海岛等。

生态保护红线，是指在生态空间范围内具有特殊重要生态功能、必须强制性严格保护的区域，是保障和维护国家生态安全的底线和生命线，通常包括具有重要水源涵养、生物多样性维护、水土保持、防风固沙、海岸生态稳定等功能的生态功能重要区域，以及水土流失、土地沙化、石漠化、盐渍化等生态环境敏感脆弱区域。①

① 中共中央办公厅、国务院办公厅《关于划定并严守生态保护红线的若干意见》，2017年2月7日印发。

二、采用"四荒用地"建设风电光伏电站，是否会侵入生态保护红线范围？

法律和政策对"四荒用地"的限制较少，鼓励风电、光伏电站在"四荒用地"选址建设。在土地用途管制方面，"四荒用地"一般纳入未利用地用途管理。因此，很容易产生一个错误认知："四荒用地"不会侵入生态保护红线范围。但实际上，"四荒用地"很可能侵入生态保护红线范围。由于荒山、荒滩等"四荒用地"很可能具有重要的生态功能，对生物多样性、水土保持等具有重要作用，因此被划入生态保护红线范围。

三、风电、光伏电站用地侵入生态保护红线范围的法律风险

（一）生态保护红线范围内原则上禁止建设

中共中央办公厅、国务院办公厅《关于划定并严守生态保护红线的若干意见》中明确规定，生态保护红线原则上按禁止开发区域的要求进行管理。严禁不符合主体功能定位的各类开发活动，严禁任意改变用途。

中共中央办公厅、国务院办公厅《关于在国土空间规划中统筹划定落实三条控制线的指导意见》规定，生态保护红线是指在生态空间范围内具有特殊重要生态功能、必须强制性严格保护的区域。生态保护红线内，自然保护地核心保护区原则上禁止人为活动，其他区域严格禁止开发性、生产性建设活动，在符合现行法律法规前提下，除国家重大战略项目外，仅允许对生态功能不造成破坏的有限人为活动，主要包括零星的原住民修缮生产生活设施，保留生活必需的少量种植、放牧、捕捞、养殖，因国家重大能源资源安全需要开展的战略性能源资源勘察，经依法批准的考古调查发掘和文物保护活动，重要生态修复工程等。

根据上述规定，在生态保护红线范围内，原则上禁止建设。例外情况下，被允许的建设范围集中于原住人口必要建设、考古发掘、国家重大战略项目。对于风电光伏电站项目，除属于国家重大战略项目以外，禁止在生态保护红线范围内建设。

（二）申请生态保护红线范围的调整难度极大

自2017年开始，国务院推动在全国范围内划定生态保护红线范围，计划在2020年年底完成划定。目前各地生态保护红线范围划定工作已基本结束。根据

中共中央办公厅、国务院办公厅《关于划定并严守生态保护红线的若干意见》,关于生态保护红线范围调整的规则可以总结如下三个方面。

1. 生态保护红线范围划定以后,只能增加,不能减少。

2. 因国家重大基础设施、重大民生保障项目建设等需要调整的,由省级政府组织论证,提出调整方案。

3. 经环境保护部(现生态环境部)、国家发展改革委会同有关部门提出审核意见后,报国务院批准。

因此,对划定的生态保护红线范围申请调整,必须是国家重大项目,且需要国务院批准。实践中,一般的风电站项目一旦侵入生态保护红线范围,基本上不能通过申请调整生态保护红线范围的方式解决。

(三)项目未批先建以及生态保护红线范围划定进度不统一,导致风电光伏电站有侵入生态保护红线范围的风险

我国的新能源项目建设过程,一直以来都有国家补贴、奖励政策。部分新能源风电站项目为了抓住补贴机会,采取未批先建方式开发风电、光伏电站。未批先建的项目,没有经过立项、规划、用地审批,通常更没有排查项目建设地址是否落入生态保护红线范围。因此,未批先建的开发方式容易发生侵入生态保护红线范围的法律风险。

我国的生态保护红线范围划定工作是近年来逐步开展的一项工作,但是各地工作进展不一,生态保护红线范围划定后的审批程序有所不同,有些地区在项目用地预审和规划选址阶段一并审查,有些地区在环境影响评价过程中审查,还有些地区未作明确规定。这也导致风电光伏电站项目建设时容易忽略这一审查事项,进而可能有侵入生态保护红线范围的法律风险。

(四)侵入生态保护红线范围的风电光伏电站项目,存在被拆除的风险

生态保护红线范围按照禁止开发区域管理。中共中央办公厅、国务院办公厅《关于划定并严守生态保护红线的若干意见》规定严格禁止在生态保护红线范围内进行开发建设活动(国家重大战略项目除外)。对于在生态保护红线范围内开发建设的风电光伏电站是否被拆除问题,结合目前的实践做法,大致分为两种情况。

1. 在生态保护红线范围划定后,仍在生态保护红线范围内进行开发建设的,应当予以拆除。

2. 在生态保护红线范围划定前,风电光伏电站项目已经完成立项、选址审批,当时未落入生态保护红线范围,但之后被划入生态保护红线范围。是否应当拆除,具体可分为两种情况。

(1)对于尚在开发建设过程中的项目,很可能被拆除。山东、内蒙古等地已经实际发生拆除的案例。

(2)对于已经建成投产的风电光伏电站项目,自然资源部尚在研究。实践中既有等待政策明确的情况,也存在因环保考虑而拆除的情况。因此,不能排除被拆除的风险。

四、违反生态保护红线法律规定法律风险的防范建议

违反生态保护红线的法律风险重大,我们对此提出如下防范建议。

(1)采取事先预防措施。在风电光伏电站项目可行性研究阶段,通过尽职调查方式,查明拟选址地点是否划入生态保护红线范围。

(2)纳入企业合规管理重大事项。将生态保护红线有关合规事项,纳入企业合规管理。

(3)注意对具体生态保护红线范围的调查方式。在已经建立完善国土空间规划的地区,一般应首先从国土空间规划管理部门调查了解生态保护红线范围划定情况;生态保护红线范围尚未纳入国土空间规划的,并不代表不存在生态保护红线范围,还应当向环保、国土等部门进行了解;拟选址地区涉及森林、草原、水面的,建议向森林主管部门或草原主管部门或水务主管部门了解调查是否划定生态保护红线范围。

(4)如遇个别地区尚未划定生态保护红线范围,需判断拟选址地点是否存在可能被划入生态保护红线范围。如存在可能,则建议另行选址。

五、风电光伏电站经审批后建设并投产,因侵入生态保护红线范围而被拆除的案例——最高人民法院(2020)最高法行申7063号案件

(一)案件简要事实

2012年5月至2013年3月,中广公司开发建设留庄镇光伏发电项目获得审

批，光伏项目全部位于山东南×湖××自然保护区实验区内。山东省济宁市微山县发展和改革局、环境保护局、水利局、规划局、林业局、国土资源局（现为自然资源和规划局）等部门先后对中广公司作出同意在留庄镇建设光伏发电项目的审批意见。2013 年 1 月 9 日，济宁富美环境研究设计院编制建设项目环境影响评价报告表，认为该项目符合所在地县级以上生态环保规划和环境功能区的要求。2013 年 2 月 22 日，济宁市环境保护局作出环评批复，同意该项目建设。2013 年 8 月 2 日，山东省国土资源厅（现为山东省自然资源厅）通过中广公司建设用地预审。经济宁市和山东省两级发展和改革委员会、水利局等部门备案批复，中广公司在留庄镇境内批准区域投资建成 30 兆瓦光伏发电项目，并于 2015 年 1 月 1 日开始并网发电。2015 年 8 月 5 日，微山县环境保护局作出关于济宁中广新能源有限公司 30 兆瓦光伏发电项目验收批复，确认项目环保手续齐全，项目竣工环境保护验收合格。2017 年 3 月 29 日，微山县政府办公室作出《关于禁止在南×湖省级自然保护区内违规建设光伏项目的通知》，要求对非法占用自然保护区和违法使用林地、湿地的在建光伏发电项目，责令企业立即停工进行整改。2017 年 12 月 22 日，微山县政府作出《关于责令对山东南×湖××自然保护区违规建设光伏项目限期整改的通知》，要求中广公司于 2017 年 12 月底前拆除光伏项目设施。2018 年 1 月 5 日，微山县政府、南×湖管理局作出微政强执决字（2018）第 6 号行政强制执行决定书（以下简称 6 号决定），认为中广公司在留庄镇建设的光伏项目全部在南×湖自然保护区实验区内，未取得南×湖自然保护区管理机构和环境主管部门同意，属于违法建设项目，依据《行政强制法》第 44 条规定，决定对中广公司光伏项目实施强制拆除。后微山县政府对中广公司兴建的光伏项目设施全面予以拆除。2018 年 3 月 28 日，中广公司提起行政诉讼，请求撤销 6 号决定。2019 年 11 月 4 日，山东省政府发布关于调整山东南×湖××自然保护区范围和功能区的批复，将涉案光伏项目所在区域调整出自然保护区的实验区。但该批复发布之前，涉案光伏项目设施已经被全部强制拆除。

（二）法院观点

1. 一审法院观点

微山县政府、南×湖管理局在作出 6 号决定前，未告知中广公司享有陈述、申辩的权利，未听取其陈述、申辩，违反法定程序。鉴于中广公司光伏项目属于违法建设项目应予拆除，撤销6号决定将会给国家利益、社会公共利益造成重大损失，应确认违法。

2. 二审法院观点

被诉行政行为违法，但撤销会给国家利益或社会公共利益造成重大损害的情况下，人民法院应当判决确认行政行为违法，但不撤销行政行为。判决驳回上诉、维持原判。

3. 最高人民法院再审观点

(1)行政决定作出的主体错误

作出决定的行政机关不是法律规定的县级以上人民政府有关自然保护区行政主管部门或者其授权的自然保护区管理机构。

(2)行政决定作出的程序错误

中广公司不履行限期拆除决定，应申请人民法院强制执行。微山县政府和南×湖管理局作出6号决定强制执行，适用法律错误、超越法定职权；同时，作出6号决定未经催告履行程序，也没有给予中广公司陈述、申辩的机会，违反法定程序。

(3)考虑到国家、公共利益，确认违法并无不当

鉴于中广公司光伏项目位于自然保护区实验区内，且相关设施已经全部拆除，撤销6号决定将会严重损害国家利益、公共利益，一审、二审判决确认违法并无不当。

(4)行政赔偿应另案处理

中广公司光伏项目建设，经过微山县政府及其相关部门审批，存在政府信赖利益。违法强制拆除行为造成中广公司合法利益损失的，应当予以行政赔偿。

2

光伏发电项目使用农村土地的承包发包及流转规则兼合规要点

李霄然

陆地光伏项目需要大面积铺设光伏方阵,这决定了光伏项目对土地资源的占用需求很大。土地资源是最为稀缺且不可再生的生产资料之一,尤其是建设用地和农用地,更为稀缺。前者是城市发展、经济发展的基础资料,总量少;后者是粮食生产的生命线,必须坚守。在这样的土地资源背景下,陆地光伏项目通过大面积获取建设用地进行开发是比较艰难的,更多的企业通过利用农村土地进行光伏项目建设,应该如何依法取得农村土地?需要关注的基本合规要点是什么?

本文对农村土地的基本使用规则,从承包发包方式和流转方式加以分析,区分了"四荒土地"和其他农村土地的类型,并着重从政府审批、政府登记以及村集体经济组织决策的角度,提示了合规的要点内容。

一、农村土地相关概念界定和本文的分析角度

(一)本文所称农村土地的概念源于《农村土地承包法》

《农村土地承包法》第2条规定:"本法所称农村土地,是指农民集体所有和国家所有依法由农民集体使用的耕地、林地、草地,以及其他依法用于农业的土地。"

《农村土地承包法》中所界定的农村土地,既包括由适宜采取家庭承包方式的耕地、草地、林地等(不排除"四荒土地")用于农业的土地(第2条),也包括不

宜采取家庭承包方式的荒山、荒沟、荒丘、荒滩等农村土地(第 3 条、第 48 条)。因此,本文遵循《农村土地承包法》的概念体系,所针对的农村土地包含上述两种类型。

(二)《土地管理法》根据土地用途将土地划分为农用地、未利用地、建设用地

农村土地所包含的"四荒土地"概念,属于《土地管理法》中的农用地概念还是未利用地概念?农村土地所包含的"耕地、林地、草地等依法用于农业的土地",是否等同于《土地管理法》的农用地概念?

"四荒土地"属于农用地还是未利用地,实务中存在争议。有的法规规定"四荒土地"属于农用地,比如《不动产登记暂行条例实施细则》第 47 条规定:"承包农民集体所有的耕地、林地、草地、水域、滩涂以及荒山、荒沟、荒丘、荒滩等农用地……"该条例将"四荒土地"归入农用地的范畴。而有的政策则规定"四荒土地"属于未利用地,比如国务院办公厅《关于进一步做好治理开发农村"四荒"资源工作的通知》(国办发〔1999〕102 号)规定:"根据新修订的《中华人民共和国土地管理法》的规定,'四荒'属于'未利用地'。各级人民政府要据此严格界定'四荒'范围和土地类型,确定权属。承包、租赁或拍卖使用权的'四荒'地必须是农村集体经济组织所有的、未利用的土地。耕地、林地、草原以及国有未利用土地不得作为农村'四荒'。"

农村土地所包含的"耕地、林地、草地等依法用于农业的土地",属于《土地管理法》的农用地范围,但农用地概念外延更大。农用地范围还包括了国有农用地,以及如前所述还可能包含"四荒土地"。

虽然上述概念界定问题尚无统一定论,但并不影响本文对农村土地承包发包、流转规则的分析。

本文的分析视角是《农村土地承包法》中农村土地的流转方式,该法调整农村土地发包、承包、租赁等法律关系,其调整思路是按照"四荒土地"和此外的其他农村土地两分法思路制定规范。因此,无论农村土地中的"四荒土地"和其他农村土地与农用地和未利用地的关系如何以及未来如何明确,都不影响适用《农村土地承包法》探析农村土地的承包发包和流转规则。

二、"四荒土地"的承发包、流转规则及合规要点

(一)"四荒用地"可以实行承包经营

"四荒土地"可以实行承包经营,根据承包人是否具有成员权分为两类承包规则。

具有集体经济组织成员身份的,适宜采取家庭承包方式的,按照家庭承包制度承包;不宜采用家庭承包的"四荒土地",可以直接通过招标、拍卖、公开协商等方式实行承包经营(《农村土地承包法》第3章称之为家庭承包方式外的其他方式承包)。"四荒用地"采取其他承包方式实行承包经营的,可以由集体经济组织以外的主体参加,集体经济组织成员也可以参加并享有优先权。

农村土地实行"三权分置"制度,将土地权利划分为土地所有权、土地承包权、土地经营权。"四荒土地"采取家庭承包的,承发包的对象是土地承包权;采取其他方式承包的,承发包的对象为土地经营权。

土地承包权是用益物权且具有特定身份属性,必须具有集体经济组织成员身份,基于家庭承包而取得。土地经营权是基于租赁、转包等流转合同行为而设定的权利。区分土地承包权和土地经营权是为了既保护好农民的物权、成员权(土地承包权),又赋予农村土地以充分、自由的流转权能(土地经营权)。

(1)按家庭承包方式,属于集体经济成员内部分配制度,与光伏企业没有直接关系,不再赘述。

(2)按其他承包方式,发包方将农村土地发包给本集体经济组织以外的单位或者个人承包,应当满足以下条件。①事先经本集体经济组织成员的村民会议2/3以上成员或者2/3以上村民代表的同意。②报乡(镇)人民政府批准。③应当对社会资本承包方的资信情况和经营能力进行前置审查通过后,再签订承包合同。

需要说明的是,按其他承包方式,发包方将农村土地发包给本集体经济组织以外的单位或者个人承包,本集体经济组织成员当然可以参与,且在同等条件下具备优先权。本集体经济组织成员应满足的条件为上述①、②两项,无须审查第③项条件。

(二)"四荒土地"的流转

流转的含义,大致可以理解为农村土地的二级市场,是承包发包之后的流通。

根据《农村土地承包法》以及配套的部门规章《农村土地经营权流转管理办法》的规定，“流转”一词的对象仅限于“三权分置”中的土地经营权。本部分“四荒土地”的流转，与前述第一部分“四荒土地”的承包经营不同，第一部分所述是以家庭承包或者其他方式承包“四荒土地”，是承包发包关系，类似于一级市场，由集体经济组织发包，由本组织成员或者外部主体承包；而本部分所分析的“四荒土地”流转，是基于已有的承包发包关系，再就土地经营权通过租赁等方式实现转移的法律关系，类似于二级市场。

基于基础的承包发包关系不同，我们可以将流转做分类分析。

1. 基础承包发包关系是家庭承包的，承包人为集体经济组织成员，享有土地承包经营权（物权），该成员有权将土地经营权签署流转协议，流转给外部主体的，不需要集体决策程序。根据《农村土地承包经营法》第 9 条规定，承包方承包土地后，享有土地承包经营权，可以自己经营，也可以保留土地承包权，流转其承包地的土地经营权，由他人经营。但是需要注意的是这种类型下的流转，仍需要向发包方备案（《农村土地承包法》第 36 条）。

2. 基础承包发包关系未以家庭承包方式承包到户，而是以其他承包方式由集体经济组织发包的，该类承发包关系项下的对象限定为土地经营权，对该土地经营权进行流转，需要满足的条件包括以下三个方面。（1）对社会资本受让主体前置审查。县级以上地方人民政府对社会资本作为受让主体的农业经营能力等进行审查审核，审核未通过的，不得开展土地经营权流转活动。（《农村土地经营权流转管理办法》第 29 条）（2）土地经营权流转期限为 5 年以上的，当事人可以向登记机构申请土地经营权登记。未经登记，不得对抗善意第三人。（《农村土地承包法》第 41 条）（3）按照法定程序经本集体经济组织成员的村民会议 2/3 以上成员或者 2/3 以上村民代表的同意，并与集体经济组织签订流转意向协议书。（《农村土地经营权流转管理办法》第 29 条）

三、其他农村土地的承发包、流转规则及合规要点

（一）除“四荒土地”以外的其他农村土地实行家庭承包，不能按照其他承包方式实行承发包

对于光伏项目用地而言，在家庭承包这一阶段，企业是无法参与的，这是集体

经济组织成员内部的分配规则，不再赘述。

（二）除“四荒土地”以外的其他农村土地实行家庭承包，承包人基于享有的土地承包经营权，可以对外流转土地经营权

出于保护和尊重承包人权利的思路，《土地管理法》《农村土地承包法》《农村土地经营权流转管理办法》等规范，都较为充分地尊重承包人享有的流转权利，限制相对较少。

1. 不要求经本集体经济组织成员的村民会议 2/3 以上成员或者 2/3 以上村民代表的同意。

2. 对社会资本作为受让主体的农业经营能力等进行审查审核，审核未通过的，不得开展土地经营权流转活动。（《农村土地经营权流转管理办法》第 29 条）

3. 土地经营权流转期限为 5 年以上的，当事人可以向登记机构申请土地经营权登记。未经登记，不得对抗善意第三人。（《农村土地承包法》第 41 条）

此外，根据自然资源部办公厅、国家林业和草原局办公室、国家能源局综合司于 2023 年 3 月 20 日发布的《关于支持光伏发电产业发展规范用地管理有关工作的通知》（自然资办发〔2023〕12 号），农村土地中的耕地，不能再作为光伏项目用地。

以上内容，从陆地光伏项目使用农村土地的角度，浅析了通过承发包方式以及流转方式（实务中流转主要体现为租赁方式，转包方式已经与租赁具有同等含义）对农村土地的基本使用规定，并着重从政府审批、政府登记以及村集体经济组织决策的角度，提示了合规的要点内容。

3

光伏发电项目使用草地相关法律问题浅析

李霄然

光伏发电项目属于新兴产业，其用地方式与传统发电项目相比具有一定的特殊性，草地是光伏发电项目用地类别中的重要用地类别。为支持光伏产业的发展，自然资源部等部门先后制定若干政策性文件。本文尝试梳理光伏发电项目中涉及使用草地方面的相关法律法规、政策，并就其中涉及的相关问题进行初步分析。

一、草地的基本分类及相关概念辨析

在现行政策下，光伏发电项目涉及使用草地的，相关制度的设计是按照草地分类管理的思路展开，即根据草地的不同类型，结合土地本身用途分类（农用地/建设用地/未利用地），规定草地使用的正负面清单。因此，先理清草地的基本分类和概念是非常必要的。

（一）《土地管理法》规定草地用途上属于农用地

《土地管理法》第4条第2、3款规定："国家编制土地利用总体规划，规定土地用途，将土地分为农用地、建设用地和未利用地。严格限制农用地转为建设用地，控制建设用地总量，对耕地实行特殊保护。前款所称农用地是指直接用于农业生产的土地，包括耕地、林地、草地、农田水利用地、养殖水面等……"

从《土地管理法》的规定可知，在土地用途划分上，草地属于农用地下的类别。

（二）《草原法》明确草原的分类，以及基本草原的概念

草原的分类规定在《草原法》第2条第2款："本法所称草原，是指天然草原和

人工草地。”第74条规定：“本法第二条第二款中所称的天然草原包括草地、草山和草坡，人工草地包括改良草地和退耕还草地，不包括城镇草地。”

基本草原的概念规定在《草原法》第42条：“国家实行基本草原保护制度。下列草原应当划为基本草原，实施严格管理：(一)重要放牧场；(二)割草地；(三)用于畜牧业生产的人工草地、退耕还草地以及改良草地、草种基地；(四)对调节气候、涵养水源、保持水土、防风固沙具有特殊作用的草原；(五)作为国家重点保护野生动植物生存环境的草原；(六)草原科研、教学试验基地；(七)国务院规定应当划为基本草原的其他草原。基本草原的保护管理办法，由国务院制定。”

在实务中识别基本草原的方法是通过规划文件确认。自然资源部、国家林业和草原局《关于以第三次全国国土调查成果为基础明确林地管理边界规范林地管理的通知》明确了将林草资源相关数据纳入国土空间基础信息平台和全国国土空间规划“一张图”进行管理。因此企业投资、建设光伏项目用地时，必须要核查国土空间规划对拟选址区域定性。

(三)《土地现状利用分类》中“其他草地”属于未利用地，“国土三调”承继了该分类

GB/T 21010—2017《土地利用现状分类》附录A中按照《土地管理法》“三大类”划分了具体的类型名称，其中农用地项下包括天然牧草地、沼泽草地和人工牧草地，但在未利用地项下包括其他草地(类型编码0404)一项。

随着2017年国务院部署开展的第三次全国土地调查(以下简称国土三调)的全面开展，2022年3月9日，自然资源部办公厅发布《关于以“三调”成果为基础做好建设用地审查报批地类认定的通知》(自然资办函〔2022〕411号)，通知自2022年4月15日起，建设项目用地审查报批的地类要以“国土三调”地类为准。国务院公布的《第三次全国国土调查工作分类地类认定细则》(以下简称《地类认定细则》)将草地划分为天然牧草地、人工牧草地和其他草地三个二级类，虽然没有从土地利用角度对其他草地这一类别进行明确，但从其编号上看，其他草地编号仍为0404，与其在《土地利用现状分类》中的编号一致，属于未利用地项下。

另外值得注意的是，《地类认定细则》中将沼泽草地排除在草地范围之外，改变了《土地利用现状分类》中农用地下的这一分类。

二、光伏发电项目使用草地的法律依据和基本政策

（一）征收、征用或者使用草原的，必须经省级以上人民政府草原行政主管部门审批同意后“转性”

《草原法》第38条规定：“进行矿藏开采和工程建设，应当不占或者少占草原；确需征收、征用或者使用草原的，必须经省级以上人民政府草原行政主管部门审核同意后，依照有关土地管理的法律、行政法规办理建设用地审批手续。”

（二）《关于支持新产业新业态发展促进大众创业万众创新用地的意见》（国土资规〔2015〕5号，以下简称“5号文”，已失效）允许对未利用地中的荒草地有条件地以租赁方式取得

“5号文”规定：光伏、风力发电等项目使用戈壁、荒漠、荒草地等未利用土地的，对不占压土地、不改变地表形态的用地部分，可按原地类认定，不改变土地用途，在年度土地变更调查时作出标注，用地允许以租赁等方式取得，双方签订好补偿协议，用地报当地县级国土资源部门备案；对项目永久性建筑用地部分，应依法按建设用地办理手续。对建设占用农用地的，所有用地部分均应按建设用地管理。

“5号文”对光伏项目使用草原规定体现出三个层次：

1. 占用农用地草原的，按照《草原法》的规定履行审批转性程序；

2. 光伏阵列不占压荒草地（未利用地）、不改变地表形态的用地部分，经年度土地变更调查标注后，允许以租赁方式用地；

3. 光伏电站的永久性建筑用地部分（变电站、运营中心、场外道路等）占压荒草地（未利用地），依法办理建设用地手续。

（三）《关于支持光伏发电产业发展规范用地管理有关工作的通知》（自然资办发〔2023〕12号，以下简称“12号文”）规定新建、扩建光伏发电项目，不得占用基本草原

国务院办公厅《关于加强草原保护修复的若干意见》（国办发〔2021〕7号）规定，落实基本草原保护制度，把维护国家生态安全、保障草原畜牧业健康发展所需最基本、最重要的草原划定为基本草原，实施更加严格的保护和管理，确保基本草

原面积不减少、质量不下降、用途不改变。

“12号文”第1条第2款规定，新建、扩建光伏发电项目，一律不得占用永久基本农田、基本草原、Ⅰ级保护林地和东北内蒙古重点国有林区。进一步重审了光伏项目不得占用基本草原的规定。

三、“国土三调”后，在“其他草地”上建设光伏项目是否必须办理建设用地审批手续，实践中存在不同理解

如上文所述，“其他草地”在《土地现状利用分类》中属于未利用地，根据现行光伏项目用地政策的规定，对不占压土地、不改变地表形态的用地部分，可按原地类认定，不改变土地用途，用地允许以租赁等方式取得。从政策本身含义来理解，对于其他草地上建设光伏项目，不占压土地的光伏方阵用地并不是必须办理建设用地审批手续，只有永久性建筑占压土地的才需要办理建设用地审批手续。但实践中地方政府部门对上述用地制度和政策理解存在一定分歧。

如山东省自然资源厅政府网站在2023年3月9日的公开回复中称：第三次国土调查分类中将草地细分为天然草地、人工草地和其他草地，因此包括其他草地在内的所有草地都应当按照《草原法》管理，在征收、征用、使用时，应当按照《草原法》第38条规定，经省级以上人民政府草原行政主管部门审核同意后，依照有关土地管理的法律、行政法规办理建设用地审批手续。

无独有偶，山西省林业和草原局政府网站也于2023年7月24日作出了高度类似的答复：国土三调数据公布后，明确了各地的草地面积，草原管理工作包含草地相关管理工作，对草地的管理应按照《草原法》《土地管理法》的有关要求依法管理。按照《土地管理法》规定，土地分为农用地、建设用地和未利用地，农用地包括耕地、林地、草地、农田水利用地、养殖水面等，即法律规定草地属于农用地。按照《草原法》第2条、第74条规定，草原是指天然草原和人工草地。天然草原包括草地、草山、草坡；人工草地包括改良草地和退耕还草地。第三次国土调查分类中将草地细分为天然草地、人工草地和其他草地，因此包括“其他草地”在内的所有草地都应当按照《草原法》管理，在征收、征用、使用时，应当按照《草原法》第38条规定，经省级以上人民政府草原行政主管部门审核同意后，依照有关土地管理的法律、行政法规办理建设用地审批手续。

上述地方政府部门的观点存在一个共同问题，即依据“国土三调”的分类，默

认其他草地不再属于未利用地项下,因此应按照《草原法》的有关规定,办理建设用地审批手续。但是上述观点忽略了一个重要事实:《地类认定细则》是从实地现状角度来确定用地类型,而不是以《土地管理法》所确定的土地用途划分标准出发,在《地类认定细则》中其他草地的编号同样是0404,没有将其调整出国标《土地利用现状分类》的未利用地范畴。

广西壮族自治区自然资源厅持这一观点,其在2023年5月18日的回复中认为"按《第三次全国国土调查技术规程(TD/1055—2019)》……草地分为天然牧草地(0401)、沼泽草地(0402)、人工牧草地(0403)、其他草地(0404),其中,天然牧草地(0401)、沼泽草地(0402)、人工牧草地(0403)属于农用地;其他草地(0404)属于未利用地。"

以上观点分歧源自《草原法》对"草地"这一概念界定模糊导致,草原是否包括未利用地中的"其他草地",有待未来的进一步明确。

综上所述,一般而言征收、征用或者使用草原建设光伏项目的,必须经省级以上人民政府草原行政主管部门审批同意。对于使用其他草原这一未利用土地的,对不占压土地、不改变地表形态的用地部分,可按原地类认定,不改变土地用途,以租赁方式取得。实践中对于其他草原是属于农用地还是未利用地、是否受《草原法》的调整存在一定分歧,对此笔者建议在使用其他草地建设光伏项目前,与当地林草部门取得沟通,明确用地方式,提前预判风险。

4

“一地两用”复合光伏发电项目的基本用地规则探析

李霄然

光伏发电项目对土地的需求量很大,而土地资源长期以来是最稀缺的生产资料。为了在集约节约利用土地的基础上发展光伏发电产业,我国对光伏电站项目供地主要采取了两种模式:一种是以荒山、荒漠、戈壁等未利用地作为光伏项目建设用地;另一种是基于土地现状用途不变情况下,在地表上方空间架设光伏阵列,形成光伏发电与原土地用途复合使用的复合光伏项目。本文就复合光伏项目的用地政策脉络和基本规则加以梳理。

一、什么是复合光伏发电项目

复合光伏发电项目,是在原有耕地、林地、渔业用地、草地等农用地的地表上方一定高度空间,按照有关文件规定的高度、间距等技术要求,架设光伏矩阵,在不改变地表土地用途的情况下,实现光伏发电的项目。根据农用地性质的不同,有农光互补(已取消,下文详述)、林光互补、草光互补、渔光互补等具体形式。

复合光伏发电项目,实质上是对土地的立体化、空间化使用。我国近年来开始提出国土空间概念。在国土空间概念中,在地表上方一定高度或者下方一定深度,可以独立于地表土地使用权之外另外单独设立物权。换言之,传统的国有建设用地使用权的权利范围,只能及于地表上、下方一定范围,超出该范围的空间,不属于出让范围,可以作为独立的物化的财产,由国家有关部门依法另行利用。比如,一些地铁站的国有土地使用权出让,就会针对地铁站、地下商业、地下铁路用地采取分层利用方式。鉴于目前国土空间规划概念还不成体系,不能覆盖现状各类土地。在复合光伏发电项目中,利用地表上方一定高度的空间权利,该权利是否当然地归属于现土地使用权人,尚无明确规定。因此,从这个角度看,复合光伏发电项目地表上方空间的权利归属以及利用规则,存在较大的讨论空间和完善空间。就目前的复合光伏项目政策现状和各地政府对政策的落地情况而言,复合光伏发电项目所利用的地上空间权利,仍视为归属于地表土地权利人。

二、复合光伏项目中的用地分类管理

根据国土资源部(现为自然资源部)于2017年9月25日颁布的《关于支持光伏扶贫和规范光伏发电产业用地的意见》(国土资规〔2017〕8号,以下简称"8号文",已失效)的规定,光伏电站项目用地可以分为四类。根据不同类别的土地适用不同的分类管理规则。光伏电站项目用地的划分为四类用地内在逻辑,实质上是根据光伏电站不同组成部分的细分用途加以分类。(1)对于大面积的太阳能面板用地,划定为光伏方阵用地。(2)光能转化电能需要电缆传输,该部分线路用地划定为集电线路用地。(3)光伏电站需要运营,不稳定的光伏发电需要储能和变压设施,为此需要建设运营管理中心、变电站,该部分用地划定为变电站及管理中心用地。(4)光伏电站内部需要通行,以便于安装、调试、维护、检修等,为此需要道路,该部分用地划定为场内道路用地。

2017年9月25日"8号文"颁布、实施之后,长期作为光伏发电站项目分类用地的基础性规范文件。但该文件有效期为5年,有效期已于2022年9月24日届满。之后,自然资源部办公厅、国家林业和草原局办公室、国家能源局综合司于2023年3月20日发布了《关于支持光伏发电产业发展规范用地管理有关工作的通知》(自然资办发〔2023〕12号,以下简称"12号文")。"12号文"将用地调整为两类,新的分类更加简明,但并未对"8号文"分类的内在逻辑做实质性调整。"12号文"规定光伏发电项目用地包括以下两种类型。

1. 光伏方阵用地

包含光伏面板、采用直埋电缆敷设方式的集电线路等用地。将直埋电缆用地集电线路用地纳入光伏方阵类型管理(不包含集电线路采用杆塔用地),这是与"8号文"在分类上的差异。但在具体用地规则上,并不因此而引发用地规则变化,"8

号文”和“12 号文”都规定，对于将直埋电缆的集电线路用地按照光伏方阵用地管理（下文阐述具体用地规则）。

2. 配套设施用地

包含变电站及运行管理中心、集电线路（采用杆塔等方式用地）、场内外道路等用地。

三、复合光伏项目用地政策脉络梳理和规则浅析

（一）复合光伏项目用地政策缺失时期

2015 年，国土资源部、国家发展改革委、科学技术部、工业和信息化部、住房和城乡建设部、商务部颁布《关于支持新产业新业态发展促进大众创业万众创新用地的意见》（已失效）。该意见规定，光伏发电项目使用戈壁、荒漠、荒草地等未利用土地的，对不占压土地、不改变地表形态的用地部分，可按原地类认定，不改变土地用途。但是，对于复合光伏发电项目占用农用地且不改变原用途的，是否可按原地类管理，未做明确规定。实务中，地方国土部门、光伏企业以及投资主体，都对占用农用地进行复合光伏项目的用地合法性存在疑惑。

（二）复合光伏项目用地政策严控期及用地规则

2016 年，天津市国土局向国土资源部发函请示复合光伏发电项目占用农用地的用地管理问题，国土资源部回复《关于光伏发电用地有关事项的函》，函件告知就复合光伏电站项目占用农用地的，应当按照建设用地管理。根据国土资源部的这一规定，复合光伏项目用地如果占用农用地的，不论是光伏方阵用地还是配套设施用地，实际上均纳入一般建设项目管理，需要依法申请使用国有建设用地，需要依照《土地管理法》等法律规定，办理农用地转用手续和土地征收手续。这一规定严格保护了农用地，体现了我国一贯的农用地保护政策，但是客观上也极大限制了复合光伏项目的发展。主要原因是，按照建设用地管理模式需要申请办理农用地转建设用地等手续，而我国长期严格控制建设用地规模，实施建设用地指标管理，各地都不同程度存在建设用地指标紧张，这就决定了项目审批落地难。此外，采用农用地转为建设用地方式，需要巨大的拿地资金成本和时间成本，复合光伏项目的投资测算难以平衡。

（三）复合光伏项目用地政策宽松期及用地规则

国土资源部颁布的“8 号文”，对复合光伏项目占用农用地作出较为宽松的基本规定，并授权省级职能部门研究制定符合本区域复合光伏项目发展的规范文件。“8 号文”规定的复合光伏项目基本用地规则，按照分类管理方式作出规定。

1. 对于变电站及运行管理中心、集电线路杆塔基础用地（不含直埋电缆），按照建设用地管理，依法办理建设用地审批手续。这一分类管理规则背后的逻辑是：变电站、管理中心、集电线路杆塔，都是占压土地的永久性建筑（相对于临时建筑概念），根据我国的法律体系，建设永久性建筑都要依法申请使用建设用地，纳入建设用地管理。

2. 场内道路用地可按农村道路用地管理。但是需要注意，禁止硬化路面。

3. 利用农用地布设的光伏方阵可不改变原用地性质，采用直埋电缆方式敷设的集电线路用地，实行与项目光伏方阵用地同样的管理方式。这一规定的影响非常大，对复合光伏项目的发展起到了积极的推动作用。根据这一规定，光伏企业可以直接在农用地地表上方空间架设光伏阵列，只要符合地方职能部门规定的架设高度、距离等技术要求，不影响地表作物，则无须改变原用地性质。直埋电缆方式设置的集电线路用地不同于集电线路杆塔基础用地，前者无须占用地面和硬化地面，故采取和光伏方阵相同的用地规则。

以上 3 点内容，是“8 号文”对复合光伏项目四类用地的相应管理规则。除此之外，“8 号文”还规定任何复合光伏项目都不可以占用基本农田。

（四）复合光伏项目用地政策适度收紧期及用地规则

2023 年 3 月 20 日，自然资源部办公厅、国家林业和草原局办公室、国家能源局综合司颁布“12 号文”。如前第二点所述，2017 年颁布的“8 号文”已经到期，“12 号文”已经于 2023 年实施。相较于“8 号文”的规定，“12 号文”就复合光伏项目用地规则作出了适度限制。背景原因主要是因为复合光伏项目出现了一些弃耕、撂荒的“因光废耕”情况，威胁到耕地安全；此外，我国西部地区存在大面积的荒沙、戈壁等未利用地，政策更倾向于引导在未利用地上开发光伏项目，对于在中东部和北部地区的农用地上建设复合光伏问题，采取适度允许的政策导向。

如前第二点所述，“12 号文”对将光伏项目用地分为光伏方阵用地和配套设施用地两类，采取的分类用地管理规则包括以下几个方面。

1. 光伏方阵用地不得占用耕地。

农用地包含了耕地、林地、渔业用地、草地等多种性质，前述“8 号文”允许在农用地上（基本农田除外）建设复合光伏阵列，并未对农用地的具体类型作出限制。但“12 号文”将农用地中的耕地明确排除在外，不再允许在耕地上架设光伏阵列，禁止建设“农光互补”型复合光伏项目。

2. 符合要求的，光伏方阵可以占用农用地中的林地。

“12 号文”要求，光伏方阵用地涉及使用林地的，必须采用林光互补模式（不能建设单一型光伏电站，必须采用复合光伏模式）。这一规定背后的逻辑是保护林地，林光互补模式能够继续保持林地生态，事实上禁止了将林地转性为建设用地建设光伏电站的路径。具体要求包括以下几个方面。（1）可使用年降水量 400 毫米以下区域的灌木林地以及其他区域覆盖度低于 50% 的灌木林地。（2）不得采伐林木、割灌及破坏原有植被，不得将乔木林地、竹林地等采伐改造为灌木林地后架设光伏板。（3）光伏支架最低点应高于灌木高度 1 米以上，每列光伏板南北方向应合理设置净间距，具体由各地结合实地确定，并采取有效水土保持措施，确保灌木覆盖度等生长状态不低于林光互补前水平。（4）光伏方阵按规定使用灌木林地的，施工期间应办理临时使用林地手续，运营期间相关方签订协议，项目服务期满后应当恢复林地原状。

3. 符合要求的，光伏方阵可以占用农用地中的草地。

占用草地的具体要求包括以下几个方面。（1）光伏方阵用地不得占用基本草原。（2）涉及占用基本草原外草原的，地方林草主管部门应科学评估本地区草原资源与生态状况，合理确定项目的适建区域、建设模式与建设要求。（3）鼓励采用草光互补模式。

4. 直埋电缆敷设方式的集电线路用地。

采用直埋电缆敷设方式的集电线路等用地，属于光伏方阵用地，按照光伏方阵用地管理。

5. 配套设施用地管理。

光伏发电项目配套设施用地（含变电站及运行管理中心、集电线路杆塔用地、场内外道路等用地），按建设用地进行管理，依法依规办理建设用地审批手续。其中，复合光伏用地标准，位于方阵内部和四周，直接配套光伏方阵的道路，可按农村道路用地管理，其他道路按建设用地管理。

以上5点内容是"12号文"对复合光伏项目两类用地的相应管理规则。除此之外，"12号文"还规定了稳妥处置历史遗留问题措施，明确了和到期的"8号文"的衔接规则：（1）"12号文"施行之前已按照"8号文"规定批准立项的光伏发电项目（包括动工和未动工建设），可按批准立项时用地预审和用地有关意见执行，不得扩大项目用地面积和占用耕地林地草地面积。（2）已经通过用地预审或地方明确用地意见但项目未立项的，按"12号文"规定要求执行。（3）生态保护红线内零星分布的已有光伏设施，按照相关法律法规规定进行管理，严禁扩大现有规模与范围，项目到期后由建设单位负责做好生态修复。

综上，复合光伏项目的用地政策，是项目合法合规的基础。复合光伏项目用地规则既涉及基础法律规定，也有赖于中央和地方政策规定。复合光伏项目用地存在着未批先建、手续缺失、用地错位、"因光弃耕"等法律风险。近年来，光伏项目用地的核查逐步趋严，对光伏企业和投资人提出了更高的要求。建议各相关方重视复合光伏项目的用地规则，紧跟政策变化，夯实项目用地基础。

5

新能源项目用地法律分析

刘俊丽

一、引言

新能源，又称作非常规能源，是指常规能源以外的各种能源形式。随着“双碳”目标的确立，国家倡导大力发展光伏、风电等新能源。2022 年 5 月 14 日，国家发展改革委、国家能源局发布《关于促进新时代新能源高质量发展的实施方案》明确提出推动解决制约新能源行业发展的用地困境。本文从现行法律政策出发，对新能源项目的功能分区及用地要求，土地取得方式及法律风险，涉及林地、草地和敏感区域的用地问题等方面涉及的主要问题进行解析梳理，并对有关注意事项进行分析。

二、新能源项目的功能分区及其用地要求

（一）新能源项目的用地管理原则

我国实行土地用途管制制度，该制度是国家为了保证土地资源的合理利用，通过编制土地利用规划、依法划定土地用途分区，确定土地使用限制条件，实行用途变更许可的一项强制性管理制度。[①] 它包括两方面的内涵：一是土地使用分区，指对由自然、经济、社会和生态等要素决定的土地使用功能的地域空间划分；二是管制规则，指对土地用途区内开发利用行为进行规范的细则，包括用途区内允许的、

---

① 吴九兴、何丹：《耕地保护政策对耕地非农化的影响评估》，中国土地学会 2007 年年会论文集。

限制的和禁止的土地用途和开发利用方式的规定以及违反规定的处理办法。

《土地管理法》第4条规定：国家编制土地利用总体规划，规定土地用途，将土地分为农用地、建设用地和未利用地。新能源发电项目也以此三大类为依据，规定项目的不同功能分区可以适用的土地类别。

原国土资源部、国家发展改革委等六部委2015年出台的《关于支持新产业新业态发展促进大众创业万众创新用地政策的意见》（国土资规〔2015〕5号）（已失效，以下简称"5号文"），明确规定光伏、风电项目采取"差别化用地政策"，即针对不同的功能分区进行分类管理。具体而言，光伏、风力发电等项目使用戈壁、荒漠、荒草地等未利用土地的，对不占压土地、不改变地表形态的用地部分，可按原地类认定，不改变土地用途，在年度土地变更调查时作出标注，用地允许以租赁等方式取得，双方签订好补偿协议，用地报当地县级自然资源部门备案；对项目永久性建筑用地部分，应依法按建设用地办理手续。对建设占用农用地的，所有用地部分均应按建设用地管理。

（二）新能源项目的功能分区和用地要求

1. 光伏发电项目的功能分区和用地要求

原国土资源部在2015年发布了《光伏发电站工程项目用地控制指标》（国土资规〔2015〕11号，有效期5年，已于2021年1月1日失效），将光伏项目划分为光伏方阵、变电站及运行管理中心、集电线路、场内道路用地四个功能分区，并明确了各个功能分区的用地要求。

2022年12月5日，自然资源部发布了新修订的《光伏发电站工程项目用地控制指标》，继续沿用了光伏项目的四个功能分区：

（1）光伏方阵用地包括组件用地、逆变器室及箱变用地、方阵场内道路用地等。

（2）变电站及运行管理中心用地包括变电站用地和生活服务设施用地。变电站用地包括生产建筑用地和辅助生产建筑用地。前者包括升压设备、变配电设备、变电站控制室用地；后者包括光伏发电站中控室、计算机室、站用配电室、电工实验室、通信室、库房、办公室、会议室、停车场等设施用地。生活服务设施用地包括职工宿舍、食堂、活动中心等设施用地。以上均为永久用地。

(3)集电线路用地指光伏发电站项目区内集电线路建设用地,如采用架空线路架设,杆塔基础用地为永久用地;采用直埋电缆敷设方式的,在工程完成后恢复原有地貌,不再另行计算用地指标,也即可为临时用地。

(4)场内道路用地指保证项目生产运营的光伏发电站场区内部运行道路用地。该功能分区可为临时用地,进场路和通往场外的道路用地应符合国家现行的有关公路建设的用地指标。

2017 年,原国土资源部、国务院扶贫办、国家能源局发布《关于支持光伏扶贫和规范光伏发电产业用地的意见》(国土资规〔2017〕8 号,以下简称"8 号文",已失效)进一步对一般光伏发电站用地要求予以明确,将光伏扶贫项目、光伏复合项目区别于一般光伏项目,并对二者给出了特别的用地支持政策。表 2.5.1 是对光伏发电站工程项目用地控制指标和"8 号文"的综合梳理。

表 2.5.1　不同光伏项目汇总

功能分区	一般光伏项目	光伏扶贫项目	光伏复合项目
光伏方阵用地	光伏方阵使用未利用地的,按原地类认定,不改变土地用途,允许租赁方式取得	光伏方阵使用永久基本农田以外的农用地的,在不破坏农业生产条件的前提下,可不改变原用地性质	利用农用地布设的光伏方阵可不改变用地性质
变电站及运行管理中心	应当办理建设用地审批手续	按建设用地管理,依法办理建设用地审批手续	
集电线路用地	应当办理建设用地审批手续	杆塔基础用地按建设用地管理,依法办理建设用地审批手续;采用直埋电缆方式敷设的集电线路用地,实行与项目光伏方阵用地同样的管理方式	
场内道路用地	应当办理建设用地审批手续	场内道路用地可按农村道路用地管理	

2. 陆上风电项目的功能分区和用地要求

2011 年,住房和城乡建设部、原国土资源部、原国家电力监管委员会批准发布了《电力工程项目建设用地指标(风电场)》,该文件按照功能分区将风电项目用地分为五大类,包括风电机组及机组变电站用地、集电线路用地、升压变电站及运行管理中心用地、交通工程用地和临时用地。同时,该文件还对各功能分区需取得永久用地还是临时用地进行了以下几点说明。

(1)风电机组及机组变电站用地主要用于安装风机、建设箱式变电站等永久性建筑,属于永久用地,应当按照建设用地管理,取得相应土地的建设用地使用权。但风电机组拼装、安装场用地为临时用地。

(2)集电线路用地可以大致分为电缆线路用地和架空线路用地。针对电缆线路,当采用电缆沟敷设方式时,需要设置支架、排水设施时,属于永久用地;当采用直埋电缆敷设方式时,用地为临时用地,不计算在用地指标范围内。针对架空线路,当采用架空线路架设时,只计算杆塔基础用地,杆塔基础用地为永久用地。

(3)升压变电站及运行管理中心用地包括生产建筑和辅助生产建筑用地,内涵与上文介绍的光伏发电项目的变电站及运行管理中心相似,亦常用于建设永久性建筑物,因此属于永久用地。

(4)交通工程用地包括对外交通道路和场内交通道路。对外交通道路和运行期检修道路由于进行了地面硬化而属于永久用地;施工期施工道路用地通常在工程建设完成后恢复原有地貌,因此属于临时用地,不需要按照建设用地管理,取得建设用地使用权。

(5)其他施工用地属于临时用地,包括施工临时办公生活设施、施工加工厂、砂石料堆放场、混凝土搅拌站、施工机械修理厂、施工仓库等用地。

对于占用永久用地的项目,应当办理建设用地审批手续。而针对使用未利用地的风电项目,对不占压土地、不改变地表形态的用地部分可不改变土地用途,以租赁等方式取得土地。

三、新能源项目的土地取得方式及法律风险

根据《土地管理法》《农村土地承包法》《土地管理法实施条例》等法律规定,新能源项目使用土地的类型,从土地原有用途区分角度,可能涉及农用地、建设用地和未利用地,从权属区分角度,可能涉及国家所有的土地和农民集体所有的土地。由于土地原有用途不同,以及所有权性质不同,新能源项目土地使用权的取得方式也存在较大差异。

(一)承包或租赁

1. 基本规定

首先,租赁土地上可能会存在多种权利类型,因此租赁土地上权利所有人需明确;其次,在直接发包中要重视民主决策程序的合法性,以避免潜在的法律瑕疵和损失。根据《农村土地承包法》规定,发包方将农村土地发包给本集体经济组织以外的单位或个人承包,应当事先经本集体经济组织成员的村民会议 2/3 以上的成员或者 2/3 以上村民代表同意,并报乡(镇)人民政府批准。最后,村民委员会有权以借贷、租赁或者其他方式处分村集体财产,负有管理本村集体所有的土地和其他财产的职责。人民政府对下辖的村民委员会具有指导、支持、帮助的职责,在告知并获得占地区域内村民委员会同意情况下,可以代为签署处分财产的协议,由授权人即村民委员会承担民事权利义务。

根据"5 号文"的规定,风电光伏发电等项目使用戈壁、荒漠、荒草地等未利用土地的,对不占压土地、不改变地表形态的用地部分,可按原地类认定,不改变土地用途,签订好补偿协议,用地报当地县级国土资源部门备案;对项目永久性建筑用地部分,应依法按建设用地办理手续;对建设占用农用地的,所有用地部分均按建设用地管理。

"8 号文"又进一步明确了光伏复合项目场内道路用地可按农村道路用地管理;利用农用地布设的光伏方阵可不改变原用地性质;采用直埋电缆方式敷设的集电线路用地,实行与项目光伏方阵用地同样的管理方式。

从光伏项目角度来看,若光伏项目涉及农用地承包、租赁的,项目公司应首先对项目性质进行认定,确保项目系光伏复合项目,且已经体现于备案文件之上。需要注意的是,部分地区(如宁夏)还明文要求光伏复合项目必须编制土地复合利用方案,并于项目所在地发展和改革委员会、自然资源部门报备。同时,光伏复合项目应当在运营中对农用地进行返租或通过其他方式保证农业生产,避免项目所涉农用地抛荒、撂荒。项目完成后不再使用农用地的,还应及时组织复垦,确保被压占土地恢复原土地使用现状。

2. 具体方式及其法律风险

(1)直接发包

直接发包,即由村集体直接向项目投资方进行发包的一种用地方式。因此,项目公司需要明确所涉土地的所有权人，并且与正确的发包方签订土地承包合同，避免仅与当地政府或其他不享有土地权利的主体签署承包合同，除非该主体已经取得书面授权。

同时，项目公司还需要根据《农村土地承包法》第52条的规定，要求发包方履行相应的民主决策程序，取得村民会议成员或村民代表2/3以上的同意，并明确表示放弃优先权。否则，未经过民主决策程序即对外发包的，项目用地将存在瑕疵，可能会导致土地发包无效或导致项目建设方遇到一地二租等法律风险。如在（2018）冀08民终2214号案中，河北省承德市中级人民法院认为没有经过民主议定程序而发包给集体经济组织成员以外的人员，且未报乡（镇）政府批准的合同，侵害了集体经济组织成员的权益，应属无效合同。

（2）租赁（转包）方式

当项目土地已经被村集体发包给集体内的村民或单位后，项目投资方可以通过租赁的方式取得项目土地的经营权。

对于租赁方式，项目公司应确定土地承包人并与之签署相关协议。若涉及的主体较多，可以考虑授权委托村集体统一流转承包土地的方式。项目公司应核查承包人出具的书面委托，其中载明委托事项、权限和期限，并有承包人的签名与盖章。若承包人系将转包、出租方式流转而得的土地实行再流转的，项目公司还应当要求其取得原承包方的同意。

根据《民法典》第705条的规定，租赁期限不得超过20年。超过20年的，超过部分无效。因此在签订土地租赁合同过程中，项目投资方应注意租赁期限不应长于20年，否则超过20年的部分存在无效的风险。租赁期限届满，当事人可以续订租赁合同；但是，约定的租赁期限自续订之日起不得超过20年。新能源项目建设方在签订租赁合同时，可设置自动续租条款，或者设定明确的续租约定；或者选择通过在建筑物上设置地役权的方式，建设分布式光伏项目，降低合同期满给电站资产和运营带来的不确定性风险。

在达成租赁合意后，项目投资方作为受让主体，应按照分级审查审核的原则，分别向乡（镇）人民政府农村土地承包管理部门或者县级以上地方人民政府农业农村主管（农村经营管理）部门提出申请，并提交流转意向协议书、农业经营能力或者资质证明、流转项目规划等相关材料，由主管部门依法组织相关职能部门、农村集体经济组织代表、农民代表、专家等就土地用途、受让主体农业经营能力，以及经营项目是否符合粮食生产等产业规划等进行审查审核。审查审核通过的，由项目投资方作为受让主体与承包方签订土地经营权流转合同。否则，若未按规定提交审查审核申请或者审查审核未通过的，不得开展土地经营权流转活动。土地经营权流转合同签署后，项目投资方还应及时提交发包方和乡（镇）人民政府的农村土地承包管理部门备案，并申请登记以对抗第三人。

（二）划拨

1. 基本规定

划拨是指县级以上人民政府依法批准，在建设用地使用权人缴纳补偿、安置等费用后将该幅土地交付其使用，或者将建设用地使用权无偿交付给建设用地使用权人使用的行为，划拨土地没有期限的规定。我国《土地管理法》和《城市房地产管理法》对于采用划拨方式设立建设用地使用权的范围是有着严格的限制。

《土地管理法》第 54 条规定："建设单位使用国有土地，应当以出让等有偿使用方式取得；但是，下列建设用地，经县级以上人民政府依法批准，可以以划拨方式取得：（一）国家机关用地和军事用地；（二）城市基础设施用地和公益事业用地；（三）国家重点扶持的能源、交通、水利等基础设施用地；（四）法律、行政法规规定的其他用地。"

"5 号文"规定，新产业项目用地符合《划拨用地目录》的，可以划拨供应。《划拨用地目录》在"电力设施用地"部分中列明了 19 种用途的划拨用地范围：发（变）电主厂房设施及配套库房设施，发（变）电厂（站）的专用交通设施，配套环保、安全防护设施，新能源发电工程电机，厢变、输电（含专用送出工程）、变电站设施，资源观测设施、线路维护、检修道路等项目建设类型，可以以划拨方式提供土地使用权。通过向有批准权的人民政府申请，以划拨方式获取项目用地使用权。

2. 法律风险

根据《城镇国有土地使用权出让和转让暂行条例》第 44 条的规定，划拨土地使用权，除该条例第 45 条规定的情况外，不得转让、出租、抵押。而且，土地使用权人将划拨土地对外出租的，应当向当地市、县人民政府补交土地使用权出让金或以出租所获收益抵交土地使用权出让金。据此规定，补交土地出让金的义务主体是出租人，但如果没有在租赁合同中予以明确约定，一旦该笔费用实际发生，出租人可能会将其转嫁至承租的新能源项目开发建设与运营企业。

依据《土地管理法》及《城镇国有土地使用权出让和转让暂行条例》相关条款规定，以划拨方式取得国有土地使用权的土地使用者因迁移、撤销、破产或其他原因停止使用土地的，市、县人民政府应当无偿收回土地。故由划拨方式取得的土地，可能存在国家无偿收回的风险。

（三）出让

1. 基本规定

以出让方式获取项目用地本质为民事行为。国家作为土地所有人是出让人，将一定期限的建设用地使用权出让给建设用地使用权人使用，建设用地使用权人支付一定的出让金。双方通过签订出让合同确定权利义务。

根据《民法典》《招标拍卖挂牌出让国有建设用地使用权规定》，我国建设用地使用权出让的方式包括协议、招标、拍卖、挂牌等。

“5 号文”明确说明，出让土地依法需以招标拍卖挂牌方式供应的，在公平、公正、不排除多个市场主体竞争的前提下，可将投资和产业主管部门提出的产业类型、生产技术、产业标准、产品品质要求作为土地供应前置条件。以先租后让等方式供应土地涉及招标拍卖挂牌的，招标拍卖挂牌程序也可在租赁供应时实施，租赁期满符合条件的可转为出让土地。

2. 法律风险

2006 年 8 月，国务院发布的《关于加强土地调控有关问题的通知》规定，国家根据土地等级、区域土地利用政策等，统一制定并公布各地工业用地出让最低价标准。工业用地出让最低价标准不得低于土地取得成本、土地前期开发成本和按规定收取的相关费用之和。协议的方式由于没有引入竞争机制，相对缺乏公开性，适用范围已经越来越窄，程序则更趋严格。

土地出让金是地方政府财政收入重要来源，集体经济组织可能将耕地集中后再以出租农民集体土地进行非农建设，擅自扩大建设用地规模的方式出让给项目建设方，改变耕地用途，导致农地非法进入非农市场。

四、新能源项目涉及林地、草地、敏感区域的用地问题

（一）涉及林地、草地的用地要求与风险

1. 林地

根据《森林法》《森林法实施条例》等相关规定，风电光伏项目涉及林地的，包括临时使用林地的，均应先行取得省级林业部门核发的使用林地审核同意书，并按照规定的标准预交森林植被恢复费后，再向国土部门提出用地申请。未办理林地批复擅自占用林地的，不仅可能遭受行政处罚，还可能承担刑事责任。

就审核内容而言，则需分析项目拟用林地是否涉及限制或禁止占用的林地类型。《建设项目使用林地审核审批管理办法》第 4 条将林地区分了不同的保护等级并做出了不同的限制，包括以下四种等级的限制。(1)项目不得使用Ⅰ级保护林地；(2)一般除国务院有关部门和省级人民政府及其有关部门批准的基础设施、公共事业、民生建设项目外，不得使用Ⅱ级保护林地，且项目送出线路等线路工程不得使用Ⅱ级保护林地中的有林地；(3)项目送出线路等线路工程在国务院确定的国家所有的重点林区的，不得使用Ⅲ级以上保护林地中的有林地；(4)Ⅳ级保护林地则无重大限制。

2. 草地

根据《草原法》《草原征占用审核审批管理规范》等相关规定，风电光伏项目涉及草地的，则应先行取得省级草原行政主管部门核发的使用草地审核同意书，之后再向国土部门提出用地申请，未办理草地批复擅自占用草地的，不仅可能遭受行政处罚，还可能承担刑事责任。

就审核主体而言，根据《草原法》《草原征占用审核审批管理规范》的规定，具体权限划分为：(1)征收、征用或者使用草原超过 70 公顷的，由国家林业和草原局审核；(2)征收、征用或者使用草原 70 公顷及其以下的，由省级林业和草原主管部门审核。

（二）涉及其他敏感区域的用地要求与风险

对于各类敏感区域，国家层面均有针对性地出台了相关规定，对项目选址、审批手续等事项提出了要求。

对于基本农田而言，《土地管理法》第 35 条规定：永久基本农田经依法划定后，任何单位和个人不得擅自占用或者改变其用途。国家能源、交通、水利、军事设施等重点建设项目选址确实难以避让永久基本农田，涉及农用地转用或者土地征收的，必须经国务院批准。禁止通过擅自调整县级土地利用总体规划、乡(镇)土地利用总体规划等方式规避永久基本农田农用地转用或者土地征收的审批。

对于湿地而言，风电光伏建设项目应当不占或者少占湿地，经批准确需征收、占用湿地并转为其他用途的，必须按照“先补后占、占补平衡”的原则，依法办理相关手续。对于湿地公园而言，我国明确禁止擅自征收、占用国家湿地公园的土地，确需征收、占用的，应当在征求省级林业主管部门的意见后，方可依法办理相关手续，由省级林业主管部门报国家林业和草原局备案。

对于自然保护区而言，在自然保护区的核心区和缓冲区内，不得建设任何生产设施。在自然保护区的实验区内，不得建设污染环境、破坏资源或者景观的生产设施；建设其他项目，其污染物排放不得超过国家和地方规定的污染物排放标准。在自然保护区的实验区内已经建成的设施，其污染物排放超过国家和地方规定的排放标准的，应当限期治理；造成损害的，必须采取补救措施。在自然保护区的外围保护地带建设的项目，不得损害自然保护区内的环境质量；已造成损害的，应当限期治理。

对于风景名胜区而言，在风景名胜区范围内进行禁止范围以外的建设活动，应当经风景名胜区管理机构审核后，依照有关法律、法规的规定办理审批手续。

此外，针对其他敏感区域进行风电光伏项目建设，国家还专门出台了相关规定予以规范。根据国家林业局《关于光伏电站建设使用林地有关问题的通知》的规定，各类自然保护区、森林公园(含同类型国家公园)、濒危物种栖息地、天然林保护工程区以及东北内蒙古重点国有林区，为光伏电站禁止建设区域。根据国家林业和草原局《关于规范风电场项目建设使用林地的通知》的规定，自然遗产地、国家公园、自然保护区、森林公园、湿地公园、地质公园、风景名胜区、鸟类主要迁徙通道和迁徙地等区域以及沿海基干林带和消浪林带，为风电场项目禁止建设区域。

五、违法用地的法律后果

(一)民事赔偿

实践中,由于用地问题而导致的侵权案件十分常见。对于未批先建、擅自占用他人土地、超出批准范围进行开发建设、与不享有权利的主体签署用地协议等情况的可能造成侵权。常见的例如在使用集体用地时未与村集体进行协商,而直接与乡镇政府签署用地协议。该种情况下项目公司可能涉及因征地补偿而引发的次生诉讼,即土地权利人在与地方政府就征地补偿事宜产生争议时,转而向项目公司提出诉讼主张。

(二)行政处罚

行政责任是新能源项目在实践中因违法用地而承担的主要责任。根据法律规定,非法占用土地的,可由县级以上人民政府自然资源主管部门责令退还非法占用的土地,限期拆除在非法占用的土地上新建的建筑物和其他设施,恢复土地原状。同时,还可以根据情况并处没收项目资产、罚款等行政处罚。

违法用地情节较为恶劣的,项目所在地市、县的自然资源主管部门还有权将情况通知同级能源主管部门,并逐级上报国家能源局,将项目投资主体纳入能源领域失信主体名单,组织实施联合惩戒,可能影响后续投资。

(三)刑事责任

对于“数量较大,造成耕地、林地等农用地大量毁坏的”特别严重的违法用地行为的,项目公司、项目公司负责人均有可能涉嫌《刑法》第 342 条规定的非法占用农用地罪。

6

光伏发电项目使用“四荒地”涉及的法律问题

刘俊丽

在之前的“新能源项目用地法律分析”一文中，我们就新能源项目的功能分区及用地要求、土地取得方式及法律风险等方面进行了梳理和解析，其中光伏发电是可再生新能源开发利用的重要组成部分。“十二五”时期以来，我国光伏发电市场逐步扩大，国家能源局发布的信息显示，我国2021年新增光伏发电并网装机容量约5300万千瓦，连续9年稳居世界首位，2022年新增并网容量8740.8万千瓦。但正如前文所说，光伏发电项目具有用电面积大、不同功能分区用地规范不一的特点，因此在产业规模扩大的同时，我们更应重视光伏发电项目面临的用地难题，从而实现规范、高效地使用土地。2022年12月5日，自然资源部发布《光伏发电站工程项目用地控制指标》（已失效）等3项行业标准报批稿公示，文件指明，光伏发电站工程项目建设，应体现科学、合理的用地原则，在严格保护生态环境的前提下，尽可能利用荒地、未利用地。本文将从法律法规层面对光伏发电项目使用“四荒地”所涉及的法律问题进行梳理。

一、光伏发电项目用地审批事项梳理

光伏电站项目的土地审批的核心步骤包括：

（1）取得建设项目用地预审与选址意见书；（2）办理建设用地审批手续（含农用地转用审批手续、农用地转用涉及的征收土地手续）；（3）签署土地使用合同（临时用地）；（4）占用草原/林地核准同意文件（草地、林地）；（5）办理建设工程规划许可；（6）取得建设用地文件（出让土地、划拨土地）；（7）取得建设用地使用权证

（出让土地、划拨土地）。

根据《土地管理法》的规定，永久基本农田转为建设用地的，由国务院批准。但原国土资源部、国务院扶贫办、国家能源局在2017联合发布的《关于支持光伏扶贫和规范光伏发电产业用地的意见》（国土资规〔2017〕8号，以下简称"8号文"）明确，禁止以任何方式占用永久基本农田。因此，光伏电站项目不得使用永久基本农田。

二、光伏发电项目使用未利用地情形

（一）"四荒地"是否属于未利用地

根据《农村土地承包法》第48条的规定，"四荒地"是指不宜采取家庭承包方式的荒山、荒沟、荒丘、荒滩等农村土地。多年来，"四荒地"究竟属于农用地还是未利用地的范畴一直备受关注，但由于《土地管理法》对此没有明文规定，几个政策性的通知或条例规定又出现截然相反的规定，因此，对于"四荒地"属于农用地范畴还是未利用地的范畴尚不明确。以下为有关政策的具体规定。

1. 规定"四荒地"属于农用地的政策

（1）原农业部办公厅发布的《关于布置2008年农村集体经济统计报表制度的通知》（农办经〔2008〕19号）中规定："其他承包方式发包的'四荒'等其他农业用地面积……"这个通知明文规定"四荒地"属于农用地的范畴。

（2）《不动产登记暂行条例实施细则》第47条规定："承包农民集体所有的耕地、林地、草地、水域、滩涂以及荒山、荒沟、荒丘、荒滩等农用地……"实施条例也将"四荒地"归入农用地的范畴。

2. 规定"四荒地"属于未利用地的政策

（1）国务院办公厅《关于进一步做好治理开发农村"四荒"资源工作的通知》（国办发〔1999〕102号，以下简称"102号文"）规定："根据新修订的《中华人民共和国土地管理法》的规定，'四荒'属于'未利用地'。各级人民政府要据此严格界定'四荒'范围和土地类型，确定权属。承包、租赁或拍卖使用权的'四荒'地必须是农村集体经济组织所有的、未利用的土地。耕地、林地、草原以及国有未利用土地不得作为农村'四荒'。"这个通知中明确"四荒地"属于未利用地的范畴。

（2）《畜禽规模养殖污染防治条例》第27条第2款规定："国家鼓励利用废弃

地和荒山、荒沟、荒丘、荒滩等未利用地开展规模化、标准化畜禽养殖。”这个条例明显将“四荒地”划归未利用地的范畴。

（二）光伏发电项目使用未利用地情形

根据《土地管理法实施条例》相关规定，建设项目使用土地利用总体规划确定的城市建设用地范围外的土地（包括未利用地）的，需要进行土地征收并报政府批准，即未利用地需要转为建设用地。

但根据“5 号文”“8 号文”相关规定，对于光伏项目中非永久性建筑用地部分占用未利用土地的，即不占压土地、不改变地表形态的用地部分，可按原地类认定，允许以租赁等方式取得，无须改变土地用途，双方需签订补偿协议，并报当地县级国土资源部门（现为县级自然资源主管部门）备案。

对于如何取得并直接使用未利用地，因土地权属不同而有所差别：（1）国有未利用地，可以通过出让、划拨、租赁的方式取得；（2）集体所有的未利用地，未发包的，可以采取招标、拍卖、公开协商等方式进行承包，发包方与项目开发方签署承包合同；对于已经发包给集体经济组织成员的，则可通过租赁方式从承包人处取得。

三、光伏发电项目使用“四荒地”的取得方式

（一）以“其他方式承包”取得土地承包经营权

根据《土地管理法》第 13 条的规定，不宜采取家庭承包方式的荒山、荒沟、荒丘、荒滩等，可以采取招标、拍卖、公开协商等方式承包。

该项承包的供地主体为具有土地所有权的农村集体经济组织或村民委员会。若该“四荒地”已经分别属于村内两个以上农村集体经济组织的农民集体所有的，则由村内各农村集体经济组织或者村民小组发包。同时应当注意民主决策程序的合法性，根据《农村土地承包法》规定，发包方将农村土地发包给本集体经济组织以外的单位或个人承包，应当事先经本集体经济组织成员的村民会议 2/3 以上的成员或者 2/3 以上村民代表同意，并报乡（镇）人民政府批准。

就使用期限而言，《农村土地承包法》第 49 条规定，当事人的权利和义务、承包期限等，由双方协商确定。

以其他方式承包的土地承包经营权在物权变动模式上采取的是登记要件主

义。根据《农村土地承包法》的规定,以其他方式承包的土地承包经营权流转的前提为土地承包经营权人依法登记取得土地承包经营权等权利证书。但是,根据农业部办公厅《关于印发〈农村土地承包经营权登记试点工作规程(试行)〉的通知》(农办经〔2012〕19 号),对境外企业、组织和个人租赁农村集体土地,暂不予登记。

(二)以租赁方式取得土地使用权

以租赁方式取得土地使用权主要有两种方式,即直接租赁和作为土地承包经营权流转方式的租赁。目前,《民法典》《农村土地承包经营权流转管理办法》等对土地承包经营权出租作了法律条文上的规定,但对于农村集体经济组织或村民委员会以及村民小组中直接租赁这种供地方式,只在政策层面有相关规定。

1. 作为土地承包经营权流转方式的租赁

根据《民法典》第 342 条的规定,通过招标、拍卖、公开协商等方式承包农村土地,经依法登记取得权属证书的,可以依法采取出租、入股、抵押或者其他方式流转土地经营权。

根据《农村土地承包法》《农村土地承包经营权流转管理办法》相关规定,承包方与受让方达成流转意向后,以转包、出租、互换或者其他方式流转的,承包方应当及时向发包方备案。土地承包经营权流转的期限不得超过承包期的剩余期限。

根据 2005 年农业部(现为农业农村部)《农村土地承包经营权流转管理办法》(已失效)第 34 条规定,通过招标、拍卖和公开协商等方式承包荒山、荒沟、荒丘、荒滩等农村土地,经依法登记取得农村土地承包经营权证的,可以采取转让、出租、入股、抵押或者其他方式流转,其流转管理参照本办法执行。

根据国务院办公厅《关于引导农村产权流转交易市场健康发展的意见》(国办发〔2014〕71 号)规定,"四荒"使用权是指农村集体所有的荒山、荒沟、荒丘、荒滩使用权。采取家庭承包方式取得的,按照农户承包土地经营权有关规定进行流转交易。以其他方式承包的,其承包经营权可以采取转让、出租、入股、抵押等方式进行流转交易。

2. 从农村集体经济组织或村民委员会以及村民小组中直接租赁

"102 号文"明确规定,对"四荒地"一般应先承包、租赁或拍卖使用权,后进行治理。但对一些条件差、群众单户治理有困难的"四荒地",可先由集体经济组织作出规划并完成初步治理后，再将其使用权承包、租赁或拍卖给个人进行后续治理开发和管护。

就使用期限而言，根据《民法典》第705条的规定，租赁期限不得超过20年。超过20年的，超过部分无效。涉及"四荒地"租赁，包括上述"102号文"在内的关于"四荒地"供地政策并未区分供地方式，规定"四荒地"的取得期限最长不得超过50年。

7

新能源项目招投标法律问题解析

马丽红

随着"双碳"目标的提出,我国的能源革命进入了新阶段。然而快速、粗放的发展模式也导致新能源领域法律风险事件频频发生。本文拟就新能源项目招投标实务中的一些法律问题进行分析并提出防范建议。需要明确的是,本文讨论的前提是将新能源项目EPC总承包合同之性质认定为建设工程合同,而不对合同性质做深入探讨。①

一、民营资本投资的新能源项目工程建设是否必须进行招投标

通过收购新能源项目成了很多国有企业布局"双碳"目标的重要方式之一。实践中,光伏风电新能源项目较多由民营资本进行前期开发。有些民营企业不注重合规,同时出于成本、效率等考虑,在开发新能源项目时没有通过招投标方式进行工程建设采购。因此,如果国有企业拟收购民营企业开发运营的新能源项目,须进行招投标环节进行必要的尽调和合规审查。

(一)民营资本投资的新能源项目是否必须招标

实务中,有观点认为,只有国有资本投资开发建设新能源项目才需要招投标,民营资本并不需要。这种观点有待商榷。

---

① 关于新能源项目EPC总承包合同的性质,实务中有不同认知,有建设工程合同、承揽合同、无名合同的争议,但主流观点认为是建设工程合同,笔者亦持该观点。

《招标投标法》(2017 年修正)第 3 条第 1 款规定:“在中华人民共和国境内进行下列工程建设项目包括项目的勘察、设计、施工、监理以及与工程建设有关的重要设备、材料等的采购,必须进行招标:(一)大型基础设施、公用事业等关系社会公共利益、公众安全的项目;(二)全部或者部分使用国有资金投资或者国家融资的项目;(三)使用国际组织或者外国政府贷款、援助资金的项目。”必须招标项目的具体范围和规模标准,由国务院发展计划部门会同国务院有关部门制订,报国务院批准。国家发展改革委《关于印发〈必须招标的基础设施和公用事业项目范围规定〉的通知》第 2 条明确规定:“不属于《必须招标的工程项目规定》第二条、第三条规定情形的大型基础设施、公用事业等关系社会公共利益、公众安全的项目,必须招标的具体范围包括:(一)煤炭、石油、天然气、电力、新能源等能源基础设施项目……”

由以上规定可以看出,新能源项目是否采用招投标方式,并不因项目规模和资本性质而有不同的要求,而是因为新能源项目具有的基础设施和公用事业项目的公益性质而必须采用招投标形式;同时,施工,重要设备、材料采购,勘察、设计、监理等服务的合同估算价达到相应金额规模以上的,也属于必须招标范畴。

(二)民营资本投资的新能源项目是否可采取邀请招标形式

招标分为公开招标和邀请招标两种方式,法律法规规定新能源项目属于应当招标的范畴,但没有进一步明确必须公开招标还是可以邀请招标。根据《招标投标法实施条例》(2019 年修订)第 8 条第 1 款的规定:“国有资金占控股或者主导地位的依法必须进行招标的项目,应当公开招标;但有下列情形之一的,可以邀请招标:(一)技术复杂、有特殊要求或者受自然环境限制,只有少量潜在投标人可供选择;(二)采用公开招标方式的费用占项目合同金额的比例过大。”

从文义解释角度出发,笔者认为,本条适用的前提是要求新能源项目是“国有资金占控股或者主导地位”,并没有限定民营资本投资运营的新能源项目,故可以理解为民企的新能源项目可以选择采用公开招标或邀请招标的方式。因此,新能源项目在确定 EPC 总承包单位时,需结合项目资金性质具体确定是采用公开招标还是邀请招标。当然,若新能源项目在核准或者备案时,相关政府部门已经对招标方式作出了明确要求,则必须遵照执行。

（三）国有企业收购新能源项目应进行招投标而未进行招投标的合规风险

《招标投标法》第 49 条规定："违反本法规定，必须进行招标的项目而不招标的，将必须进行招标的项目化整为零或者以其他任何方式规避招标的，责令限期改正，可以处项目合同金额千分之五以上千分之十以下的罚款；对全部或者部分使用国有资金的项目，可以暂停项目执行或者暂停资金拨付；对单位直接负责的主管人员和其他直接责任人员依法给予处分。"

另外，最高人民法院《关于审理建设工程施工合同纠纷案件适用法律问题的解释（一）》（法释〔2020〕25 号）第 1 条第 1 款规定："建设工程施工合同具有下列情形之一的，应当依据民法典第一百五十三条第一款的规定，认定无效：……（三）建设工程必须进行招标而未招标或者中标无效的。"

因此，如果新能源项目未经招投标程序而选中 EPC 承包人，项目负责人不仅将面临行政部门的处罚，其建设工程施工合同也将因此而无效。无效合同中关于工程施工、违约金、损失赔偿规则、工程质量等条款亦因合同无效而无法援用，将给项目方带来极大的法律风险。

需要提示的是，《民法典》第 157 条规定："民事法律行为无效、被撤销或者确定不发生效力后，行为人因该行为取得的财产，应当予以返还；不能返还或者没有必要返还的，应当折价补偿。有过错的一方应当赔偿对方由此所受到的损失；各方都有过错的，应当各自承担相应的责任。法律另有规定的，依照其规定。"即使新能源项目 EPC 承包合同被认定为无效，但如果收购处于不同开发建设阶段的项目，收购方可能面临的风险也会有差异。

另外，如果合同无效，施工项目经竣工验收合格，可以按照最高人民法院《关于审理建设工程施工合同纠纷案件适用法律问题的解释（一）》第 24 条的规定，参照双方签订的合同约定的结算方式进行折价补偿。

（四）虽进行了招投标，但中标无效的法律问题

新能源项目建设需要履行招投标程序，同时要注意评标环节的合规问题。《招标投标法》第 50 条、第 52～55 条对中标无效进行了规定，实务中一旦出现中标无效，则存在 EPC 总承包合同被认定为无效的风险。合同被认定无效常见的情形包

括:(1)招标人向他人透露已获取招标文件的潜在投标人的名称、数量或者可能影响公平竞争的有关招标投标的其他情况的,或者泄露标底的;(2)投标人相互串通投标或者与招标人串通投标的,投标人以向招标人或者评标委员会成员行贿的手段谋取中标的;(3)投标人以他人名义投标或者以其他方式弄虚作假,骗取中标的;(4)招标人违反本法规定,与投标人就投标价格、投标方案等实质性内容进行谈判的,有的甚至在履行法定招投标程序之前就签署了EPC总承包合同。

上述情形都属于违法行为,因此,为避免EPC总承包合同无效的风险,在操作中应注意避免中标无效情形出现。

二、新能源项目建设工程合同的变更问题

如前所述,新能源项目属于必须招投标的范畴,因此,关于新能源项目建设工程合同的变更也应遵守招投标和建设工程领域的相关法律规定。因为新能源项目的工程建设具有规模大、施工周期长的特点,因此在实际建设过程中,通过订立补充协议的方式调整原中标合同也是常见现象。但此种变更也要注意避免法律风险。

(一)合同签订后不得就实质性内容进行变更

结合《招标投标法》第46条、《招标投标法实施条例》第57条、最高人民法院《关于审理建设工程施工合同纠纷案件适用法律问题的解释(一)》、最高人民法院关于印发的《第八次全国法院民事商事审判工作会议(民事部分)纪要》(法〔2016〕399号)第31条等规定,招标人和中标人在中标后不得再行订立背离合同实质性内容的其他协议。何为合同实质内容?结合上述法律规定和实务操作惯例,主流观点认为,工程范围、工程价款、工程质量和工程期限属于中标合同的实质性内容。在此基础上,计价方式、支付方式、让利承诺等由于与上述四项内容直接相关,最终会影响工程价款,也可视为对合同的实质性变更。

判断合同条款的变更是否构成实质性变更,还可以从如下几个维度考虑:(1)主观上,该种变更是否有规避招投标相关法律法规的故意,比如,招标人设置过高的条件屏蔽掉潜在投标人,然后与中标人签订补充协议豁免这些条件;(2)客观上,该种变更是否导致当事人权利义务发生重大变化,比如,招标人在中标人中标后设

置明显不合理条件导致工程量、工期、成本、质量要求等发生重大变化；(3)行为上，该种变更是否明确违反了招投标的相关法律法规。需要明确的是，一般情况下，违约责任条款、管辖权条款不会被认定属于合同实质内容的变更。

(二)变更合同实质内容的不利后果

《建设工程价款结算暂行办法》(财建〔2004〕369 号)第 22 条规定："发包人与中标的承包人不按照招标文件和中标的承包人的投标文件订立合同的，或者发包人、中标的承包人背离合同实质性内容另行订立协议，造成工程价款结算纠纷的，另行订立的协议无效，由建设行政主管部门责令改正，并按《中华人民共和国招标投标法》第五十九条①进行处罚。"虽然其他法律、司法解释并未明确规定对招投标合同实质内容变更的协议属于无效，但因为新能源项目涉关社会公共利益，结合《民法典》第 153 条②违反法律、行政法规的强制性规定的民事法律行为无效之规定，应认定此种情况下签订的变更协议无效。

三、项目方的关联方参与新能源项目建设的招投标问题

(一)项目方的关联方参与新能源建设的招投标问题

《招标投标法实施条例》第 9 条规定：有下列情形之一的，可以不进行招标：(1)需要采用不可替代的专利或者专有技术；(2)采购人依法能够自行建设、生产或者提供；(3)已通过招标方式选定的特许经营项目投资人依法能够自行建设、生产或者提供；(4)需要向原中标人采购工程、货物或者服务，否则将影响施工或者功能配套要求；(5)国家规定的其他特殊情形。现实中，有很多新能源项目由大型国有企业开发，这些大型国企集团的业务板块中可能具有施工资质的施工主体、具有设施设备生产能力的设备供应主体。那么，这些主体参与新能源项目工程建设，是否还需要进行招投标呢？

---

① 《招标投标法》第 59 条规定："招标人与中标人不按照招标文件和中标人的投标文件订立合同的，或者招标人、中标人订立背离合同实质性内容的协议的，责令改正；可以处中标项目金额千分之五以上千分之十以下的罚款。"

② 《民法典》第 153 条规定："违反法律、行政法规的强制性规定的民事法律行为无效。但是，该强制性规定不导致该民事法律行为无效的除外。违背公序良俗的民事法律行为无效。"

根据《公司法》的相关规定，公司是企业法人，有独立的法人财产，享有法人财产权。公司以其全部财产对公司的债务承担责任。公司可以设立分公司。设立分公司，应当向公司登记机关申请登记，领取营业执照。分公司不具有法人资格，其民事责任由总公司承担。在集团内部的各子公司都具有法人资格，依法独立承担民事责任。据此，除分公司不具有独立的法人人格外，一个公司的全资子公司、母公司、关联公司等，都是独立的企业法人，在法律上并不因前述关联关系，不能将集团内的各个独立的企业法人认为是一个共同主体。

在新能源项目中，采购人应是指项目的开发主体，即项目公司，根据《招标投标法实施条例》第9条的法意，自行提供指项目公司作为一个独立的主体具备开发资质且有相应的建筑工程施工资质的，可以自行建设的情形。其母公司、子公司，以及与其具有管理或利害关系的，具有独立民事主体资格的法人、其他组织（分公司除外），是独立于项目公司的其他独立主体，在法律上不视为采购人自身。如项目公司就项目的勘察、设计、施工、监理以及与工程建设有关的重要设备、材料等事项的采购时达到应当招标的标准，应当进行招标。

（二）新能源项目招标采购时，可否由招采方的关联方参与投标

每个行业都有自己的细分领域，因此也逐渐形成了行业圈层。在新能源项目开发建设中，项目公司的投资人是行业内的EPC总承包商、设备供应商、电站运营商等的情况屡见不鲜。那么，这些股东或者关联方可否参与投标？对此，《招标投标法》《招标投标法实施条例》并没有条款直接明确指出招标人的股东方或关联方不得参与投标，但作出了如下原则性规定。《招标投标法》第32条第2款规定："投标人不得与招标人串通投标，损害国家利益、社会公共利益或者他人的合法权益。"《招标投标法实施条例》第34条第1款规定："与招标人存在利害关系可能影响招标公正性的法人、其他组织或者个人，不得参加投标。"

上述规定并没有禁止与招标人存在关联关系的公司参与投标，而是通过存在利害关系且可能影响招标公正性两个条件来衡量关联方参与投标是否有效。在实践中，要避免在招投标环节中出现存在利害关系和影响招标公正性的情形，比如，明显的陪标行为、项目公司与参与投标的关联公司是"两套人马、两个牌子"等，极易被其他参与投标的主体或其他方质疑中标结果的公正性，从而主张该次中标行

为无效。

基于以上分析，如在新能源项目的招标采购中确实无法避免出现关联方参与投标并中标的情况，企业应当在招标采购时关注该次招标采购的程序和实质的公正性，避免导致中标结果无效的结果出现，尤其是国有企业，中标无效还会触发合规风险。

四、国有企业参与新能源项目招标采购合规风险

在新能源项目开发过程中，行业内越来越多的大型国企参与至项目开发中。同时由于新能源项目具有投资大、周期长、工程复杂等因素，也极易触发合规风险，因此，国有企业更应规范履行内部决策程序，做到招标采购流程的合法合规。除遵守关于招投标的相关法律法规外，国资监管部门的相关政策文件也应进行关注。如根据中共中央办公厅、国务院办公厅《关于进一步推进国有企业贯彻落实“三重一大”决策制度的意见》（中办发〔2010〕17 号），国有企业在“重大决策”“重要人事任免”“重大项目安排”“大额资金运作”时，应遵循“三重一大”集体决策原则，若未依法履行决策程序，则可能面临行政处分或纪律处分。若因签订虚假合同或重大过失签订合同，造成国有资产流失，还需要依法承担民事乃至刑事责任。国务院办公厅《关于建立国有企业违规经营投资责任追究制度的意见》（国办发〔2016〕63 号）明确规定：“国有企业经营管理有关人员任职期间违反规定，未履行或未正确履行职责造成国有资产损失以及其他严重不良后果的，应当追究其相应责任；已调任其他岗位或退休的，应当纳入责任追究范围，实行重大决策终身责任追究制度。”

另外，我国《刑法》第 167 条也规定了签订、履行合同失职被骗罪。因此，作为国有企业，在新能源领域的开发建设中一定要规范合同签署的标准和流程，避免因国有资产流失而带来的法律风险。

五、结语

新能源项目招投标及工程承包过程中涉及的参与主体众多，相关问题复杂，面临诸多法律风险，尤其是在招投标环节，极易出现违法或违规问题，应该引起足够的重视。同时，国有企业在开发建设或并购环节中也应注意合规风险，确保所有环节合法依规，避免产生国有资产流失的后果。

8

新能源项目工程款支付“背靠背条款”法律实务

胡　婧

在新能源建设项目中,EPC 总承包方为了转移业主发包方欠付工程款的风险,在与下游专业分包商签订的建设工程分包合同或者与供货方签订的采购合同中,在结算条款中约定:待 EPC 总承包方收到业主发包方付款后,再支付给分包方或供货方,这即是工程款支付“背靠背条款”常见的一种约定方式。

工程款支付“背靠背条款”是指在结算条款中约定,付款方向收款方付款,以第三方完成一定作为前提条件。我国建设工程领域付款“背靠背条款”最初是参考国际咨询工程师联合会(FIDIC)合同体系 1994 年《土木工程施工分包合同条件》第 16.3 条(d)的规定,“承包商已按照主合同将分包商报表中所列的款额包在承包商的报表中,且工程师已为此开具了证书,但雇主尚未向承包商支付上述全部金额,而这不是由承包商的行为或违约引起的(the Contractor has included the amounts set out in the Statement in his own statement in accordance with the Main Contract and the Engineer has certified but the Employer has failed to make payment in full to the Contractor in respect of such amounts, providing such failure is not due to the act or default of the Contractor)”。随后,在我国建设工程领域开始广泛被参考使用。

在司法实践中,各个法院和仲裁院对该条款的性质认定不一,对于工程款支付“背靠背条款”是付款条件,还是履行期限,存在诸多不同的理解。甚至部分法院和仲裁院认为工程款支付“背靠背条款”违反公平原则而不予支持,导致工程款支付“背靠背条款”形同虚设,EPC 总承包方的工程款结算风险防范力度不足,在发包方拖欠工程款的情况下,EPC 总承包方面临巨大的资金压力。本文将对工程款支付“背靠背条款”的性质与效力进行法律实务解析,并提出若干条 EPC 总承包方风险防范的建议。

一、“背靠背条款”性质

对于“背靠背条款”是付款条件还是履行期限,可以参照《民法典》第 158、160 条中关于附生效条件和附生效期限民事法律行为的规定。《民法典》第 158 条规定,“民事法律行为可以附条件,但是根据其性质不得附条件的除外。附生效条件的民事法律行为,自条件成就时生效。附解除条件的民事法律行为,自条件成就时失效”。其第 160 条规定,“民事法律行为可以附期限,但是根据其性质不得附期限的除外。附生效期限的民事法律行为,自期限届至时生效。附终止期限的民事法律行为,自期限届满时失效”。《民法典》规定的附条件和附期限均适用于合同生效与否的问题,但是付款条件和履行期限是指合同成立生效后合同条款的履行,虽然两者存在一些差异,但是仍可参照适用《民法典》的相关规定来理解付款条件与履行期限。

学理界通说认为,条件是不确定的事实,期限是必然到来的。如果认为“背靠背条款”是付款条件,则直到条件成就时,收款方才有权要求付款方付款。按照法律的要求,作为条件的事实必须是因其自然进程发生或不发生的,不能受到任何一方当事人的不当影响,否则都难免对他方当事人产生不公平的结果。《民法典》第 159 条规定,“附条件的民事法律行为,当事人为自己的利益不正当地阻止条件成就的,视为条件已经成就;不正当地促成条件成就的,视为条件不成就”。这就是条件成就或不成就的拟制。这里的不正当,主要是指当事人的行为违背了诚实信用原则的要求。[①] 如果 EPC 总承包方怠于向发包人提起诉讼或者仲裁进行工程款追索,或者虽然提起了诉讼或者仲裁,但是不积极履行执行程序,均可能被法院认为 EPC 总承包方不正当阻止条件成就,而视为条件已经成就,需向分包方付款。

如果认为“背靠背条款”是履行期限,则法院可能认为“背靠背条款”对履行期限约定不明,适用《民法典》的合同漏洞填补规则。根据《民法典》第 511 条第 4 项

---

① 参见王利明:《民法》,中国人民大学出版社 2018 年版,第 132 ~ 133 页。

的规定,履行期限不明确的,债务人可以随时履行,债权人也可以随时请求履行,但是应当给对方必要的准备时间,那么EPC总承包方在合理期限内就应当付款给分包方。

笔者更倾向于认可“背靠背条款”为付款条件条款,且为混合条件,即条件成就与否取决于当事人及第三人的意思。将“背靠背条款”解释为付款条件还是履行期限应该从更符合当事人订立合同时的目的即缔约动机出发。附期限条款应该有明确的到期期限,但是分包方在承揽业务、与EPC总承包方签订分包合同的过程中,应当且能预见到新能源项目因为宏观政策和用地政策、业主经营管理、自身资金实力等方面的原因,存在业主不能支付工程款的可能性,分包方愿意订立合同也即表示了愿意承担相应风险的效果意思,属于商业风险的范畴,“背靠背条款”应该为未来不确定发生的事实,因而为付款条件条款。

笔者检索新能源项目建设工程领域裁判文书后,发现司法实践中的主流观点认为“背靠背条款”为付款条件而非履行期限,列举两个案例如下。

案例1:江苏省徐州市中级人民法院在徐州基桩工程公司、江苏汉皇安装集团有限公司建设工程施工合同纠纷二审民事判决书[(2019)苏03民终25号]

法院认为“背靠背条款”为附条件条款,且付款人已对业主申请强制执行,付款条件已成就,付款人应当向收款人付款。

浙江聚鼎公司系徐州宜丰公司热电建设工程的EPC总承包方。江苏汉皇安装集团有限公司(以下简称汉皇公司)分包土建工程后,将桩基工程分包给徐州基桩工程公司(以下简称基桩公司),双方于2014年6月4日签订《桩基工程分包合同》。基桩公司、汉皇公司于2014年6月4日签订《徐州宜丰三堡热电有限公司2×30MW生物质热电工程桩基工程专业分包合同》,2016年11月25日,基桩公司(乙方)与汉皇公司(甲方)签订《结算协议》,第2.5条约定,“汉皇公司按照业主支付工程款的进度同比例支付基桩公司工程款”。江苏省徐州市中级人民法院认为,基桩公司、汉皇公司《结算协议》中约定了“背靠背条款”,即约定了“转包人收到上手支付的工程款后,再向转承包人支付”的条款。“背靠背条款”性质上属于附条件的合同条款,即一方向另一方付款,以约定的条件成就为前提。涉案工程竣工、结算至今已过数年时间,徐州宜丰公司仍未付款。徐州宜丰公司、汉皇公司拖延付款的时间已超过双方《结算协议》中约定的最晚付款时间节点。考量双方当事人在订立《结算协议》时的真实意思表示，考虑到业主方徐州宜丰公司目前支付能力较差，考虑到汉皇公司就其向徐州宜丰公司主张的工程款已进入法院强制执行环节，且双方执行中存在协商和解行为等情形，本案应综合认定为基桩公司向汉皇公司主张工程款的条件视为已经成就。此外，在“背靠背条款”约定的付款时间节点与协议上另行明文约定的最晚时间节点发生矛盾的情况下，应视为该协议对相关付款时间节点的约定不明。综上，汉皇公司以上述“背靠背条款”条款为依据、主张其在本案中不承担给付基桩公司工程款责任的理由不能成立。

案例2：北京市第三中级人民法院在利兴凯（北京）能源系统技术有限公司与上海创豹智能科技有限公司合同纠纷二审案［（2022）京03民终16590号］

法院认为付款条件为附条件条款，付款人不正当阻止付款条件成就，视为付款条件已成就。

2018年6月25日，上海创豹智能科技有限公司（以下简称创豹公司）作为乙方与甲方利兴凯（北京）能源系统技术有限公司（以下简称利兴凯公司）签订合同，乙方创豹公司作为技术顾问在山西忻州区域开发符合甲方利兴凯公司要求的光伏发电项目，并约定利兴凯公司支付尾款的条件为凯泰公司向其付清合同款。对于该付款条件，北京市第三中级人民法院认为，“《民法典》第159条规定，附条件的民事法律行为，当事人为自己的利益不正当地阻止条件成就的，视为条件已经成就；不正当地促成条件成就的，视为条件不成就。涉案合同关于服务费的支付约定了支付条件，即保德项目供货合同全部货款已收（不含质保金）。从客观情况看，凯泰公司并未足额支付利兴凯公司货款，并未达到合同约定的支付剩余服务费的条件；但利兴凯公司在经仲裁裁决并向太原中院申请执行的执行程序中，在法院已经冻结凯泰公司名下可供执行财产即案外两家公司股权时，利兴凯公司表示暂不申请处置，并由执行法院裁定终结本次执行程序，客观上阻却了向创豹公司支付剩余服务费条件的成就。利兴凯公司主张此系执行法院的原因，并非利兴凯公司放弃执行权利，但并未举证予以证明，且利兴凯公司亦未举证证明其后续已向执行法院申请恢复执行或该执行案件已恢复执行，故一审法院认定利兴凯公司向创豹公司支付剩余服务费的条件应视为成就，并无不当；据此，一审法院认定利兴凯公司应向创豹公司支付剩余服务费，依据充分，二审法院予以维持”。

二、“背靠背条款”效力

关于“背靠背条款”的效力，部分法院认为工程款支付“背靠背条款”违反公平原则而无效，但是笔者认为单纯的“背靠背条款”并没有违反法律、行政法规的强制性规定，且未违背公序良俗，不存在《民法典》规定的无效的情形，该条款应为有效。如果分包合同本身存在违法转包、分包、挂靠等情形而导致合同无效的，则其中的“背靠背条款”可能也无效。若认为“背靠背条款”违反公平原则，则为可撤销条款。

（一）“背靠背条款”无效的情形

最高人民法院《关于审理建设工程施工合同纠纷案件适用法律问题的解释（一）》（法释〔2020〕25号）第1条第2款约定承包人因转包、违法分包建设工程与他人签订的建设工程施工合同而无效。《民法典》第973条第1款规定，“建设工程施工合同无效，但是建设工程经验收合格的，可以参照合同关于工程价款的约定折价补偿承包人”。该约定主要指可以参照工程价款的计价方式和计价标准的约定，“背靠背条款”属于结算条款，不属于可参考的范围，所以当建设工程合同本身无效的情况下，“背靠背条款”也可能随之无效。

（二）“背靠背条款”可撤销的解释路径

《民法典》第151条规定，一方利用对方处于危困状态、缺乏判断能力等情形，致使民事法律行为成立显失公平的，该民事法律行为为可撤销的法律行为。若“背靠背条款”违反了公平原则也应为可撤销。《民法典》第157条规定：“民事法律行为无效、被撤销或者确定不发生效力后，行为人因该行为取得的财产，应当予以返还；不能返还或者没有必要返还的，应当折价补偿。有过错的一方应当赔偿对方由此所受到的损失；各方都有过错的，应当各自承担相应的责任。法律另有规定的，依照其规定。”所以不管无效的或者被撤销的“背靠背条款”都自始没有法律约束力，法律后果相同。“背靠背条款”被法院认定无效，还是可撤销，总承包方作为付款人均逃脱不了付款的义务。

案例 3：青岛特锐德电气股份有限公司、中国电建集团福建省电力勘测设计院有限公司建设工程施工合同纠纷民事二审案[（2022）兵 11 民终 71 号]

新疆生产建设兵团第十二师中级人民法院认为，福建电力公司抗辩双方约定付款方式为其收到了由新疆光电公司支付的 EPC 项目的对应进度的进度款为前提。上述条件依赖于工程款支付义务人福建电力公司需收到新疆光电公司支付的对应进度的进度款为前提，这种附条件的设置是特锐德公司欲实现工程款的债权完全取决于新疆光电公司是否向福建电力公司支付对应进度的进度款，该条件的设置使特锐德公司能否实现债权处于不确定的状态，属于将福建电力公司的风险转嫁给了特锐德公司，剥夺了特锐德公司按照《EPC 分包合同》约定主张工程款的权利，限制了特锐德公司的民事权利，显然违背公平原则和诚信原则，故对福建电力公司的抗辩意见不予采纳，福建电力公司应当向特锐德公司支付剩余工程款。

（三）“背靠背条款”有效的解释路径

《民法典》第 153 条规定：“违反法律、行政法规的强制性规定的民事法律行为无效。但是，该强制性规定不导致该民事法律行为无效的除外。违背公序良俗的民事法律行为无效。”“背靠背条款”并不存在前述《民法典》规定的无效的情形。北京市高级人民法院《关于审理建设工程施工合同纠纷案件若干疑难问题的解答》（京高法发〔2012〕245 号）第 22 条规定：“分包合同中约定待总包人与发包人进行结算且发包人支付工程款后，总包人再向分包人支付工程款的，该约定有效。因总包人拖延结算或怠于行使其到期债权致使分包人不能及时取得工程款，分包人要求总包人支付欠付工程款的，应予支持。总包人对于其与发包人之间的结算情况以及发包人支付工程款的事实负有举证责任。”该规定中认可“背靠背条款”的有效性，但是 EPC 总承包人仍应积极履行工程款的催讨义务，若怠于履行催款义务的，视为付款条件已成就，且总承包人应承担相应的举证责任。在前述案例 2 中，法院也持有该观点，在 EPC 总承包商怠于履行工程款催讨义务的情况下，视为付款条件已成就。

案例 4：中国能源建设集团云南火电建设有限公司与中国华电科工集团有限公司建设工程合同纠纷一审民事判决书[（2019）云民终 1456 号]

EPC 总承包人履行了催收义务，且分包方对“背靠背条款”单方出具了承诺函的情况,云南省昆明市中级人民法院完全支持了"背靠背条款"的约定。

2013 年 8 月 18 日原告中国能源建设集团云南火电建设有限公司(以下简称火电公司)与被告中国华电科工集团有限公司(以下简称科工集团)签订《云南华电昆明发电有限公司 2×300 兆瓦机组脱硝改造工程建筑安装工程合同文件》,该合同约定由原告火电公司负责"云南华电昆明有限公司 2×300 兆瓦机组脱硝改造工程建筑安装工程"的施工。同时火电公司向科工集团作出《建筑安装施工合同特别承诺函》,该函件第 6 条明确承诺:如果贵公司不能如期收到业主方关于本工程建筑安装的进度付款(包括预付款、进度款、验收款、考核金或质量保证金等),贵公司可以顺延对我单位的付款,我单位保证不因此而提起任何仲裁或者诉讼。该承诺并不违反我国强制性、禁止性法律规定,双方均应遵守执行。现被告已经为工程施工垫付了巨额资金,在业主未能支付工程款项的情形下,原告起诉被告给付工程款违反其书面承诺,不应获得法律的支持。被告对于业主拖欠的工程款多次催要,已经尽到催收义务。云南省高级人民法院认为,《建筑安装施工合同特别承诺函》系火电公司向科工集团作出的单方意思表示,不属于格式合同。对于火电公司认为《建筑安装施工合同特别承诺函》系受胁迫出具的上诉观点其亦未提交证据予以证明。故一审认定《建筑安装施工合同特别承诺函》系火电公司对自身权利的处分,该《建筑安装施工合同特别承诺函》对双方均有约束力并无不当。

案例 5:中国电力工程顾问集团华东电力设计院有限公司、甘肃省安装建设集团有限公司等建设工程施工合同纠纷民事二审案[(2021)最高法民终 662 号]

最高人民法院认可了"背靠背条款"的有效性,但是在付款履行过程中,工程款不能与合同相一一对应,而未被法院所支持。

2012 年 12 月,金塔万晟光电有限公司(以下简称金塔万晟公司)作为业主方与中国电力工程顾问集团华东电力设计院有限公司(以下简称华东电力设计院公司)签订《总承包合同》,约定华东电力设计院公司总承包甘肃金塔万晟光电 100 兆瓦光伏电站工程。2013 年 9 月 11 日,华东电力设计院公司与甘肃省安装建设集团有限公司(以下简称甘肃安装公司)分别签订了《基础和组件支架安装施工合同》《土建施工合同》《电气一次、二次和系统二次安装施工合同》。最高人民法院认为,从华东电力设计院公司与甘肃安装公司签订的《基础和组件支架安装施工合同》《土建施工合同》《电气一次、二次和系统二次安装施工合同》三份合同的内容看,只有《基础和组件支架安装施工合同》有由业主方金塔万晟公司全部支付工程款后,华东电力设计院公司再向甘肃安装公司支付工程款的约定。在案涉各方均已确认甘肃安装公司完成了 57.6 兆瓦安装的情形下,鉴于支付 7500 万元的前提条件,即完成 100 兆瓦光伏电站工程的条件已经发生变化,各方当事人均未对这一变化及时达成相关付款协议。一审法院认定华东电力设计院公司在支付工程款时,并未列明已给付的 7300 万元所指向的具体款项。华东电力设计院公司应当依据《基础和组件支架安装施工合同》《土建施工合同》《电气一次、二次和系统二次安装施工合同》三份合同的约定,向甘肃安装公司支付所欠 35 866 674.74 元工程款并无不当。故华东电力设计院公司关于一审法院认定背靠背支付条款不再具备履行条件有误的上诉请求,二审法院不予支持。

在新能源项目建设工程领域,一些大型发包方有自己的采购系统,发包方为了监督 EPC 总承包方专款专用,每笔对应的分包款有单独的审批流程,在该系统中,可以将发包方的付款与下游分包商的供货一一对应,EPC 总承包方和分包方均易于举证证明 EPC 总承包方是否已收到发包方的对应的分包工程款。但是若 EPC 总承包方未专款专用,且"背靠背条款"约定不明,则法院可能以工程款支付对应的分包项目不明为由,要求 EPC 总承包方履行付款义务。

三、"背靠背条款"风险防范的建议

笔者认为,工程款支付"背靠背条款"在无违反法律、行政法规规定无效的情况下,为有效条款,且法律性质为付款条件的条款。在实践中,EPC 总承包方和分包方应分别注意"背靠背条款"的风险防范。

(一)EPC 总承包方的风险防范

将工程款风险转移给下游分包商的约定总体来说不被商业价值理念和司法实践所提倡。"背靠背条款"在司法实践中对 EPC 总承包商并不能完全起到工程款支付隔离风险的作用。

为了保证"背靠背条款"的有效性,EPC 总承包方应向分包方进行特别提示说明及充分披露第三方风险的义务,使分包方充分理解"背靠背条款"的风险,如可以要求下游分包方出具特殊单方承诺函或者签订风险共担协议,避免"背靠背条款”被法院认定为格式条款而无效或者违反公平原则而被撤销。

“背靠背条款”应明确具体，具有可执行性，避免后期合同履行发生变更而导致付款条件已不可能发生，而被认定为履行期限。

EPC 总承包商若怠于向业主履行催款义务，法院可能会以付款条件视为成就为由，判决 EPC 总承包方承担付款义务。EPC 总承包方在新能源项目工程管理中仍应加强工期、质量、业主付款进度方面的管理，在业主怠于履行付款义务时，积极履行催款义务，保障自身和下游分包商的合法权益，促进新能源项目建设的健康发展。

（二）分包方的风险防范

分包方或供货商在合同中应尽量避免签订“背靠背合同条款”。若合同中需要引入“背靠背条款”，可以为“背靠背条款”设定一个最迟履行期限，还应积极收集 EPC 总承包方怠于向业主进行工程款催讨的证据。

在起诉时，分包方可以考虑直接起诉 EPC 总承包方；在 EPC 总承包方不具有偿还能力的情况下，可以考虑利用代位权直接起诉业主方。

在诉讼中，分包方应要求 EPC 总承包方对业主付款情况承担举证责任，若分包合同存在违法转包、分包或挂靠等无效的情形，分包方可以主张“背靠背条款”相应无效。

第三章

新能源项目融资

1

新能源企业对接供应链金融业务模式和主要法律问题

田江涛　戴　月

一、新能源产业与供应链金融有很强的适配性

新能源又称非常规能源，是指传统能源之外的各种能源形式。即刚开始开发利用或正在积极研究、有待推广的能源，如太阳能、地热能、风能、海洋能、生物质能和核聚变能等。当前我国主要实际操作过程中涉及的新能源业态主要有以太阳能为代表的光伏、熔盐、风电、核电等业态。笔者长期从事供应链金融法律服务，认为新能源产业与供应链金融存在很强的适配性。

其一，新能源行业具有产业链长、业务规模大、上下游关系紧密等特点，因此，这些企业的资金需求往往较为复杂。其二，在新能源行业中，新技术的开发和利用难度较大、投入颇多，导致新能源产品成本较高，传统的金融产品不一定满足新能源行业的发展。我国现阶段经济形势下行压力大，银行等金融机构贷款风险偏好相对较弱，即便国内有不少新能源产业的融资政策补贴，但现金流不稳定、前期投入较大的新能源行业常态模型，并不能在银行传统金融业务风控模型中进行适配，最终导致银行为了完成政策性指标，盲目开展新能源领域信贷投放，导致未来款项回收面临障碍。

供应链金融是以核心企业为依托，通过对上下游中小企业的经营状况和交易情况的调查、分析，针对供应链中各参与方的不同资金需求设计一系列金融解决方案，从不同层面解决供应链成员融资难、融资贵的问题。但对于新能源企业来说，

供应链金融并不只看单一融资客户主体资信或者单一资产主要价值，而是从产业链、供应链的视角分析融资主体在整个产业链上的地位，与其融资需求在新能源项目发展过程中未来收益的匹配程度，根据不同发展阶段，为新能源产业提供金融领域的赋能。

二、根据新能源供应链的高价值标的，更好理解供应链金融

供应链金融作为一类持牌金融机构所开展的业务，并非所有企业都可以开展。目前国内开展供应链金融的机构主要包括政策性银行和商业银行、保理公司、融资租赁公司、小额贷款公司。其业务模式主要包括应收账款质押、保理、设备直租、售后回租、存货质押、存单质押、融通仓、保兑仓等多种类型，在法律关系上既有借贷等单一法律关系，也有复合法律关系。对于刚刚接触供应链金融类型的新能源供应链的法律人，一一认识每种供应链金融的业态难度较大，不论是法律界还是实体产业，都需要一种新的供应链金融认识思路。

供应链金融之所以产生，就是因为在信息化手段的加持下，供应链领域的高价值资产可以被金融机构定价、风控、设计结构化融资产品。所以供应链金融实际上就是围绕供应链领域的高价值资产的一种金融解决方案。理解供应链金融就必须要理解供应链，德和衡律师事务所成立供应链研究中心，专门从供应链底层基础资产进行供应链金融分类，从法律关系客体出发，重新对供应链金融进行分类，具体如表 3.1.1 所示。

表 3.1.1　供应链金融类型

供应链金融类型	分类依据	主要表现形式	新能源领域案例
债权类供应链金融	围绕产业链上的高价值债权开展的供应链金融业务	应收账款质押、保理、差额补足、收益对赌等	光伏并网应收电费保理业务
物权类供应链金融	围绕产业链上的高价值物权开展的供应链金融业务	融资租赁、保兑仓、融通仓、售后回租等	风轮叶片直租业务
股权类供应链金融	围绕产业链上的高价值股权开展的供应链金融业务	股权质押融资、股权交易增值融资、增资扩股融资等、私募股权融资	新能源领域专项产业基金

表3.1.1 仅是基于供应链中高价值标的类型，对供应链金融业务类型进行的

基础分类，实际开展的供应链金融业务会根据供应链的实际情况相互交叉，构建复杂多元的供应链金融模式，如可转债的加入，可以设立“股＋债”类供应链金融；围绕高价值设备开展的物权供应链金融也可以综合考虑设备运营未来收益率，可以设立“物＋债”类供应链金融；提供新能源项目主要项目并深入参与新能源项目建立后的实际运营，也可以设立“物＋股”类供应链金融；更有综合利用多种业务模式，搭建“股—债—物”联动的供应链金融业态。

三、根据新能源项目的发展周期，设计合适的供应链金融模式

开展供应链金融业务的重点、难点就是回答好“供应链＋金融＝供应链金融解决方案”等式，就是基于供应链的不同特征，设计不一样的供应链金融解决方案。与其他产业链不同，我国新能源产业发展时间较短，所处的发展周期还是在新能源项目的开发、建设和初期运营阶段，有关产业链的成熟度和规模性较弱，所以需要根据不同的发展阶段，设计合适的供应链金融模式。

对于从事新能源主体建设的企业来说，其前期投入大，短期内有大量资金需求。对于从事新能源主体运营的企业来说，其资金实力相对较弱，业务回款比较稳定，但其回款周期较长。虽然都是融资，但不同阶段的融资需求、资金用途和风控回款模型均存在很大不同，需要根据新能源项目的发展周期设计不一样的供应链金融模式，以新能源领域常见的风电开发为例，德和衡律师团队结合服务供应链金融客户经验，梳理供应链金融业务模式如下几个方面。

对于风电技术开发企业来说，其在新能源项目发展周期中处于最前端，主要工作在于技术开发。一方面，在技术开发阶段，其资产主要表现为专利、商业密码等技术知识产权，除研发测试设备外，高价值的物权属性资产较少，在供应链金融领域主要表现为围绕知识产权及知识产权未来收益所开展的供应链金融业务。另一方面，从事风电开发具有较强技术、设备和资源门槛，只有少量公司和自然人掌握有关资源，故而这一领域的股权类投融资也较为常见。

对风电设备生产企业来说，其在新能源项目发展周期中处于前端，主要是围绕成熟的新能源技术进行产品落地。相较于风电技术开发企业仅仅掌握技术开发和测试设备，风电设备生产企业自身拥有大量生产设备、原材料及用以销售的风电设备产品，其物权类资产较风电技术开发类企业相对较多，所以存货质押、融通仓等

物权类供应链金融可以在这一阶段引入。风电核心设备的生产企业设在哪里,往往可以带动当地一整个产业链的发展,所以各地也纷纷成立产业扶持基金,专门帮助风电设备生产企业在本地落地,股权类供应链金融同样比较常见。

对风电项目的建设企业来说,其在新能源项目发展周期中处于中端,主要是将新能源生产企业制造的新能源设备,在特定地域落地建设。在当前党的二十大报告要求各地抓紧建设新能源项目以尽快达成碳中和、碳达峰的背景下,各地结合本地能源禀赋,开发建设不同的新能源项目。对于这些从事风电项目的建设企业来说,因其前期投入大,资金需求也大,但其对风电生产企业来说,行业中的话语权并不高,往往以其直租形式购买风电设备,解决资金占用问题,或者以风电项目远期应收账款开展债权类供应链金融。

对于风电项目的运营企业来说,其在新能源项目发展周期(见图 3.1.1)中处于末端,新能源项目已经建设完毕并投产,必然就需要后期的运营维护。这一发展周期,大额的资金投入基本没有,项目融资需求主要是要求保障日常的运营和维护开支,如设备折旧维修替换、人员培训、工资等。相对于传统能源,新能源项目运营收益普遍受外部因素影响较大,如水电会受丰水期和枯水期影响,风电也会受天气影响,不能时时刻刻保证其业务收益稳定。通过供应链金融方式,对其一个年度周期内产生的收益进行整体评价,不止包括现有的应收账款还包括基于新能源项目运营经验所测算的未来应收账款,整体搭建的债权类供应链金融业务,可以更好地满足项目运营企业在全年度的资金需求,在这一阶段,前期大额投入的风电设备,也可以通过售后回租的方式搭建物权供应链金融。

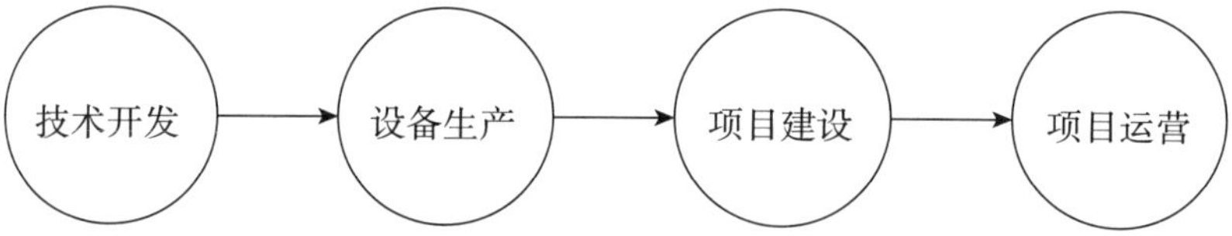

图 3.1.1　新能源项目整体周期

目前,我国已经是全球范围内的新能源大国,除了不同发展阶段新能源项目参与方有不同的融资需求,需要搭建不同的新能源业务模式。国内也开始出现一批打通新能源项目全周期的行业龙头企业,基于新能源的高技术和重资产门槛,这些行业龙头企业为社会输出“开发 + 建设 + 运营”的整体新能源解决方案。与其合作的供应链金融机构也配套开发了新能源项目及完整开发周期的供应链金融产品。以应收账款为例，新能源技术开发出来，设备生产企业支付了技术开发费用后，加大投入转化为新能源设备销售给项目建设方，项目建设方落成了新能源项目，最终买单的是项目运营后的能源消费者。虽然不同项目周期的法律关系有所不同，但金钱债权的流转，仍然是顺着项目周期向后流转的，所以供应链金融产品之间也可以相互打通，如设备生产者购买原材料的供应链融资可以以其销售成品产生的应收账款款项进行支付。这样一来，资金流和用款需求就在整个供应链条中流转了，以债权流转凭证为代表的全周期供应链金融产品当前也在如雨后春笋一般不断涌现。

四、新能源供应链金融项目中的主要法律问题

基于物流、资金流和信息流在整个新能源项目周期中流转，新能源供应链金融也就产生了。新能源项目的核心企业往往资信实力较强，金融机构可以给其非常优厚的融资条件。但围绕新能源产业发展的大量中小企业却由于资信实力不强，无法获得资金支持，供应链金融就是通过以供应链条整体进行资信评价，虽然单个参与新能源项目建设的中小企业实力不强，但整个项目的牵头主体是行业龙头，新能源项目是国家重点项目，引入供应链金融就可以实现“羊毛出在猪身上”，以行业龙头企业的优质资信，在不占用自身银行授信的基础上拉低供应链整体融资成本，真正实现金融支持实体产业发展的积极社会效果。然而理想的供应链金融模型，在实际运营过程中也会遇到挑战。发展新能源供应链金融业务，从业者必须对以下法律问题有一个清晰的认知。

（一）开展供应链金融企业主体的合法性及应对监管合规性问题

虽然《民法典》已经将保理、融资租赁等供应链金融典型业务纳入有名合同，但由于法律法规对于供应链金融的相关规范与监管尚不完善，导致该领域存在大量法律风险。部分供应链金融操盘者往往不属于供应链金融机构，而以供应链平台身份开展所谓供应链金融业务，很容易被认定为职业放贷人，存在主体合法合规风险。部分新能源企业并不具备开展供应链金融相关的专业人才队伍，也不具备对金融机构进行资信调查和风险评估能力，引入错误的合作伙伴，甚至发生原定用于开发建设新能源项目的资金被挪用到其他领域的情况。在当前新能源产业鼓励

政策纷纷出台的大背景下,也有部分不法主体,名为新能源,实质是骗取国家补贴的违法犯罪行为。最后,实务中还有一批新能源行业龙头企业,搭建供应链金融产品,却失掉了服务中小企业的初心,反而在运营新能源项目过程中恶意延长账期、要求供应链企业只能在本供应链金融平台上获得融资,以信息技术服务等方式获取额外收益等模式,不正当利用自身在新能源产业中的优势地位,实质是一种不正当竞争行为。

(二)新能源企业开展供应链金融对应资产和项目的真实性问题

新能源供应链金融之所以产生,就是因为新能源业务中有高价值标的物。这些标的的真实性是供应链金融业务顺利开展的基础。一方面,保理公司作为债权人的一方,其对应收账款的真实性及有效性应当承担严格审查义务。另一方面,基础资产真实性是开展供应链金融业务的首要问题、核心问题和最终难以完全解决的根本问题,因为从事供应链金融的企业并不能直接参与到供应链交易双方交易的每时每刻,所以有关真实性只是基于供应链金融机构已经进行了审慎审查的义务,供应链交易双方不得以虚假陈述侵犯供应链金融企业的信赖利益。

(三)新能源企业开展供应链金融业务操作过程中常见的问题

从事新能源供应链金融的企业应当建立健全内部风险控制制度,加强风险监测预警和日常检查评估,建立严格的项目准入和风控回款机制,确保资金投向合法合规。供应链金融企业应当与新能源产业中的主要供应商和主要客户建立并保持日常联系,及时了解采购经营情况,及时了解用以生产新能源设备和建设新能源项目的重要原材料及其价格波动情况,掌握生产销售动态和市场信息。围绕镍、铝、铁、锂等常见新能源领域大宗产品,供应链金融机构设计了相当多的物权类供应链金融产品,但由于国内统一仓单登记系统刚刚开始建设,一物多押的情况还比较常见。从事物权类供应链金融的企业应当对物权本身的特定性、权利外观性、所有权审查及控制权掌握等方面予以重视。

五、结语

综上所述,我们认为供应链金融对接新能源产业,可以帮助新能源企业获得资金的支持,从而加速新能源领域的发展,两者存在很强的适配性。我们认识和掌握新能源产业供应链金融,不能仅从供应链金融业务模式和法律关系出发,而应当从新能源供应链主要高价值标的及新能源项目发展周期两方面重新认识新能源供应链金融。理解供应链金融,必须优先理解供应链,当前新能源供应链金融发展面临非常多的法律问题,需要供应链金融参与各方认真积极拓展新能源行业供应链融资市场空间,加强风控和预警工作,重视项目和操作合规工作,进而提升供应链融资产品服务质量。

2

新能源企业主要融资渠道分析

张明阳

2021 年 6 月，国家发展改革委、国家能源局等 9 部门联合印发《“十四五”可再生能源发展规划》，明确指出“十四五”及今后一段时期是世界能源转型的关键期，全球能源将加速向低碳、零碳方向演进，可再生能源将逐步成长为支撑经济社会发展的主力能源。我国随着碳达峰、碳中和节点到来，已经在新能源市场进行密集布置，且这种趋势将越来越明显，新能源将进入规模化、市场化发展。新能源属于典型的资金密集型行业，随着国家政策的支持，新能源行业投资回报率会稳定、持续提升，这势必将吸引各路资金投入到新能源这个兼具规模与前景的行业，而实现这种规模化、市场化发展，也势必需要多方面引入资金，本文将简要分析新能源行业融资渠道及其特点，以供参考。

一、融资租赁业务

融资租赁业务主要基于设备融资，能很大程度上减轻承租方（设备实际使用人）的资金压力，也能很好地保护出租方权利，深受融资租赁公司和承租方喜爱。

融资租赁业务条线清晰，出资方根据承租方的需求，购买相应设备，再在综合购买成本、资金成本、管理成本和收益需求的基础上，确定租赁费用，并租赁给承租方使用，承租方按合同约定付息。租赁到期后，承租方可选择买断该设备所有权。新能源项目大多前期投资规模大，短期占用资金多，而融资租赁业务能满足这种需求，在所有权与使用权分离的情况下，盘活各种资金与资源，推动新能源业务基础建设与发展。

针对部分特定设备，出租方和承租方还可以开展售后回租模式的融资租赁业务，即承租方先行购买设备，或使用现有设备与出租方开展合作，将该等设备卖与出租方，一次性获得转让价款，再从出租方回租该等设备，按期支付利息，付清全部利息后赎回设备，达到不影响使用该等设备的目的。

结合融资租赁业务的特点，不难看出融资租赁业务主要有以下特点。

1. 融资成本较低，融资租赁业务由于所有权不发生转移，出租方能较好地控制风险，故融资成本较直接借款低。

2. 融资租赁不会一次性占用项目建设方大量资金，能帮助项目建设方快速完成大型设备购买、安装、使用，同时实现多点、多面布局新业务，抢占市场先机。

3. 能保护出租方权益，稳定资方市场。资方最担心投出去的钱无法收回，融资租赁能很大程度避免该等损失。原因如下：(1)融资租赁租金全部偿付前，租赁物所有权不发生转移，一旦承租方未按期支付利息或存在其他违约行为，出租方可第一时间采取诸如收回设备、要求追加担保等措施，最大限度保护自己的权益；(2)为提高动产融资效率，保证相关方利益，中国人民银行征信中心设立了动产融资统一登记公示系统，对融资租赁业务的设备动产租赁情况进行公示，融资租赁登记可以让第三方迅速了解租赁物情况，明确租赁物上存在的动产租赁关系以及租赁物权利状况，一旦发生租赁物之上的权利冲突，登记可以作为证明租赁物权利归属的证据，能很大程度限制承租方恶意转让、处置租赁物的情况，也能避免因信息不对称而在租赁物之上进行的重复交易，保护各方利益；(3)由于租赁期间设备所有权不发生转移，故融资租赁设备不属于承租方财产，承租方破产清算时，该等设备不属于破产财产；(4)融资租赁不同于普通的财产租赁，如承租方存在违约行为，出租方可以请求解除融资租赁合同，同时请求收回租赁物并赔偿损失，此处的损失赔偿范围为承租方全部未付租金及其他费用与收回租赁物价值的差额，以达到保护出租方的利益。

4. 售后回租的融资租赁业务能盘活承租方固有设备，为承租方融资提供了更多选择余地。

二、商业保理业务融资

保理业务指债权人通过将应收账款转让给保理商，由保理商为其提供贸易融资、应收账款管理与催收等综合性金融服务。就新能源建设项目而言,该业务的发起人为设备供应商,供应商将对项目建设方的应收账款转让给保理商,获得保理商的保理额度和融资款,同时由项目建设方按合同约定向保理商支付货款。

反向商业保理业务是以债务人为核心企业,保理商与其达成协议,受让供应商对项目建设方的应收账款,并向供应商提供融资。就新能源建设项目而言,由于项目建设方多为规模较大、资信较好的企业,很容易获得保理商授信额度,保理商经考察后,与项目建设方及供应商达成协议,受让供应商对项目建设方的应收账款,将该等款项支付给供应商,并最终由项目建设方直接偿还保理款项及保理费用。

保理业务具有如下特点。

1. 业务开展灵活,发起方可以是供应商,也可以是项目建设方,任何一方获得保理商认可后,均可基于已产生或者尚未产生的应收账款申请保理款,对于新能源项目建设而言,基于应收账款前后两端的主体均可基于自身的市场地位开展保理业务,灵活多样。

2. 融资时间灵活,可迅速为项目建设方提供资金,满足项目建设方资金需求。由于保理业务并不要求在进行业务时即产生全部应收账款,故保理商对供应商或项目建设方进行授信后,可根据应收账款产生时间及核心企业申请进行放款,确保项目建设方按进度采购相应设备。

3. 成本低,且不会增加项目建设方资产负债率。保理业务基于真实应收账款产生,融资成本通常低于短期银行贷款的利息成本,且不会增加负债。

三、通过发行债券进行融资

2015 年,中国人民银行印发了《关于在银行间债券市场发行绿色金融债券的公告》,规定了绿色金融债的含义、发行主体及发行条件,同时印发了《绿色债券发行指引》,明确新能源开发利用项目属于绿色债券重点支持项目。2022 年 1 月,国家发展改革委、国家能源局印发《"十四五"现代能源体系规划》,明确提出完善可再生能源绿色金融体系,丰富绿色金融产品和市场体系,开展水电、风电、太阳能、抽水蓄能电站基础设施不动产投资信托基金等试点,进一步加大绿色债券、绿色信贷对符合条件新能源项目的支持力度。

对于非金融企业而言,绿色债券主要有绿色企业债券、绿色公司债券、绿色债务融资工具(包括中期票据、定向债务融资工具)、绿色资产证券化等,其与其他债券品种的主要区别是绿色债券募集资金专项用于绿色产品相关,如专项用于能源清洁高效利用、能源开发利用、循环经济发展、水资源节约和非常规水资源开发利用、低碳产业等绿色项目的建设、运营、收购或偿还绿色项目的银行贷款等。

绿色债券具有如下特点:

1. 募集资金投向明确,必须与环保、节能、低碳等方向相关,绿色项目需要第三方进行认证。

2. 发行时间短,存续周期较长,融资成本低、风险低。绿色债券作为绿色项目专项支持债券,在审核时间安排上会优先考虑;绿色债券存续周期一般为 3 ~ 5 年;鉴于未来收益较好,对于融资人来说,该类债券通常成本较低,对投资人来说,则风险较低。

3. 绿色债券目前认定标准不统一,发行标准、指引和规则不尽相同,不同的发行市场存在不同的监管要求,对募集资金投向要求也不尽一致,且不同债券品种在存续期信息披露管理方面也存有差异,如果能统一标准,或者设置不同层级,相信这个市场会更稳健、成熟。

四、资产证券化(ABS)

ABS 是把能在未来产生可预见的稳定的现金流的资产或资产组合,通过一定的结构设计和资产转移,将资产的风险与原始权益人隔离,把资产产生的现金流进行重新整合,转换成可以向投资者出售或转让的证券的一种金融工具。

国家能源局明确鼓励可再生能源投资企业与金融机构合作开展可再生能源投资项目资产证券化,中国证监会也曾明确,就可再生能源发电、节能减排技术改造、能源清洁化利用、新能源汽车及配套设施建设、绿色节能建筑等领域的项目,其现金流中来自按照国家统一政策标准发放的中央财政补贴部分(包括价格补贴),可纳入资产证券化的基础资产。

资产证券化产品具有如下特点。

1. 能够实现资产的风险隔离。资产证券化显著特点是基础资产所有权发生转移,这样就将原始权益人的债务或破产风险进行了隔离,能充分保护投资者的权益。

2. 融资成本较低,基于新能源行业特点,其基础资产现金流稳定,市场认可度高,加之资产证券化风险隔离的特点,资产证券化产品较受市场青睐,融资成本相应降低。

3. 资产证券化产品对底层资产依赖性较高,一旦底层资产出现问题,引起违约,极易引致系统性风险。

五、基础设施证券投资基金(REITs)

REITs 即设立专项基金投资于基础设施建设项目。我国于 2020 年开展基础设施公募 REITs 试点工作,相关模式已日臻完善。

新能源项目基础设施建设资金需求量大,未来现金流较为稳定,适合采用 REITs 方式进行融资。2023 年 3 月 2 日,中信建投国家电投新能源封闭式基础设施证券投资基金和中航京能光伏封闭式基础设施证券投资基金获得批复,两单项目预计募集资金超 100 亿元,这也标志着我国 REITs 市场将迎来全国首批新能源 REITs,为新能源行业通过 REITs 融资打开了新的市场。

REITs 具有如下特点。

1. REITs 流动性较高、收益相对稳定、安全性较强,能为融资企业拓宽融资渠道,运用社会资金投资项目建设,保证项目按期完工。

2. REITs 作为基金,存在基金价格波动风险,且该类型基金通常为封闭式基金,如果基础资产出现风险,存在基金投资风险。

六、通过上市进行融资

随着国家对新能源、新产业的支持力度加大,新能源企业可以通过首次公开发行股票并上市(IPO)方式进行融资。

新能源企业如果已经具备稳健的利润和现金流,完善的治理结构,可以通过上市进行融资。上市后,上市企业在融资方面具备资信优势,能更好地通过发行可转换公司债券、公司债、股票等方式融资,并能开展规模化收购,提高整体实力及抗风险能力。

通过 IPO 方式进行融资,具有如下特点。

1. IPO 企业能助力公司提高管理水平,撬动更多资金,完成项目投入。

2. IPO 企业信用背书好,上市后再融资渠道更丰富。

3. IPO 对上市主体要求较高,除财务方面,还需要在公司治理、独立性、资产完整性、业务合规性等方面合法合规,上市成本较高。

七、资产(含股权)抵押、质押

新能源公司可以自有资产(含股权),包括但不限于土地、设备、股权、存货、知识产权等进行抵押或质押,获得资金。

资产抵押或质押融资属于常规融资方式,本身对资产质量有较高要求,需要进行评估,并办理抵押或质押登记,资金提供人多为银行或其他从事借贷业务的公司,该种融资模式主要有以下特点。

1. 融资方式简单清晰,对相应资产进行评估后即可操作,后续办理较为简单,不需要监管机构审批。

2. 该种融资模式融资金额有限,不能发挥设备融资的杠杆作用,适合与本文前述融资方式搭配使用。

除上述主要融资方式外,新能源企业还可以采取增资扩股、明股实债、传统借款等方式进行融资,当然也可以将上述融资方式组合使用,达到低成本充分利用社会资本发展项目的目标。

随着国家"十四五"规划进一步推进,2030 年碳达峰目标临近,国家对新能源行业政策倾向性越来越明显,新能源行业完全可以借此东风拓宽融资渠道,充分发挥各种资产的优势,用未来收益做背书,以更低的资金成本获得更多的融资,实现规模化投入,抢占市场,进而带动经济健康稳健发展,实现可再生能源"高质量跃升发展"。

3

新能源企业如何实现香港上市？

——以境外上市备案制监管新规为背景

周善良　刘轩妤

一、引言

低碳发展是全球大势所趋，自2020年开始，碳达峰、碳中和的“双碳”目标开启了我国能源发展的新纪元，为新能源企业带来了发展机遇。有机遇，就有挑战，新能源企业想乘风破浪，提高自身科研能力是关键，而科研能力的提高需要有雄厚的资金实力做支撑。

为帮助企业更好地利用境内外资本市场，2023年2月17日，中国证监会发布了《境内企业境外发行证券和上市管理试行办法》（以下简称《境外上市管理试行办法》）以及5项配套监管规则适用指引（与《境外上市管理试行办法》合称境外上市新规，自2023年3月31日起生效实施）。境外上市新规开启了境内企业境外上市统一备案制的新时代。

新能源企业如何在境外上市备案制大背景下充分利用香港资本市场进行上市融资？结合境外上市新规及香港上市项目过程中各方普遍关注的问题，德和衡律师团队基于实务经验略作梳理和分析，以期为相关企业提供借鉴。

二、境外上市新规概述

此次境外上市新规包括了《境外上市管理试行办法》以及5项配套监管规则适用指引，分别为：《监管规则适用指引——境外发行上市类第1号》《监管规则适用指引——境外发行上市类第 2 号:备案材料内容和格式指引》《监管规则适用指引——境外发行上市类第 3 号:报告内容指引》《监管规则适用指引——境外发行上市类第 4 号:备案沟通指引》《监管规则适用指引——境外发行上市类第 5 号:境外证券公司备案指引》。

除此之外,中国证监会还以《关于境内企业境外发行上市备案管理安排的通知》、《证监会有关部门负责人答记者问》和《关于〈境内企业境外发行证券和上市管理试行办法〉的说明》的形式对市场各方普遍关注的焦点问题进行了解释性说明。

境外上市新规实施后,《关于执行〈到境外上市公司章程必备条款〉的通知》将被废止,国务院《关于股份有限公司境外募集股份及上市的特别规定》和国务院《关于进一步加强在境外发行股票和上市管理的通知》亦将被废止。自此,原有的境外上市"H 股"、"大红筹"和"小红筹"等模式(新规已包含了 SPAC 上市、重组上市等)都将被统一纳入备案制管理。

然而,境外上市监管制度的改革并不能一蹴而就,境外上市是一个系统性工程,涵盖境内监管的方方面面。在现有的境外上市新规项下,仍具有很多模糊和不确定性的内容,这需要监管机构在监管实践中不断总结经验进而不断细化和明确。正如中国证监会答记者问中所言,"考虑到境外上市监管制度改革涉及面广,具有一定的复杂性,在初期阶段,经国务院批准,先以试行办法发布实施。下一步,证监会将会同有关部门加强调研分析和跟踪评估,不断将好经验好做法转化为更加完善的制度安排,并适时推动将《管理试行办法》上升为行政法规,构建系统完备的境外上市监管法规制度体系"。

三、新能源企业适用的香港上市要求

香港联合交易所有限公司(以下简称香港联交所)设有两个不同的板块,分别为主板和香港创业板(GEM 板),均可以承载新能源企业的上市需求。另外,香港联交所于 2022 年 10 月 19 日刊发了有关特专科技公司上市新规的咨询文件,旨在通过在《上市规则》中增设第 18C 章(以下简称 18C),降低特专科技公司赴港上市门槛,未来新规实施后,18C 也可以作为能源企业香港上市的选择之一。

(一)主板

主板主要特点和内容见表3.3.1。

表3.3.1 主板主要特点和内容

项目	主要特点和内容
有关业绩记录及市值方面要求	• 不少于3个财政年度的营业记录 • 上市前至少3个年度内管理层维持不变,及在最近一个经审核的财政年度内拥有权和控制权维持不变 • 3类财务资格测试 ✓盈利测试 过往3年利润至少为8000万港元,其中首两年利润总额至少为4500万港元,最后一年利润至少为3500万港元 上市时市值至少达到5亿港元 ✓市值/收益/现金流测试 最近一个经审核财政年度的收益至少达5亿港元 在过去3个财政年度的经营业务所得的现金流入合计至少达到1亿港元 上市时市值至少达到20亿港元 ✓市值/收益测试 最近一个经审核财政年度的收益至少达到5亿港元 上市时市值至少达到40亿港元 豁免遵守3年业务记录规定的先决条件: (1)董事及管理层在上市业务和行业拥有足够(至少3年)及令人满意的经验 (2)管理层在最近一个经审核的财政年度维持不变 • 矿务公司、新成立的工程项目公司(如基建公司)及未有收益或盈利的生物科技公司可获豁免,接纳为期较短的营业记录 • 并无具体规定公司必须集中经营某一项业务,但其核心业务必须符合最低财务要求 • 申请人必须对公司业务拥有控制权
最低公众持股量	• 于上市时,公众持股量不低于市值1.25亿港元 • 于上市时,必须占公司已发行股本总额至少25% • 若公司在上市时的市值超过100亿港元,则联交所可能会接受将公众持股量降至15%~25%
未来展望	• 没有具体规定,但申请人需提供未来计划和展望的一般声明 • 可选择是否包括盈利预测

续表

项目	主要特点和内容
会计师报告	• 必须按照香港财务报告准则、国际财务报告准则或中国企业会计准则编制 • 联交所于某些情况下可接受以美国公认会计原则或其他准则编制的报告 • 在一般情况下，会计师报告必须至少涵盖在上市文件公布前最后 3 个完整的财政年度 • 会计师报告所呈报的最后一个财务会计期的结算日不得与上市文件日期相隔超过 6 个月
公司管治	• 须有至少 3 名独立非执行董事 • 所委任的独立非执行董事必须占董事会成员人数至少 1/3 • 须设立审计委员会 • 须设立薪酬委员会 • 须聘任 1 名合规顾问，任期由首次上市之日起，至上市后首个完整财政年度的财务业绩报告公布之日止
可接受的司法管辖地区	• 奥地利、澳大利亚、百慕大、巴西、英属维尔京群岛、加拿大阿尔伯塔省、加拿大不列颠哥伦比亚省、加拿大安大略省、开曼群岛、塞浦路斯共和国、英格兰及威尔士、法国、德意志联邦共和国、格恩西、中国内地及香港特区、印度、以色列、意大利、日本、泽西岛、纳闽、卢森堡大公国、荷兰、俄罗斯、新加坡共和国、大韩民国、马恩岛、美国加利福尼亚州、美国特拉华州、美国内华达州 • 其他司法管辖地区如其对股东保障的规定等同于香港法律所规定的，也可获得考虑 • 如属第二上市，其他司法管辖地区亦可获得考虑
对控股股东的限制	• 上市时的控股股东须承诺： 在公司上市文件日期起至上市后前 6 个月内，不会出售其在公司的权益； 在公司上市后第二个 6 个月期间，不会出售其在公司的权益以导致其不再是公司的控股股东；须维持至少 30% 在公司的权益
其他考虑因素	• 控股股东或董事可进行与公司有竞争的业务，但须作全面披露 • 强制规定公开发售部分占总发售股数不少于 10% • 公开认购部分须作全数包销 • 公司上市后前 6 个月内不能发行新股

（二）香港 GEM 板

香港 GEM 板主要特点和内容见表 3.3.2。

表 3.3.2　香港 GEM 板主要特点和内容

项目	主要特点和内容
有关业绩记录及市值方面要求	• 不少于两个财政年度的营业记录 • 没有盈利要求 • 在过去两个财政年度的经营业务所得的净现金流入合计至少达到 3000 万港元 • 上市时市值至少达到 1.5 亿港元 • 矿务公司及新成立的项目公司(如基建公司)可获豁免,接纳为期较短的业绩记录 • 最近两个完整财政年度及至上市日期为止的整段期间内,其管理层必须大致维持不变 • 最近一个完整财政年度及至上市日期为止的整段期间,其拥有权和控制权必须维持不变
最低公众持股量	• 于上市时,公众持股量不低于市值 4500 万港元 • 于上市时,必须占公司已发行股本总额至少 25% • 若公司在上市时的市值超过 100 亿港元,则联交所可能会接受将公众持股量降至 15% ~25%
未来展望	• 须说明公司在上市当年余下的财政期间及其后两个完整财政年度的业务目标 • 可选择是否包括盈利预测
会计师报告	• 必须按照香港财务报告准则、国际财务报告准则或中国企业会计准则编制 • 若公司目前或将会同时在纽约证券交易所或纳斯达克全国市场上市,则根据美国公认会计原则编制的报告可被接受 • 在一般情况下,会计师报告必须至少涵盖在上市文件公布前最后两个完整的财政年度 • 会计师报告所呈报的最后一个财务会计期的结算日不得与上市文件日期相隔超过 6 个月
公司管治	• 须有至少 3 名独立非执行董事 • 所委任的独立非执行董事必须占董事会成员人数至少 1/3 • 须设立审计委员会 • 须设立薪酬委员会 • 须有监察主任 • 须聘任 1 名合规顾问,任期由首次上市之日起,至上市后两个完整财政年度的财务业绩报告公布之日止
可接受的司法管辖地区	• 奥地利、澳大利亚、百慕大、巴西、英属维尔京群岛、加拿大阿尔伯塔省、加拿大不列颠哥伦比亚省、加拿大安大略省、开曼群岛、塞浦路斯共和国、英格兰及威尔士、法国、德意志联邦共和国、格恩西、中国内地及香港特区、印度、以色列、意大利、日本、泽西岛、纳闽、卢森堡大公国、荷兰、俄罗斯、新加坡共和国、大韩民国、马恩岛、美国加利福尼亚州、美国特拉华州、美国内华达州 • 其他司法管辖地区如其对股东保障的规定等同于香港法律所规定的,也可获得考虑 • 如属第二上市,其他司法管辖地区亦可获得考虑

续表

项目	主要特点和内容
对控股股东的限制	• 上市时的控股股东须承诺： 在公司上市文件日期起至上市后首 12 个月内,不会出售其在公司的权益 在公司上市后第二个 12 个月期间,不会出售其在公司的权益以导致其不再是公司的控股股东;须维持至少 30% 在公司的权益
其他考虑因素	• 控股股东、主要股东或董事可进行与公司有竞争的业务,但须作全面披露 • 强制规定公开发售部分占总发售股数不少于 10% • 无包销规定 • 公司上市后前 6 个月内,除为了收购资产以配合其业务外,不能发行新股

(三)18C(咨询稿)

《上市规则》18C 主要内容如表 3.3.3 所示。

表 3.3.3　《上市规则》18C 主要内容

项目	主要内容
行业领域[1]	• 新一代信息技术 • 先进硬件 • 先进材料 • 新能源及节能环保 • 新食品及农业技术
科技属性	• 香港联交所会考虑相关行业或领域的潜在上市申请人在首次公开招股前作出的任何查询。香港联交所更新有关特专科技行业及可接纳领域的指引依据原则如下： 1. 相关领域的参与者必须拥有高增长潜力 2. 该领域内参与者取得成功的原因在于其核心业务以下原因令他们有别于服务相似的消费者或最终用户的传统市场参与者:应用了新技术及/或将有关该领域的科学及/或科技应用于新的商业模式 3. 研究及开发为领域内公司贡献一大部分的预期价值,亦是公司的主要活动及占去大部分开支及/或 4. 香港联交所在咨询香港证监会并获得其批准后,可加入新的特专科技行业或领域 • 分为已商业化公司和未商业化公司:旗下特专科技产品已实现有意义的商业化[以其收益(收入)达到最低门槛证明,即经审计的最近一个会计年度特专科技业务所产生的收益(收入)至少达 2.5 亿港元]的公司(已商业化公司);及主要从事研发以将特专科技产品商业化或仍未达到最低收益(收入)门槛的公司(未商业化公司)

续表

<table>
<tr><th>项目</th><th colspan="3">主要内容</th></tr>
<tr><td rowspan="5">财务指标</td><td></td><td>已商业化公司</td><td>未商业化公司</td></tr>
<tr><td>收入、利润及现金流</td><td>至少 2.5 亿港元(最近一个会计年度特专科技业务所产生的收入)</td><td>不适用</td></tr>
<tr><td>预期最低市值</td><td>80 亿港元</td><td>150 亿港元</td></tr>
<tr><td>营运资金至少12 个月所需要求</td><td>一般所需要求</td><td>符合提高的营运资金要求(由上市文件刊发日期起计至少 12 个月所需开支的至少 125%)</td></tr>
<tr><td>研发</td><td>每年研发投资金额占总营运开支至少 50%</td><td>不适用</td></tr>
<tr><td rowspan="2">第三方投资</td><td>第三方投资要求</td><td colspan="2">1. 自身独立投资者
(1)不得为上市申请人的核心关联人士;
(2)须为符合指标性规模门槛或资格规定
2. 最低投资规定:上市申请人须获得来自资深独立投资者相当数额的投资
3. 锁定股东数量:于上市申请日期的至少 12 个月前已获得至少 2 名
4. 投资锁定期:从上市申请前 12 个月到上市申请日的期间
5. 股份占比:在投资锁定期内一直各自持有于上市申请当日已发行股本 5% 或以上的股份或可换股证券</td></tr>
<tr><td>第三方投资最低占比</td><td>上市市值及投资占比:
• 80 亿至 200 亿港元:20%;
• 200 亿至 400 亿港元:15%;
• 400 亿港元以上:10%</td><td>上市市值及投资占比:
• 150 亿至 200 亿港元:25%;
• 200 亿至 400 亿港元:20%;
• 400 亿港元以上:15%</td></tr>
<tr><td>营业记录期</td><td colspan="3">3 年</td></tr>
<tr><td>实际控制人</td><td colspan="3">上市前 12 个月内实际控制人未发生变更</td></tr>
<tr><td>董事、管理层</td><td colspan="3">管理层 3 年内未发生重大变化</td></tr>
<tr><td>主营业务</td><td colspan="3">上市前 3 个会计年度内经营现有业务</td></tr>
</table>

[1]香港联交所将不时更新这些支持性行业领域。

四、上市模式的选择

(一)港股上市的几种模式

港股上市通常模式包括 H 股、小红筹[分为股权控制模式和可变利益实体

(VIE 架构模式)]和大红筹。而大红筹的案例较为少见,不在此详述。需要提示的是,根据境外上市新规,国务院于 1997 年 6 月 20 日发布的《关于进一步加强在境外发行股票和上市管理的通知》(97 红筹指引)将被废止,大红筹模式的监管亦将统一为备案制。

在境外上市新规实施之前,H 股和红筹架构模式的最大区别在于所涉及的监管机构不同。境外上市新规统一了 H 股和红筹的监管模式,基于此,H 股和红筹模式的差异主要表现在股权架构:一是 H 股的上市主体在境内,红筹架构的上市主体在境外;二是境内原有老股东在 H 股项下,仍然直接持有境内运营主体的股权,而红筹架构下,境内原有老股东持有境外上市主体的股权进而间接持有境内运营主体的股权。股权架构的差异通过图 3.3.1、图 3.3.2 即可清晰地辨别。

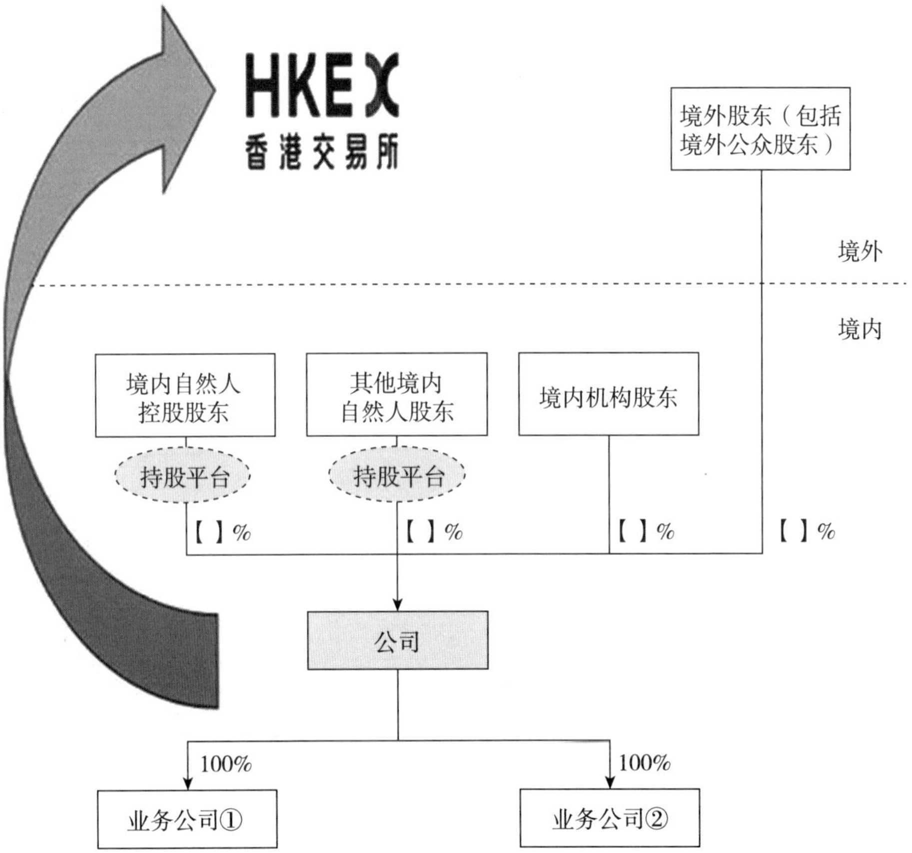

图 3.3.1 H 股(紧邻上市完成后)股权架构

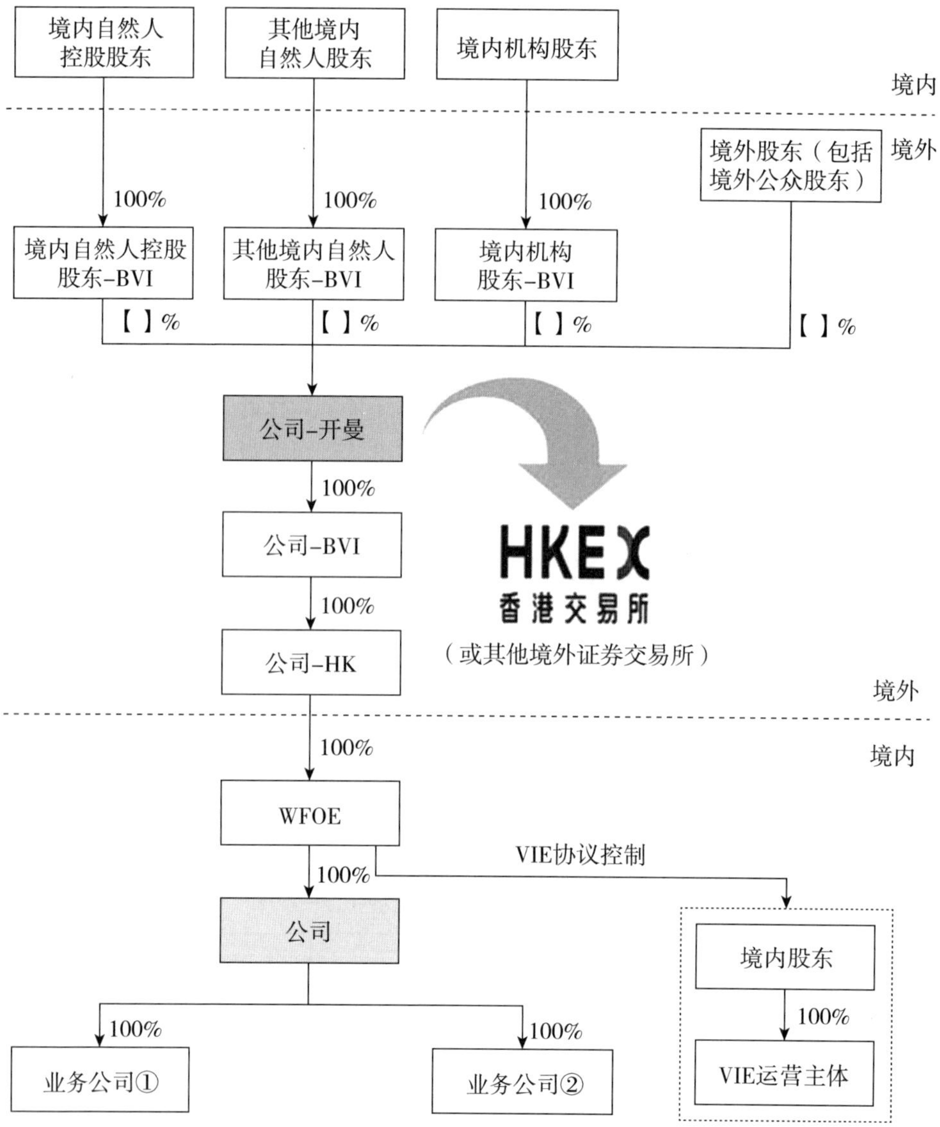

图 3.3.2　红筹（含 VIE 架构，紧邻上市完成后）股权架构

（二）模式选择的考量因素

第一，要考量拟上市公司未来是否有回归 A 股的计划。若有回归 A 股计划，优先考虑 H 股模式。

第二，要考量境内自然人股东情况。如果境内自然人股东的持股比例较大且人数不多，而且当地依据国家外汇管理局《关于境内居民通过特殊目的公司境外投融资及返程投资外汇管理有关问题的通知》（汇发〔2014〕37 号，以下简称外汇 37 号文）办理登记，不存在实质性障碍，可考虑红筹架构；若持股比例较大但是人数相对分散，且在当地办理外汇 37 号文登记具有难度，可考虑 H 股模式。

第三，要考量境内机构股东的情况。如果境内机构股东持有的股权比例相对较小，股东家数较少，且可以配合完成境外直接投资（ODI 程序），则可以考虑红筹架构；若境内机构股东持股比例相对较高，股东家数较多且配合完成 ODI 程序的意愿不高或存在障碍，可考虑 H 股模式。

第四，要考量境内国资股东情况。如果境内国资股东持股比例小，无法对公司上市决策产生重大影响且愿意配合完成 ODI 程序，可以考虑红筹架构；但如果国资股东持股比例高或可对公司上市决策产生重大影响且无法或不愿进行 ODI 程序，可考虑 H 股模式。

第五，是否存在外资禁止/限制的领域。若存在外资限制/禁止的业务领域，可选择红筹模式项下的 VIE 架构；若不存在外资限制/禁止的业务领域，则两种模式都可考量。需要提示的是，境外上市新规实施后，中国证监会将加强监管协同，征求有关主管部门的意见，对满足合规要求的 VIE 架构企业境外上市予以备案。因此，建议发行人提前就 VIE 合规性问题分别与中国证监会及主管部门进行沟通。

第六，考量不同模式下工作难度和上市费用问题。境外上市新规要求发行人要在提交给中国证监会的备案报告中披露控股股东和实际控制人、第一大股东以及对发行人有重大影响的股东（适用于无控股股东、实际控制人情形）、持有发行人 5% 以上股份或表决权的主要股东、其他股东的相关信息。对于红筹架构的发行人，如何对境外股东及其上层股东的信息进行核查，是否也参考 A 股经验由发行人聘请相关法域的律师出具意见，尚须期待监管机构的态度，但这无疑会给采取红筹架构的发行人增加工作难度和更多的上市成本。

五、新能源企业香港上市流程

根据境外上市新规，拟上市企业境外首次公开发行或者上市，需要在境外提交发行上市申请文件后 3 个工作日内向中国证监会申请备案。境内企业直接境外发行上市的，由发行人向中国证监会备案；境内企业间接境外发行上市的，由发行人指定一家主要境内运营实体为境内责任人，向中国证监会备案。

首次公开发行或上市的备案材料包括：(1)备案报告及有关承诺；(2)行业主管部门等出具的监管意见、备案或核准等文件(如适用)；(3)国务院有关主管部门出具的安全评估审查意见(如适用)；(4)境内法律意见书；(5)招股说明书或上市文件。

根据境外上市新规，整理香港上市流程如表 3.3.4 所示。

表 3.3.4　香港上市流程

第一阶段:初步准备		
1	作出关键的架构性决策(包括决定是否包含私募资金和美国证券法 144A 条例与 144A 规则)和 S 条例规则部分以及哪些业务将上市)并启动	行业主管部门审批(如适用)
2	委任各方专业机构	
3	上市前的股权架构重组	
4	财务设计/审查	
5	内部管理审查	
6	法律/财务尽调与验证	有关部门安全评估审查(如适用)
7	保荐人香港联交所《上市规则》第 21 项应用指引(PN21)尽调	
8	考虑豁免申请	
9	起草招股说明书	
10	准备盈利预测和现金流预测	
11	编制发行上市申请(以下简称 A1 申请)资料集	
12	IPO 前配售(如需要)	
13	向香港联交所提交 A1 申请	
第二阶段:监管审查		
境外监管审查		境内监管审查
14	监管机构审查上市申请	向中国证监会提交备案
15	解答监管部门的意见和询问	

续表

16	持续的尽调与验证	办结备案,中国证监会备案网站公示备案信息
17	处理豁免申请	
18	聆讯	
第三阶段:市场推介和发行		
19	预路演安排	
20	分发交易前研究报告和非正式招股说明书,并公布聆讯后资料集	
21	路演、簿记建档以及国际发行部分的启动和结束	
22	香港公开发行启动和结束	
23	定价	
24	分配及交收	
25	上市开始和 IPO 结束	

六、新能源企业香港上市主要法律问题

新能源行业具有行业特殊性,新能源企业在上市过程中既面临特有的法律问题,也面临一些共性法律问题。加之境外上市新规发布实施,备案制的监管体制下,是否会有越来越多的境内上市关注的法律问题同样在境外上市过程中被关注,我们也拭目以待。

基于此,我们在此仅对新能源企业在上市过程中可能遇到的法律问题进行部分罗列和提示,不过多分析解决思路,针对不同的问题,本书也将继续以文章的形式单独分享。

(一)是否取得建设规模指标

《光伏电站开发建设管理办法》明确规定,纳入光伏电站年度开发建设方案的项目,电网企业应及时办理电网接入手续。也就是说,在平价上网时代,若项目未取得建设规模指标,则很可能无法并网;在存量补贴电价时代,未能取得建设规模指标,则无法取得国家财政补贴。

（二）是否存在“倒卖路条”的情况

国家能源局自2014年开始陆续发布了多份文件禁止买卖项目备案文件以及相关权益，而取得备案/核准文件之后项目并网投产前，新能源项目公司发生股权变动则是“倒卖路条”的表现形式之一，若确实发生了“倒卖路条”的行为，可能面临的法律后果是暂停、取消可再生能源电价补贴，责令改正、行政处罚，或列入不良信用记录等。

（三）是否存在占用基本农田的情况

《土地管理法》确定了基本农田保护制度，非农业建设必须节约使用土地，可以利用荒地的，不得占用耕地；可以利用劣地的，不得占用好地。违反《土地管理法》规定，占用耕地、破坏种植条件的，或者因开发土地造成土地荒漠化、盐渍化的，由县级以上人民政府自然资源主管部门、农业农村主管部门等按照职责责令限期改正或者治理，可以并处罚款；构成犯罪的，依法追究刑事责任。

（四）是否存在同业竞争的问题

同业竞争是企业境内上市过程中一项至为关键的法律问题，随着境外上市新规的实施，同业竞争也将是发行人中国法律顾问关注的重要法律问题，而新能源行业的持续发展也难免会带来同业竞争的问题。何为同业竞争（如何认定同业竞争）以及如何规范同业竞争将是未来境外上市过程中的重点问题。

（五）行政处罚问题

新能源项目具有周期长、环节多的特点，《关于加快推进可再生能源发电补贴项目清单审核有关工作的通知》又规定，上网电价以项目全容量并网时间核定，所以新能源企业为了抢630/1231电价，普遍存在“先上车、后补票”的情况，这也直接导致了部分新能源企业存在较多行政处罚的情形。而重大违法违规的行为，也将直接影响新能源企业的上市安排。

七、结语

新能源企业赴港上市是一项系统复杂的工程，需要律师团队、财务团队、券商团队、公司团队及其他各团队通力协作才能完成，在整个过程中会涉及方方面面的法律、财务和业务问题。我们将会在以后的系列文章中继续围绕新能源企业香港上市过程中的特殊法律问题进行解读，以期为新能源企业勾画出清晰的香港上市的框架和蓝图。

4

英国绿色金融制度简介

辛　艳

英国是全球金融中心之一,金融服务业发达,同时英国也是最早推进低碳发展的国家之一,在低碳发展过程中,金融机构发挥了不容忽视的作用。上至立法层面的宏观政策指引,下至各政府与市场机构的执行机构(如监管机构、证交所、金融机构等),英国目前拥有相对比较完整的绿色金融体系,可谓绿色金融的先行者与倡议者。本文拟从立法、金融监管机构和金融工具三个方面简要介绍英国的绿色金融体系。

一、推动低碳发展的宏观政策文件

早在2003年,英国政府就提出推进低碳发展,英国政府在当年发布的能源白皮书《我们的能源未来:创造低碳经济》(*Our Energy Future—Creating a Low Carbon Economy*)中指出,在全球气候变化的背景下,需要通过改进英国的能源结构,鼓励发展更加清洁、智能和可靠的能源系统。

2008年,英国率先通过世界上第一个具有法律约束力的减少温室气体排放的国家承诺——《气候变化法案》(*Climate Change Act*)。该法案通过制定具有法律约束力的碳预算,提出到2050年分阶段实现碳中和的目标。

2016年,英国成为《巴黎协定》缔约方,致力于联合国2030年可持续发展议程。

2019年,英国成为首个立法承诺2050年实现净零排放的国家,并发布《英国绿色金融战略》该战略包含两大长远目标,分别是:在政府部门的支持下,使私人部门/企业的现金流流向更加清洁、可持续增长的方向;加强英国金融业的竞争力。

2020 年,英国为了加速实现净零排放,公布了《绿色工业革命十点计划》(*The Ten Point Plan for a Green Industrial Revolution*),涵盖清洁能源、交通、自然和创新技术等 10 大环保领域,发布《国家基础设施战略》(*National Infrastructure Strategy*)以及《能源白皮书:赋能净零排放未来》(*The Energy White Paper: Powering Our Net Zero Future*)。2022 年,英国将对《英国绿色金融战略》工作进程开展正式评估。

可以看出,英国在低碳方面的立法保持了比较稳定的一致性,特别是 2019 年"脱欧"以后在气候治理上的相关行动更加频繁,形成比较完善的低碳排放与碳中和战略政策体系。

二、绿色金融机构

为充分执行前述宏观政策,英国充分发挥了自身金融系统的优势,建立绿色金融机构,驱动其能源及相关产业不断优化升级,并为低碳发展赋能,逐步实现投资绿色化,金融绿色化的目标。

(一)绿色投资集团

2011 年英国政府成立绿色投资银行(UK Green Investment Bank,UKGIB),这是世界上第一个国家绿色发展银行,该银行以政策性银行为定位,专门致力于绿色经济投资,主要投资领域集中在海上风电、非家庭用能的能效、垃圾与再循环、转废为能和"绿色方案"(Green Deal)。投资银行至少 80% 的资金要投资于这些优先领域,另外 20% 可投资于其他绿色领域,如生物质能、海洋能、碳捕获和封存等。

UKGIB 的另一个主要目标是建立公共部门的投资信誉,为吸引私人对低碳行业的投资奠定基础,推动公私部门合作投资,吸引更多民营资本流入低碳行业。

2016 年,为吸引私人资本参与绿色投资,英国政府启动英国绿色投资银行的"私有化"进程,将其以 23 亿英镑出售给由澳大利亚麦格理银行牵头的财团,转售之后,绿色投资银行将更名为"绿色投资集团",此后将通过发行绿色债券等方式筹集资本。据报道,为了防止麦格理银行控制下的绿色投资银行偏离绿色投资方向,英国政府特别在交易中引入了"特殊权益"安排,以便在决定是否涉及绿色投资项目时具有关键的否决权。

(二)绿色金融与投资中心

2021年4月,英国政府投资1000万英镑设立的绿色金融与投资中心(UK Centre for Greening Finance and Investment,CGFI)正式投入运营,该实体研究中心是英国政府与牛津大学、利兹大学和帝国理工学院等多家机构合作建立而成,以研究人员为主,[①]专注领域集中在气候、地理学、数据科学、统计学、经济学、商业创新、决策科学和金融领域,为世界各地的银行、保险公司、投资者等提供数据与分析服务,从而帮助其在考虑环境和气候变化影响的情况下更好地进行投资和业务决策。

2017年9月,英国政府成立独立的绿色金融工作组(Green Finance Task Force),该工作组主要是以金融专业人士为主,旨在监督相关投资更加符合英国的绿色金融投资战略,并进一步整合英国在清洁能源领域的国际投资活动。[②]

2019年,英国还建立了绿色金融研究所(Green Finance Institute),该组织由英国政府与银行机构的共同支持组成,主要活动集中在绿色融资,整合公共与私人资本,聚焦相关实体经济,提升金融机构对绿色经济的认识,支持金融机构刚好的绿色化,以及促进绿色资源领域的国际信息数据交流。[③]

三、绿色金融工具

(一)绿色债券

绿色债券(Green Bonds)与常规债券的主要区别在于,所筹资金必须用于特定的环保项目。与传统发债方式相比,绿色债券投资者的收益率相对较低,投资者之所以愿意接受较低的绿色债券收益率(为其支付较高的价格)的原因,主要在于绿色债券可以计入环境、社会和治理目标,或是有助于提升投资者公共形象,甚至有

---

① See https://www.cgfi.ac.uk/what-we-do/.

② See https://assets.publishing.service.gov.uk/government/uploads/system/uploads/attachment_data/file/675361/Green_Finance_Taskforce_-_terms_of_reference.pdf.

③ See https://www.greenfinanceinstitute.co.uk/about-us/.

些绿色债券会给予投资者部分税收豁免。[①] 当然，绿色债券也有其自身局限性，一是基于绿色证券的低收益率，其流动性较差，并不为主流投资者所青睐；二是目前对于绿色定义并不明确，债券资金流向也为投资者所关注，因此通常需由第三方如气候债券标准委员会等机构加以认证，证明该绿色债券资助的是与环境保护相关的项目。当今世界环保低碳是大势所趋，毫无疑问，绿色债券发行在将来必将处于上升趋势。

伦敦证券交易所作为全球第一家为绿色债券设立专门板块的交易所，交易机制日趋透明完善。2009 年，由世界银行发行的第一只绿色债券在伦敦证券交易所挂牌。2015 年，伦敦证券交易所在世界范围内首次为绿色债券（为缓解气候变化问题的项目而集资的债务证券）设立了专门的交易板块。2018 年 7 月，中国工商银行伦敦分行在伦敦证券交易所正式发行 15.8 亿美元等值双币种多段绿色债券。债券募集资金将全部用于支持“一带一路”沿线清洁交通、陆上可再生能源和海上风能等绿色项目。[②] 这也是我国首次在国际证券交易市场发行绿色债券。

2019 年，伦敦证券交易所将绿色债券细分市场扩展为更为全面的可持续债券市场（SBM）。这为发行方发行可持续发展相关的债务工具提供了更加广阔的发挥空间，并且也使投资者获得了更高的信息透明度。

2021 年 9 月，英国发行 100 亿英镑 2033 年到期绿色债券，单次发行规模创历史上最大，吸引到超过 1000 亿英镑认购——在英国国债和全球绿色债券发行市场均创历史新高。

2021 年，英国财政部和英国债务管理办公室（DMO）发布了英国政府绿色融资框架，其中描述了英国政府计划如何通过发行绿色金边债券（Green Gilt）和零售绿色储蓄债券（Retail Green Savings Bonds）来进行融资；预计这些融资工具的收益将用于应对气候变化和其他环境挑战、资助急需的基础设施投资以及在英国创造更多的绿色就业机会。该框架中规定了如何识别、甄选、验证和报告绿色项目，符合规定的项目可以从这些融资工具的收益中获得融资。

---

① See https://www.investopedia.com/articles/investing/081115/green-bonds-benefits-and-risks.asp.

② See https://www.jiemian.com/article/2315027.html.

(二)绿色基金

在地方政府层面,2021 年,伦敦启动了第一阶段的伦敦绿色新政基金(Green New Deal Fund),投资 1000 万英镑用于促进绿色就业、为伦敦提供约 1000 个工作岗位,向绿色的伦敦中小企业(SME)提供资金。据悉,这 1000 万英镑投资将分为三个领域:(1)建筑环境脱碳:解决伦敦建筑供暖和供电的排放问题。这些计划将使家庭更加节能,并确保通过地区能源网络和其他清洁能源(如太阳能)为伦敦提供更多的绿色能源。(2)绿色交通与公共领域:解决交通排放问题,鼓励步行、骑自行车和电动汽车;项目还将改善对绿地和自然环境的利用,同时提高伦敦应对气候变化影响的能力和适应能力。(3)绿色经济转型:支持绿色经济中新业务和现有业务的增长。项目将为伦敦创造就业机会并培养技能,以利用向低碳循环经济过渡所代表的机会。值得注意的是,这些基金并不一定直接提供资金支持,而是被投放到各个项目里。企业可以申请参加各种项目,再从中获得学术、营销、资金等方向的支持。①

本国政府层面,随着 2020 年《英国的清洁增长战略》(*Clean Growth Programme*)的出台,相应的基金也得以建立;与此同时,全国用于绿色房屋、绿色建筑物和绿色交通的基金也在逐步完善。

国际层面,英国设立了国际气候基金(International Climate Finance),旨在与其他国家一起每年筹集大约 1000 亿美元气候融资向发展中国家提供支援,帮助发展中国家实现《巴黎气候协定》所设立的目标。根据英国政府官网,该笔基金的主要负责部门包括英国的外交、联邦和发展办公室,商业、能源和工业战略部,环境、食品和农村事务部等三部门,2016 ~ 2020 年该基金提供 58 亿英镑用于援助发展中国家的环境低碳发展。其中包括英国与中国联合进行的绿色计划提案征集,该笔基金可为符合要求的中国环保项目提供资金。②

---

① See https://ethicalmarketingnews. com/mayor - invests - 10m - in - green - new - deal - to - secure - thousands - of - green - jobs.

② See https://www. gov. uk/guidance/international - climate - finance#overview.

（三）绿色信贷

绿色信贷（Green Credit），通常是指将信贷申请者对于环境的影响作为决策依据的信贷经营制度，金融机构在向一个项目投资时，要对该项目可能对环境和社会的影响进行综合评估，并且利用金融杠杆促进该项目在环境保护方面发挥积极作用，其源于2002年，荷兰银行、巴克莱银行、花旗银行等多家私人银行英国伦敦的商业银行会议上制定的“赤道原则”，即金融行业自愿性绿色信贷准则，主要应用关于投资项目环境和社会风险的确定、评估和管理。

作为低碳环保的先行国家，英国很早就开始通过立法来提高金融和企业的环境污染控制意识。英国目前实行的《环境保护法》《污染预防法》都有涉及绿色信贷的相关规定。英国各银行都有绿色贷款项目，如第一批次采纳赤道原则的银行之一，英国汇丰银行制定系列环境敏感行业的可持续发展信贷政策，提供绿色定期贷款、绿色循环贷款和绿色资产融资，前两者均设置最低贷款额度，为希望获得有关绿色建筑、清洁交通、能源效率、回收利用、可持续制造、土地复兴和可再生能源等资金的大中小型企业提供服务；获得绿色贷款的企业需将该笔贷款用于可持续环保项目，如投资于碳减排和可持续发展项目，为可再生能源、能源效率、用水管理和碳减排提供资金。比如获得绿色贷款企业还要根据金融机构的要求，定期发布绿色信贷报告，及时公开披露绿色贷款的用途。

（四）绿色保险

所谓绿色保险，通常是指环境责任保险（Environmental Impairment Liability Insurance），以企业发生的污染事故对第三者造成人员伤亡或财产损失依法应负的经济赔偿责任为保险标的的保险。英国的环境污染责任保险发展于20世纪60年代，起因是工业化进程导致的环境污染问题，包括最为典型的1952年发生的“伦敦烟雾事件”，这也倒逼英国政府出台了《清洁空气法》等一系列法案与环境保护救济措施。英国环境污染责任保险大多数情况下属于自愿保险，仅核污染、海上油污染等法律特别规定的环境污染领域才实行强制保险，主要承保因普通法索赔以及英国和欧盟立法引起的环境损害的修复费用，并为突发性污染和渐进性污染、监管机构征收的第一方（自有场地）清理费用、第三方责任，包括对财产价值的影响等方面提供保障。

此外,英国保险公司对于生态住宅、木结构房屋、草捆房屋和完工自建房屋予以承保,并覆盖可再生能源系统。与此同时,英国保险经纪人协会也明确提出有意提供低碳经济类产品,以帮助完善绿色保险市场体系。

5

从指导案例53号看新能源电费收益权质押法律实务

贾国栋

新能源电站项目的最大特点是建成投产后，在未来至少20年内有缓慢而稳定的电费收费来源，这是新能源电站项目的基本商业模式。这种商业模式非常符合收益权质押的模型。实践中，以电费收益权质押作为担保，是新能源开发商的常用融资模式。最高人民法院2015年11月19日发布的第53号指导案例，是关于收益权质押纠纷的典型案例，对司法实践具有较强的指导意义。本文从该指导案例出发，讨论新能源电费收益权质押的有关法律实务问题。

一、第53号指导案例：福建海峡银行股份公司福州五一支行诉长乐亚新污水处理有限公司、福州市政工程有限公司金融借款合同纠纷案

（一）基本案情

2003年，长乐市建设局为让与方、福州市政公司为受让方、长乐市财政局为见证方，三方签订《长乐市城区污水处理厂特许建设经营（BOT）合同》，约定长乐市建设局授予福州市政公司负责投资、建设、运营和维护长乐市城区污水处理厂项目及其附属设施的特许权，并就合同双方权利义务进行了详细约定。2004年10月22日，长乐亚新公司成立。该公司系福州市政公司为履行《长乐市城区污水处理厂特许建设经营合同》而设立的项目公司。2005年3月24日，福州市商业银行五一支行与长乐亚新公司签订《单位借款合同》，约定长乐亚新公司向福州市商业银行五一支行借款3000万元；借款用途为长乐市城区污水处理厂BOT项目。福州市政公司为长乐亚新公司的上述借款承担连带责任保证。同日，福州市商业银行

五一支行与长乐亚新公司、福州市政公司、长乐市建设局共同签订《特许经营权质押担保协议》，约定福州市政公司以《长乐市城区污水处理厂特许建设经营合同》授予的特许经营权为长乐亚新公司向福州市商业银行五一支行的借款提供质押担保，长乐市建设局同意该担保；福州市政公司同意将特许经营权收益优先用于清偿借款合同项下的长乐亚新公司的债务，长乐市建设局和福州市政公司同意将污水处理费优先用于清偿借款合同项下的长乐亚新公司的债务；福州市商业银行五一支行未受清偿的，有权依法通过拍卖等方式实现质押权利等。

上述合同签订后，福州市商业银行五一支行依约向长乐亚新公司发放贷款3000 万元。长乐亚新公司于 2007 年 10 月 21 日起未依约按期足额还本付息。福州市商业银行五一支行（原告）诉请：长乐亚新公司偿还原告借款本金和利息；确认《特许经营权质押担保协议》合法有效，拍卖、变卖该协议项下的质物，原告有优先受偿权；将长乐市建设局支付给两被告的污水处理服务费优先用于清偿应偿还原告的所有款项；福州市政公司承担连带清偿责任。

（二）裁判结果

福建省福州市中级人民法院于 2013 年 5 月 16 日作出（2012）榕民初字第 661 号民事判决（仅摘录有关质押的判项）：判令福建海峡银行股份有限公司福州五一支行于本判决生效之日起有权直接向长乐市建设局收取应由长乐市建设局支付给长乐亚新污水处理有限公司、福州市政工程有限公司的污水处理服务费，并对该污水处理服务费就本判决第一、二项所确定的债务行使优先受偿权。

福建省高级人民法院于 2013 年 9 月 17 日作出福建省高级人民法院（2013）闽民终字第 870 号民事判决，驳回上诉，维持原判。

（三）裁判要点

1. 特许经营权的收益权可以质押，并可作为应收账款进行出质登记。

2. 特许经营权的收益权依其性质不宜折价、拍卖或变卖，质权人主张优先受偿权的，人民法院可以判令出质债权的债务人将收益权的应收账款优先支付质权人。

(四)裁判理由

1. 关于污水处理项目特许经营权能否出质问题

污水处理项目特许经营权是对污水处理厂进行运营和维护,并获得相应收益的权利。污水处理厂的运营和维护,属于经营者的义务,而其收益权,则属于经营者的权利。由于对污水处理厂的运营和维护,并不属于可转让的财产权利,故讼争的污水处理项目特许经营权质押,实质上系污水处理项目收益权的质押。

关于污水处理项目等特许经营的收益权能否出质问题,应当考虑以下方面:其一,本案讼争污水处理项目《特许经营权质押担保协议》签订于 2005 年,尽管当时法律、行政法规及相关司法解释并未规定污水处理项目收益权可质押,但污水处理项目收益权与公路收益权性质上相类似。《最高人民法院关于适用〈中华人民共和国担保法〉若干问题的解释》(已失效,以下简称《担保法解释》)第 97 条规定,以公路桥梁、公路隧道或者公路渡口等不动产收益权出质的,按照《担保法》第 75 条第 4 项的规定处理,明确公路收益权属于依法可质押的其他权利,与其类似的污水处理收益权亦应允许出质。其二,国务院办公厅 2001 年 9 月 29 日转发的国务院西部开发办《关于西部大开发若干政策措施的实施意见》(国办发〔2001〕73 号)中提出,“对具有一定还贷能力的水利开发项目和城市环保项目(如城市污水处理和垃圾处理等),探索逐步开办以项目收益权或收费权为质押发放贷款的业务”,首次明确可试行将污水处理项目的收益权进行质押。其三,污水处理项目收益权虽系将来金钱债权,但其行使期间及收益金额均可确定,其属于确定的财产权利。其四,在《物权法》颁布实施后,因污水处理项目收益权系基于提供污水处理服务而产生的将来金钱债权,依其性质亦可纳入依法可出质的应收账款的范畴。因此,讼争污水处理项目收益权作为特定化的财产权利,可以允许其出质。

2. 关于污水处理项目收益权质权的公示问题

对于污水处理项目收益权的质权公示问题,在《物权法》(已失效)自 2007 年 10 月 1 日起施行后,因收益权已纳入该法第 223 条第 6 项的应收账款范畴,故应当在中国人民银行征信中心的应收账款质押登记公示系统进行出质登记,质权才能依法成立。由于本案的质押担保协议签订于 2005 年,在《物权法》施行之前,故不适用《物权法》关于应收账款的统一登记制度。因当时并未有统一的登记公示的规定，故参照当时公路收费权质押登记的规定，由其主管部门进行备案登记，有关利害关系人可通过其主管部门了解该收益权是否存在质押之情况，该权利即具备物权公示的效果。

本案中，长乐市建设局在《特许经营权质押担保协议》上盖章，且协议第 7 条明确约定"长乐市建设局同意为原告和福州市政公司办理质押登记出质登记手续"，故可认定讼争污水处理项目的主管部门已知晓并认可该权利质押情况，有关利害关系人亦可通过长乐市建设局查询了解讼争污水处理厂的有关权利质押的情况。因此，本案讼争的权利质押已具备公示之要件，质权已设立。

3. 关于污水处理项目收益权的质权实现方式问题

我国《担保法》（已失效）和《物权法》（已失效）均未具体规定权利质权的具体实现方式，仅就质权的实现作出一般性的规定，即质权人在行使质权时，可与出质人协议以质押财产折价，或就拍卖、变卖质押财产所得的价款优先受偿。但污水处理项目收益权属于将来金钱债权，质权人可请求法院判令其直接向出质人的债务人收取金钱并对该金钱行使优先受偿权，故无须采取折价或拍卖、变卖之方式。况且收益权均附有一定之负担，且其经营主体具有特定性，故依其性质亦不宜拍卖、变卖。因此，原告请求将《特许经营权质押担保协议》项下的质物予以拍卖、变卖并行使优先受偿权，不予支持。

根据协议约定，原告海峡银行五一支行有权直接向长乐市建设局收取污水处理服务费，并对所收取的污水处理服务费行使优先受偿权。由于被告仍应依约对污水处理厂进行正常运营和维护，若无法正常运营，则将影响长乐市城区污水的处理，亦将影响原告对污水处理费的收取，故原告在向长乐市建设局收取污水处理服务费时，应当合理行使权利，为被告预留经营污水处理厂的必要合理费用。

二、电费收益权质押的法律实务

（一）收益权质押的法律由来

以收益权作为质物的质押担保，最早出现在 2000 年颁布的《担保法解释》第 97 条规定，该条明确"以公路桥梁、公路隧道或者公路渡口等不动产收益权出质的，按照担保法第七十五条第（四）项的规定处理"。据此，《担保法解释》正式明确部分特定不动产收益权可以作为特殊权利用于质押。

2007 年颁布的《物权法》第 223 条对可以出质的权利范围进行明确,其中可质押权利的范围明确增加应收账款一项。同年中国人民银行制定的《应收账款质押登记办法》(已失效)第 2 条将应收账款定义为"权利人因提供一定的货物、服务或设施而获得的要求义务人付款的权利,包括现有的和未来的金钱债权及其产生的收益",同时对应收账款可以包含的类型作出了列举,其中就明确包括"公路、桥梁、隧道、渡口等不动产收费权"。

2020 年《民法典》第 440 条将原《物权法》规定"应收账款"扩大为"现有的以及将有的应收账款",进一步明确了未来应收账款可纳入质押的概念。2021 年年底中国人民银行颁布《动产和权利担保统一登记办法》(以下简称《统一登记办法》)替代了原有的《应收账款质押登记办法》。《统一登记办法》第 3 条对应收账款的定义及列举范围进行明确:"本办法所称应收账款是指应收账款债权人因提供一定的货物、服务或设施而获得的要求应收账款债务人付款的权利以及依法享有的其他付款请求权,包括现有的以及将有的金钱债权,但不包括因票据或其他有价证券而产生的付款请求权,以及法律、行政法规禁止转让的付款请求权。本办法所称的应收账款包括下列权利:……(三)能源、交通运输、水利、环境保护、市政工程等基础设施和公用事业项目收益权。"

(二)新能源电站电费收益权质押的几个实务问题

1. 电费收益权能否进行质押

首先,以《民法典》和《统一登记办法》为主体的应收账款质押法律制度已经明确了能源类基础设施项目的收益权属于可质押的范围。其次,第 53 号指导案例也对应收账款的范围做了类推适用的扩大解释,即法律和规章没有明确规定的类似的基础设施项目也可以列入可质押应收账款的范围。因此,我们可以明确:新能源电站的电费收益权可以作为法定的可质押的权利。从确保应收账款真实性角度出发,该电费收益权需要有新能源开发企业与电网公司签订的真实合法有效的长期《购售电合同》作为基础。

2. 电费收益权质权的设立

依据《民法典》第 445 条的规定,以应收账款出质的,质权自办理出质登记时设立。关于动产和权利的质押登记,实践中一直比较混乱,长期存在多头管理的局面。2007 年中国人民银行制定《应收账款质押登记办法》(已失效)后,确定了应收账款质押登记的机构为中国人民银行征信中心。2022 年施行的《统一登记办法》下,中国人民银行征信中心建立了动产和权利担保的统一登记公示系统。电费收益权质押需要在该系统完成登记后质权才能设立。在第 53 号指导案例中,因签订质押合同当时,《应收账款质押登记办法》尚未施行,全国没有设立统一的应收账款登记系统,因此,当事人在主管部门的登记也视为完成了法定的登记要件,法院因此认定质权已经设立。

3. 电费收益权质权的实现方式

应收账款质权作为质权的一种类型,其实现路径应遵循《民法典》第 436 条第 2 款的一般性规定:“债务人不履行到期债务或者发生当事人约定的实现质权的情形,质权人可以与出质人协议以质押财产折价,也可以就拍卖、变卖质押财产所得的价款优先受偿。”但电费收益权(以及其他类似的收益权)作为质押的标的有其特殊性,不宜拍卖、变卖。第 53 号指导案例的创新性恰恰在此,裁判者认为鉴于收益权的特殊性质,既没有必要也不宜将收益权进行拍卖、变卖。转而提出了一种灵活可行的质权实现方式,即判令质权人可以直接向出质人的债务人收取该收益费用,并对该收益费用享有优先受偿权,同时,判令质权人为出质人预留必要合理的费用。

民法典后实施的最高人民法院《关于适用〈中华人民共和国民法典〉有关担保制度的解释》第 61 条第 4 款借鉴了第 53 号指导案例的裁判思路。该条规定:“以基础设施和公用事业项目收益权、提供服务或者劳务产生的债权以及其他将有的应收账款出质,当事人为应收账款设立特定账户,发生法定或者约定的质权实现事由时,质权人请求就该特定账户内的款项优先受偿的,人民法院应予支持;特定账户内的款项不足以清偿债务或者未设立特定账户,质权人请求折价或者拍卖、变卖项目收益权等将有的应收账款,并以所得的价款优先受偿的,人民法院依法予以支持。”

根据上述司法解释的规定,为了方便电费收益权质权的实现,质押合同双方应为电费收益权设立专门的监管账户,发生质权实现事由时,优先考虑使用账户内资金优先受偿。上述方式无法保证质权人债权获得受偿的,质权人依然可以请求折价或者拍卖、变卖项目收益权等将有的应收账款,并以所得的价款优先受偿。

6

风电站不动产融资租赁的有关法律问题

贾国栋

风力发电站项目在建设期内资金需求巨大,就风电站投资者而言,解决建设期的融资问题是一道重大的必考题。从目前的行业实践来看,融资租赁是风电站投资者采用较多的一种融资工具。通常而言,融资租赁方式主要是为了解决风力发电机组等主要设备的融资需求。但实践中,项目开发企业为了增大融资规模,常常将项目不动产也作为标的物进行融资。不动产并非典型的融资租赁的标的物,以不动产进行融资租赁会引发一系列法律问题。本文结合风电项目的特点,以售后回租类型为例,对不动产作为租赁物的一些典型法律实务问题进行分析。

一、风电项目融资租赁交易的常见标的物

风力发电站项目建设中,风力机组等主要设备的资金占工程造价的主要部分,从近两年新建的风电场来看,设备购置费大概占到工程总造价的70%。[①] 投资人通过融资租赁的方式主要是为了解决风力机组等主要设备的采购资金需求。融资租赁的标的物一般包括:风力发电机组、塔筒、箱变、主变压器、电缆等相关设备。前述设备都属于动产设备,投资人可以采用直租或回租的方式进行融资,可以很好地解决主要设备采购的融资需求。

除以上常规的融资租赁方式之外,项目开发企业为了扩大融资规模,将项目不

① 参见张永凤:《风电工程造价分析及控制》,载《管理观察》2013年第33期。

动产(建筑物或构筑物)作为租赁标的物进行融资的情况也屡见不鲜。实践中,不动产标的物主要包括:升压站、机房、综合楼等建筑物,以及风机基础、烟囱、输料廓、引桥、循环水泵房、水池、渣库、厂区围墙、厂区道路等构筑物。由于以上不动产都是投资人自行委托施工单位施工建造的,因此不能采用直租方式,只能采用售后回租的方式进行租赁。

二、融资租赁的法律特征

现代融资租赁产生于"二战"之后的美国。"二战"以后,美国工业化生产出现过剩情况,生产厂商为了推销自己生产的设备,开始为用户提供金融服务,即以分期付款、寄售、赊销等方式销售自己的设备。由于所有权和使用权同时转移,资金回收的风险比较大。于是有人开始借用传统租赁的做法,将销售的物件所有权保留在销售方,购买人只享有使用权,直到出租人融通的资金全部以租金的方式收回后,才将所有权以象征性的价格转移给购买人。这种方式被称为"融资租赁",1952 年美国成立了世界第一家融资租赁公司——美国租赁公司(现更名为美国国际租赁公司),开创了现代租赁的先河。①

我国从 20 世纪 80 年代开始引进融资租赁公司,经过数十年的发展,尤其是 2010 年以后的快速发展,融资租赁行业已经成长为我国金融业的重要组成部分。在立法层面,1999 年颁布的《合同法》(已失效)中,融资租赁合同就成了合同法分则中的有名合同之一,其在金融发展的地位可见非常重要。2020 年颁布的《民法典》中融资租赁合同依然专门占有一章。《民法典》第 735 条规定:融资租赁合同是出租人根据承租人对出卖人、租赁物的选择,向出卖人购买租赁物,提供给承租人使用,承租人支付租金的合同。商务部《融资租赁企业监督管理办法》第 8 条规定:融资租赁企业可以在符合有关法律、法规及规章规定的条件下采取直接租赁、转租赁、售后回租、杠杆租赁、委托租赁、联合租赁等形式开展融资租赁业务。

业界普遍认为,融资与融物兼具是融资租赁合同最核心的特征。融物是前提和目的,租赁物的存在为融资提供物的担保;融资是手段和结果,为融物提供资金。

---

① 参见上海资信:《2017 年全球融资租赁发展进程及市场渗透率分析》,载搜狐网,https://www.qianzhan.com/analyst/detail/220/180712-52490838.html。

对承租方来说,融资与融物都是其目的,对于出租方来说,融物为出租方提供的融资提供了担保(所有权保留)。因此,在一个正常规范的融资租赁关系中,融资与融物缺一不可,尤其是融物要素,是融资租赁区别于其他融资法律关系的主要特征。融物的关键标志在于租赁物所有权的转移,对于不能转移所有权的,当承租人违约时,出租人无法通过行使取回权的方式取得租赁物,融资租赁有名无实,则不构成融资租赁关系。如在最高人民法院(2014)民二终字第 109 号案中,法院认为:“融资租赁交易具有融资和融物的双重属性,缺一不可。如无实际租赁物或者租赁物所有权未从出卖人处转移至出租人或者租赁物的价值明显偏低无法起到对租赁债权的担保,应认定该类融资租赁合同没有融物属性,仅有资金空转,系以融资租赁之名行借贷之实,应属借款合同。”至于如何认定所有权是否转移,应按照《民法典》物权编部分相关规定进行认定,即不动产物权的转移以登记为原则,动产物权的转移以交付为原则。

三、不动产是否可以作为融资租赁的标的物

从实践来看,早期的融资租赁交易是以大型生产设备等动产为主要标的物的。但随着融资租赁业务的广泛发展,承租人融资需求不断扩大,融资租赁标的物的范围也不断扩大。实践中出现了以房地产、工业厂房、地下管网、道路等不动产作为租赁物的合同,这类以不动产作为租赁物的融资租赁合同是否有效?

关于融资租赁标的物的范围,现行法律文件并没有给出非常明确的规定。中国银行业监督管理委员会(已撤销,现为国家金融监督管理总局)《金融租赁公司管理办法》第 19 条规定:融资租赁的标的物是固定资产。商务部《融资租赁企业监督管理办法》第 10 条规定:融资租赁企业开展融资租赁业务应当以权属清晰、真实存在且能够产生收益权的租赁物为载体。按照国家法律规定租赁物的权属应当登记的,融资租赁企业须依法办理相关登记手续。

从上述两个行业管理文件看,至少未将融资租赁的标的物限定于动产。而从司法实践来看,司法机关一般也不会因融资租赁的标的物为不动产而认定租赁合同无效。因此本文认为,不动产可以作为融资租赁的标的物,以不动产为租赁物的融资租赁合同不应被认定为无效合同。

四、风电站不动产融资租赁的法律问题

(一)合同的性质

风电站的不动产如风机基础属于构筑物,升压站和综合楼则属于建筑物。无论属于哪一种不动产,在融资租赁实践中,双方通常只是约定租赁物所有权的转移和归属,但是并不实际办理所有权转移登记。也就是说,不会将不动产所有权从承租人转移登记至出租人名下(主要是出于由此会增加较重的税负考虑)。依据不动产物权所有权转移登记生效的规则,上述租赁物的所有权其实并未真正发生转移。因此,在不动产作为租赁物情形下,融资租赁合同只具有融资的特征,而没有融物的特征。如前述分析,融资租赁合同必须是兼具融资和融物的特征。当融资租赁合同丧失了融物特征后,其性质就不再是融资租赁合同。最高人民法院《关于审理融资租赁合同纠纷案件适用法律问题的解释》第 1 条第 2 款规定:“对名为融资租赁合同,但实际不构成融资租赁法律关系的,人民法院应按照其实际构成的法律关系处理。”仅具有融资属性的融资租赁合同与借款合同有较高的相似性,司法实践中,被认定为借款合同的可能性较大。而且,实践中,在不动产作为租赁标的物的情形下,双方不仅不办理所有权转移登记,还在承租人的租赁物上为出租人设定抵押权,并另行签订应收账款质押和股权质押等增信手段。这样一来,借款合同的特征更加明显。

根据类案研究的情况,主流司法观点认为:在售后回租中,融资租赁标的物系房产等不动产的,如租赁物的所有权实际转移至出租人,则双方构成融资租赁法律关系;如租赁物的所有权未移转至出租人名下,则不构成融资租赁关系。①

(二)合同的效力

商务部《融资租赁企业监督管理办法》第 10 条第 2 款规定,融资租赁企业不得从事吸收存款、发放贷款、受托发放贷款等金融业务。未经相关部门批准,融资租赁企业不得从事同业拆借等业务。严禁融资租赁企业借融资租赁的名义开展非法集资活动。《融资租赁企业监督管理办法》第 27 条规定,在日常监管中,省级商务

---

① 参见王毓莹主编:《融资租赁合同案件裁判规则》,法律出版社 2021 年版,第 31 页。

主管部门应当重点对融资租赁企业是否存在吸收存款、发放贷款、超范围经营等违法行为进行严格监督管理。一旦发现应及时提报相关部门处理并将情况报告商务部。可见，行业主管机关明令禁止融资租赁企业从事单纯的发放贷款业务。但上述文件在法律层级上属于部门规章，且主要是从管理性的角度作出了规定，上述规定不足以否定名为融资租赁实为借款合同的效力。即使出租人超越经营范围经营，也不必然导致合同无效。

我们认为，判断名为融资租赁实为民间借贷关系的合同的效力，应依据最高人民法院关于民间借贷的有关司法解释来认定。最高人民法院《关于审理民间借贷案件适用法律若干问题的规定》（2020 年第二次修正）第 13 条规定，具有下列情形之一的，人民法院应当认定民间借贷合同无效：（1）套取金融机构贷款转贷的；（2）以向其他营利法人借贷、向本单位职工集资，或者以向公众非法吸收存款等方式取得的资金转贷的；（3）未依法取得放贷资格的出借人，以营利为目的向社会不特定对象提供借款的；（4）出借人事先知道或者应当知道借款人借款用于违法犯罪活动仍然提供借款的；（5）违反法律、行政法规强制性规定的；（6）违背公序良俗的。

从上述规定第 3 项来看，如果融资租赁公司将此种不动产融资租赁常态化操作，极有可能被认定为以营利为目的向社会不特定对象提供借款，从而使融资租赁合同被认定无效。如果仅仅是偶尔有几笔类似交易，则合同不应被认定无效。

（三）以租赁物进行抵押的效力

在正常的融资租赁关系中，由于融物已经为融资提供了充分足额的担保，在出租人取得租赁物所有权后，一般不需要再设定担保。但由于前些年我国融资租赁登记制度的不完善，为了防止善意第三人优先获得租赁物的权利，实践中存在出租人以自己的财产（租赁物）向自己设立抵押这种抵押模式，即所谓的自物抵押。出租人往往与承租人约定所有权归属出租人后授权承租人以出租人财产向出租人设立抵押并完成登记。其目的是在我国融资租赁登记制度不完善的情况下利用抵押权及其公示效力保护自己的利益。关于自物抵押的效力问题，有观点认为，所有权人不能接受自己的财产设定抵押，自物抵押无效；也有观点认为，所有权人可以与抵押权人为同一人。从类案研究的情况来看，目前司法实践中的主流观点认为自物抵押并办理登记的目的在于公示以防承租人擅自处分租赁物，避免租赁物被他人善意取得，并非为融资租赁合同项下的债权提供担保，不存在设立抵押担保的合意。因此，出租人不可主张对租赁物的优先受偿权，相应地，保证人亦不得主张出租人对租赁物的优先受偿权，以减免其保证责任。①

随着2021年国务院《关于实施动产和权利担保统一登记的决定》和中国人民银行《动产和权利担保统一登记办法》的实施，融资租赁纳入了动产和权利担保统一登记范围，由中国人民银行征信中心提供全国统一登记和查询服务。由此可以很好地起到公示公信的作用，融资租赁中的租赁物不应再作为抵押物扰乱正常的融资租赁法律关系。

在不动产作为租赁物时，由于不动产的所有权未曾转移，租赁物仍归属承租人所有，承租人有权以自己的财产为自己的债务提供抵押。此时不存在自物抵押的问题。因融资租赁合同会被认定为借款合同，若借款合同有效，则抵押合同也有效。若借款合同被认定无效，则作为从合同的抵押合同亦无效，抵押权进而亦无效。

（四）融资租赁合同被认定为借款合同的法律风险

从上述分析来看，融资租赁合同被认定为借款合同明显对出租人不利。出租人的主要法律风险包括：（1）合同可能被认定无效，因出租人存在严重违反金融管理秩序的过错，其利息可能不能获得全部支持，甚至完全不被支持；（2）所有承租人预先支付的保证金手续费等融资交易中的正常费用会被认定为预先支付的利息，从而不受法律保护，直接从融资总额中扣除；（3）利息之外双方约定的事后承担费用，会与利息一并计算，综合衡量是否超出民间借贷的利息标准；（4）融资租赁合同约定的租赁利率将受到民间借贷法定利率的限制；（5）为融资租赁合同增信的担保合同可能面临无效的风险。

五、小结

综上可见，在风电项目融资租赁交易中，尽管法律和司法实践并不禁止以不动

---

① 参见王毓莹主编：《融资租赁合同案件裁判规则》，法律出版社2021年版，第386页。

产作为租赁物,但正常的交易需要将承租人的不动产过户登记至出租人名下。然而实践中,出于交易成本的考虑,交易双方大概率不会进行不动产的产权过户登记。这就使得该融资租赁交易变成了名为融资租赁实为借款的关系,从而引发一系列双方不可预计的连锁反应。因此,建议在风电项目融资租赁交易中应只将风电机组等动产作为融资租赁的标的物。而升压站、综合楼、风机基础及其他地上构筑物等不动产不应作为融资租赁的标的物。作为风电站项目的投资人,为了解决融资困难,则完全可以以不动产(土地使用权及建筑物)作为抵押物,通过其他方式如银行信贷类融资获取资金,而不必勉强采取并不合适的融资租赁的模式。

7

最高额担保合同中容易混淆的几个重要概念辨析

贾国栋

同其他类型的企业一样，银行信贷仍是新能源开发企业最常用的融资工具。在企业向银行贷款时，最高额担保是常用的配套担保措施。最高额担保是指担保人对一定期间内将要连续发生的债权提供担保的方式，常见的最高额担保包括最高额抵押担保和最高额保证担保。相比一般的担保方式，最高额担保具有自己的特点。随着《民法典》及最高人民法院《关于适用〈中华人民共和国民法典〉有关担保制度的解释》（以下简称《民法典担保解释》）的出台，最高额担保制度在立法上有了新的变化，这些新的变化关乎当事人的切身利益。而在实践中，债权人与担保人签订的最高额担保合同通常都是作为债权人的银行出具的格式文本。往往无论是哪一方当事人，都默认为该合同文本是完善的，从而容易忽视合同中的一些重要的概念，对可能出现的法律后果认识并不准确。本文拟对实践中最高额担保合同中的几个重要易混淆的概念进行辨析，以厘清最高额担保法律的本来逻辑，对银行信贷业务及相配套的最高额担保的实践有所裨益。

一、债权确定期

债权确定期是最高额担保中特有的概念。总的来说，最高额担保中担保人的责任范围主要由三个维度来框定。一是债权确定期，二是担保范围，三是最高债权额。最高额担保中的债权确定期意义重大，它决定了担保人承担担保责任的时间限度。债权确定期届满之前的债务属于担保人担保的范围，超出债权确定期的债权不再属于担保人的担保范围。除此之外，债权确定期还影响最高额保证的保证期间的起算。

债权确定期满之日,或称债权确定之日,是最高额担保的决算期,即最后到底哪些债权属于被担保的债权的日期。实践中,在签订最高额担保合同时,债权确定期一般会在一开始就明确约定清楚。例如担保人为债务人在 2022 年 12 月 31 日至 2026 年 12 月 31 日(以下简称债权确定期间)与债权人签订的借款合同(以下简称主合同)项下的一系列债务提供最高额保证。

理论上,在债权确定期之前和之后的债权均不属于担保的范围。但对于债权确定前的债权,《民法典》第 420 条第 2 款规定,经当事人同意,可以转入最高额担保的范围。但对于债权确定后发生的债权则不再属于最高额担保的范围。其中道理不言而喻。

实践中,银行债权人出于对自己债权过度保护的思维惯性,在担保合同中可能会有类似如下的约定:"主合同项下的贷款、垫款、利息、费用或任何其他债权的实际形成时间即使超出债权确定期间,仍然属于本最高额担保的范围。"该约定显然不属于《民法典》第 420 条第 2 款规定的前期债权转入,而是后期债权转入的意思。该约定没有法律依据,应当被认定为无效约定。而且可能会导致合同中原本清楚明确的债权确定期间的混乱,有被认定为债权确定期间约定不明的风险。《民法典》第 423 条第 2 项规定债权确定期间约定不明,抵押权人或者抵押人均可以自最高额抵押权设立之日起满二年后请求确定债权。(依据《民法典》第 690 条第 2 款,最高额保证可参照适用最高额抵押权的有关规定)

二、担保范围

担保范围并非最高额担保特有的概念,在一般的担保如抵押和保证中也存在。《民法典》第 389 条规定:"担保物权的担保范围包括主债权及其利息、违约金、损害赔偿金、保管担保财产和实现担保物权的费用。当事人另有约定的,按照其约定。"其第 691 条规定:"保证的范围包括主债权及其利息、违约金、损害赔偿金和实现债权的费用。当事人另有约定的,按照其约定。"

上述法条中,都赋予了当事人对担保范围作出约定的权利。但是这种权利并不是任意的,而是受到限制的。《民法典担保解释》第 3 条第 1 款规定:"当事人对担保责任的承担约定专门的违约责任,或者约定的担保责任范围超出债务人应当承担的责任范围，担保人主张仅在债务人应当承担的责任范围内承担责任的，人民法院应予支持。”由此可见，从《民法典担保解释》的精神理解，当事人对担保范围的自由约定，不能超过债务人应当承担的责任范围，这是担保的基本属性——从属性规则的必然之义。

另外，《民法典担保解释》第47条规定，“不动产登记簿就抵押财产、被担保的债权范围等所作的记载与抵押合同约定不一致的，人民法院应当根据登记簿的记载确定抵押财产、被担保的债权范围等事项”，即在最高额抵押担保时，最高额担保的债权范围以不动产登记簿为准。

综上，关于最高额担保的担保范围，当约定范围和法定范围不一致时，以约定为准，但约定的担保债权的范围不应超过债务人应承担责任的范围，超过部分无效。当约定范围与登记范围不一致时，则以登记为准。

三、最高债权额

最高债权额（或称最高债权限额、最高额）是最高额担保中具有重要意义的概念。如果说债权确定期决定了担保的时间限度，最高债权额则决定了担保的空间限度。最高债权额有两种不同的理解：一种理解是本金（主债权）的限额，如果本金加上其他附属债权的数额超过了最高债权额，也都属于优先受偿的范围；另一种理解是全部债权的限额，即主债权及其利息、违约金、损害赔偿金、保管担保财产的费用、实现债权或者实现担保物权的费用等加在一起不能超过该限额，超过部分不属于优先受偿的范围。显然，第一种理解是对债权人有利的，因为实际上相当于在最高额的基础上扩大了担保的范围；但对担保人明显不利，因为担保人无法明确知道自己担保责任的最高额度是多少，这必然与其提供最高额担保的本意不相符。另外，第一种理解对担保人的其他债权人也不利。如在最高额抵押的情形下，担保人如需将抵押物进行二次抵押，二次抵押债权人将无法对担保物剩余价值作出准确的预期。由此可见，交易安全就会受到冲击。正是基于这一考量，《民法典担保解释》第15条第1款规定：“最高额担保中的最高债权额，是指包括主债权及其利息、违约金、损害赔偿金、保管担保财产的费用、实现债权或者实现担保物权的费用等在内的全部债权，但是当事人另有约定的除外。”也就是说，在最高额担保合同没有特别约定的情形下，自动推定按照对担保人有利的理解。

但通常，银行债权人作为合同的优势一方，可能会按照对其有利的第一种理解作出约定，如将其约定为“本合同所称最高债权额，仅是指本金额，不包括本金外的其他被担保债权”。面对这一条款，担保人应当慎重考虑是否能够接受这种约定，因为这种约定会到导致自己承担的担保责任远远高于合同约定的最高限额。另外须注意的是，按照登记优于合同的担保物权效力原则，最高额抵押担保人最终承担的责任限额范围，仍应看登记的情况。即便债权人作出上述约定，但若登记的最高债权额是包括本金和其他附属债权在内的全部被担保债权，则仍然以登记为准。

综上，在最高债权额的问题上，依然存在法定、约定、登记三种不同维度的考量，当事人应当有意识地从以上三种维度进行分析，避免交易的真实意思被误解，出现意料之外的法律后果。

四、最高额保证的保证期间

最高额保证的保证期间有两种算法，一种是每笔债权单独计算，另一种是待债权确定后统一计算，当事人对此可以自由约定。《民法典担保解释》第30条分三种情形对最高额保证的保证期间作出规定。

第一种情形：最高额保证合同对保证期间的计算方式、起算时间等有约定的，按照其约定。实践中常见的是单独计算的方式，例如，“本合同项下的保证期间按债权人为债务人办理的单笔授信业务分别计算，即自单笔授信业务的主合同签订之日起至债务人在该主合同项下的债务履行期限届满日后3年止”。

第二种情形：最高额保证合同对保证期间的计算方式、起算时间等没有约定或者约定不明，但在债权确定期届满前，被担保债权的履行期限均已届满。在此情形下，保证期间自债权确定之日起开始计算；依据《民法典》第692条第2款的规定，保证期间为6个月。

第三种情形：最高额保证合同对保证期间的计算方式、起算时间等没有约定或者约定不明，但在债权确定之日，被担保债权的履行期限尚未届满。在此情形下，保证期间自最后到期债权的履行期限届满之日起开始计算。依据《民法典》第692条第2款的规定，保证期间为6个月。

8

新能源基础设施证券投资基金(REITs)案例化解读

——以中信建投国家电投新能源封闭式基础设施证券投资基金为例

赵倩南　蔡美娟

一、概况

2021年6月29日,国家发展改革委发布《关于进一步做好基础设施领域不动产投资信托基金(REITs)试点工作的通知》(以下简称《基础设施不动产投资信托基金试点通知》),将新能源基础设施行业,包括风电、光伏发电、水力发电、天然气发电、生物质发电、核电等清洁能源项目,特高压输电项目,增量配电网、微电网、充电基础设施项目,分布式冷热电项目纳入试点行业类别。

有关基础设施证券投资基金的主要规定如下:《基础设施领域不动产投资信托基金(REITs)试点项目申报要求》《公募基础设施REITs指引》《上海证券交易所公开募集基础设施证券投资基金(REITs)规则适用指引第1号——审核关注事项(试行)》《深圳证券交易所公开募集基础设施证券投资基金业务指引第1号——审核关注事项(试行)》《公开募集基础设施证券投资基金尽职调查工作指引(试行)》。

截至本文成稿时,新能源基础设施证券投资基金(REITs)共有三只产品首发(见表3.8.1),其中两只在上海证券交易所,一只在深圳证券交易所,基础资产分别为光伏发电、风电以及天然气发电项目。

表 3.8.1　三只产品相关信息

产品名称	原始权益人	基金管理人	基础设施项目类型	首发时间
鹏华深圳能源清洁能源封闭式基础设施证券投资基金	深圳能源集团股份有限公司	鹏华基金	天然气发电	2022 年 6 月
中信建投国家电投新能源封闭式基础设施证券投资基金	国家电力投资集团有限公司 国家电投集团江苏电力有限公司	中信建投基金	风力发电	2023 年 3 月
中航京能光伏封闭式基础设施证券投资基金	京能国际能源发展（北京）有限公司 联合光伏（常州）投资集团有限公司	中航基金	太阳能光伏发电	2023 年 3 月

本文以上述中信建投国家电投新能源封闭式基础设施证券投资基金（以下简称中信建投新能源基金）为例，通过分析其交易结构、主体要求、项目要求及法律风险，对 REITs 进行案例化解读，以期为读者提供相关参考。

二、交易结构

在中信建投新能源基金设立之初，基础资产由原始权益人持有，为满足监管规定对交易结构的相关要求，需由原始权益人转让基础资产，转让应符合以下要求：(1)转让应当合法、有效，存在附属权益的，应当一并转让。(2)应当办理批准、登记手续，如涉及国有资产的，应取得国有资产监督管理委员会审批同意。没有要求办理登记或者暂时不具备办理登记条件的，应当采取有效措施，维护基础资产安全。(3)转让对价应公允。

根据相关监管规则，基础资产转让后，最终的交易结构需满足以下要求：(1)专项计划的份额需由同一个基金持有；(2)专项计划需持有项目公司 100% 股权；(3)原始权益人及其关联方应持有基金不低于 20% 的份额，且该份额遵循 5 年锁定期要求。

在本基金中，原始权益人为江苏电力公司，为了满足有关交易结构的要求，相关主体采用“三步走”战略实现了专项计划对项目公司100%持股。(1)先由原始权益人设立特殊目的实体(SPV)，并将SPV股权全部转让给专项计划，实现专项计划对SPV的100%持股并发放股东借款；(2)SPV向原始权益人购买项目公司100%股权，并向项目公司发放股东借款；(3)项目公司吸收SPV，实现专项计划直接对项目公司的100%持股及享有债权。交易过程如图3.8.1所示。

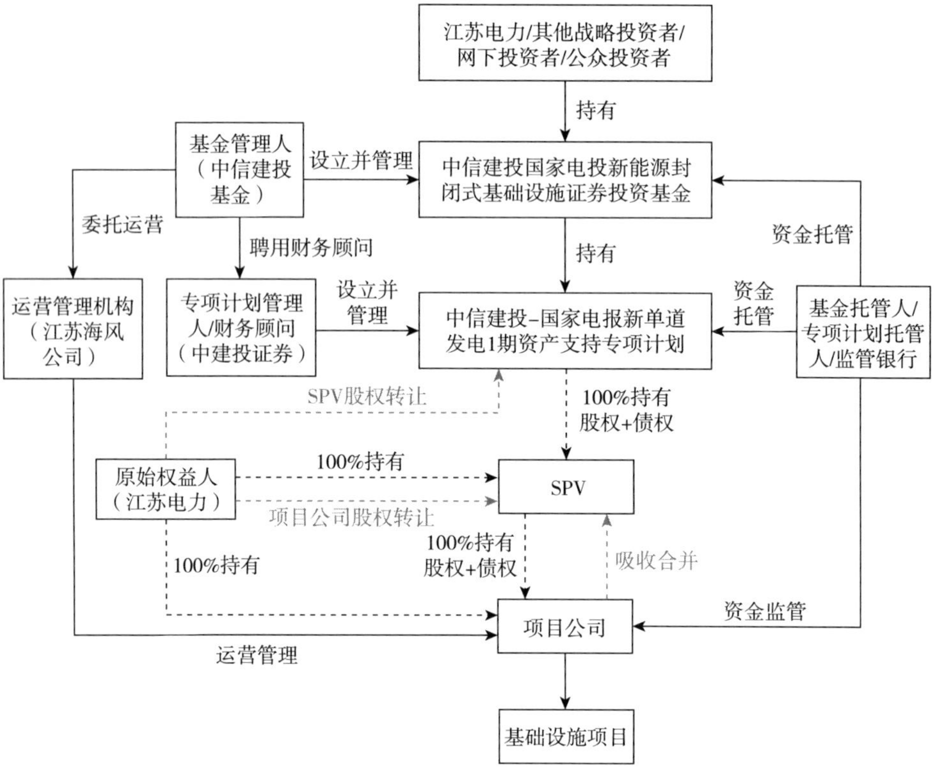

图3.8.1　交易过程

上述“三步走”战略完成后，最终的交易架构如图3.8.2所示。

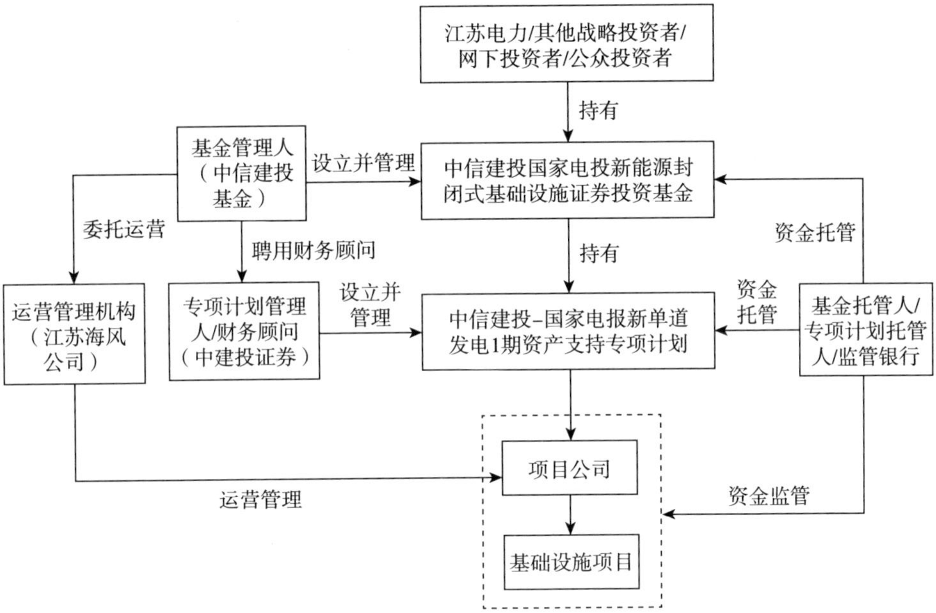

图 3.8.2 最终的交易架构

监管要求明确专项计划需100%持股项目公司，但并未要求需通过SPV以及如此复杂的股权转让和吸收合并等步骤来实现，本基金中采用“三步走”主要基于以下原因。根据财政部、国家税务总局《关于企业关联方利息支出税前扣除标准有关税收政策问题的通知》（财税〔2008〕121号）的规定，对于其他企业，在债权性投资与权益性投资比例不超过2:1的前提下，企业实际支付给关联方的利息支出在计算应纳税所得额时准予扣除。因此，如果专项计划以股权+债权的方式持有项目公司权益，则减少企业的应交所得税。同时，根据《公司法》的规定，公司分配当年税后利润时，应当提取利润的10%列入公司法定公积金，经股东会或者股东大会决议，还可以从税后利润中提取任意公积金。因此以股权分红取得相应收益还需提取法定公积金、盈余公积金（如有），这样会使大量经营现金沉淀在项目公司，通过对借款利率的设计，可以实现向投资者尽可能多地分配收益。

三、主体要求

原始权益人指本项目的原所有人，即中信建投新能源基金案例中所指的江苏电力公司，原始权益人或其关联方通常通过参与战略配售成为REITs的持有人。

在本基金中，原始权益人原本持有项目公司的100%股权。根据中国证监会、上海证券交易所、深圳证券交易所发布的相关监管规则，对原始权益人的要求主要集中在持续经营、资产规模、内控制度、诚信情况等。要求主要有以下四个方面。

1. 可发行REITs的各类资产规模原则上不低于首发REITs资产规模的2倍。

2. 近3年在投资建设、生产运营、金融监管、市场监管、税务等方面无重大违法违规记录，不存在认定为失信被执行人、失信生产经营单位或其他失信情况并被暂停或限制融资的情形。

3. 设立及存续合法，内控制度健全，具有持续经营能力。

4. 参与主体业务是否存在同业竞争，是否采取适当措施避免利益冲突。

对其他业务参与机构也有明确要求，其他业务参与机构指基金管理人及托管人、资产支持证券管理人及托管人。基金管理人与资产支持证券管理人需存在实际控制管理或受同一控制人控制，基金托管人应与资产支持证券托管人为同一人。

本基金中，中信建投基金为中信建投证券全资子公司，资产支持证券托管人为中国工商银行北京市分行，基金托管银行为中国工商银行，满足上述对基金管理人及资产支持证券管理人为同一实控人的要求及托管行为同一人的要求。

四、项目要求

根据监管规定，基础设施项目是指项目公司、基础设施资产的合称，项目公司是指直接拥有基础设施资产合法、完整产权的法人实体。对基础设施项目的主要要求有以下几个方面。

1. 项目运营时间原则上不低于3年；近3年在投资建设、生产运营、金融监管、市场监管、税务等方面无重大违法违规记录。

2. 现金流来源合理分散，主要由市场化运营产生，不依赖第三方补贴等非经常性收入；现金流持续稳定，投资回报良好，近3年内总体保持盈利或经营性净现金流为正。预计未来3年净现金流分派率（预计年度可分配现金流/目标不动产评估净值）原则上不低于4%；当期目标不动产评估净值原则上不低于10亿元。

3. 按规定履行规划、用地、环境影响评价等审批、核准、备案登记、固定资产投资管理手续等其他规定手续。划拨方式取得使用权的，相关政府或自然资源行政主管部门出具的对100%股权转让方式发行的无异议文件；协议出让取得使用权的,原出让合同签署机构应出具对100%股权转让方式发行的无异议文件;招拍挂或二级市场交易取得使用权的,应说明取得的方式、时间及审批情况等详情;不拥有使用权的,应说明取得使用权的详细情形,以及使用土地的详细情形;实际用途应与规划用途及权证所载用途一致,或者说明相关风险及风险缓释措施。

4. 原始权益人对项目拥有完全所有权或经营权利,不存在他项权利设定,或者基金成立后能够解除存在的他项权利。不存在限制转让或限制抵押、质押的情形,或者基金成立后能解除相关限制;股东资产权属是否合法持有,是否存在纠纷或潜在纠纷,重大股权变动是否合法合规。

5. 经营许可或资质合法、有效,在基金或者计划存续期间需要展期的,需要说明展期安排。

6. 关联交易合理及必要,并设置合理充分的风险防控措施。

7. 外商投资项目还需符合外商投资管理的有关要求。

五、法律风险

(一)现金流来源风险

2020年9月29日,国家发展改革委、财政部、国家能源局联合印发《关于〈关于促进非水可再生能源发电健康发展的若干意见〉有关事项的补充通知》,明确发电补贴实行“新老划断”,按合理利用小时数核定可再生能源发电项目中央财政补贴资金额度,风电、光伏发电项目自并网之日起满20年后,不再享受中央财政补贴资金,核发绿证准许参与绿证交易。而新能源项目的现金流来源中,可再生能源补贴占比较高。因此,中央财政补贴到期后,合理估计项目现金流来源会明显下降,而在此之前,中央财政补贴应收账款回款周期是否进一步延长,也会影响项目的现金流来源。

除此之外,由于在基金的交易架构中普遍存在股+债的融资模式,如未来税前抵扣政策发生变动,可能导致所得税应纳税额的提高,或关于民间借贷借款利率上限的规定变化,项目中存在不能约定偿还股东借款本金和利息,上述均有可能带来现金来源风险。

(二)他项权利设定潜在解除方案风险

根据监管规定,不允许项目存在限制抵押、质押、转让情形,但允许基金成立后能解除相关限制。但新能源项目前期投资较大,为融资需要,项目公司或项目资产很可能设置了如股权质押、电费收益权质押、动产设备抵押等融资担保措施,需重点关注。如果涉及担保措施,至少应在基金成立后更换融资担保措施。

(三)资产转让合规风险

由于基础设施投资基金交易结构的搭建涉及基础设施资产的转让,根据规定,如项目公司名下的土地使用权、项目公司股权、特许经营权、经营收益权、建筑物及构筑物转让或相关资产处置存在任何限定条件、特殊规定约定的,需由相关有权部门或协议签署机构对项目以100%股权转让方式发行基础设施投资基金无异议,需确保项目转让符合相关要求或具备解除条件。因此,须关注历史法律文件是否对其重大资产处置行为设定了转让或处置的限制条款,从而采取措施规避可能产生的违约风险,确保相关监管要求。

另外,还应重点关注新能源基础设施资产转让的内部决策程序是否完善,是否按照公司制度履行了相关决议或审批,涉及国有资产转让的项目,还应符合国有资产管理相关规定。

(四)项目用地风险

新能源项目包括本基金的风电项目通常涉及大面积用地,且早期许多项目用地手续并不完善,而涉及的用地性质普遍复杂,如集体土地租赁、国有土地租赁、出让、划拨,林地占用,草地占用,农用地占用等是否手续完备无法律瑕疵;土地资源主管机关对项目用地是否设定了相关限制条款,也需重点关注,避免因项目用地使用权而产生的法律风险。

六、总结

本文旨在梳理新能源REITs的交易结构、主体要求、项目要求,并提示可能涉及的重要法律风险。总体而言,新能源REITs的交易结构较为复杂,有关主体及项目的要求较高,涉及的法律风险多样。目前已上市的新能源REITs均受到市场的追捧,公众投资人认购踊跃,甚至提前结束募集。新能源项目与公募REITs的创新性结合,是新能源领域重资产行业融资创新模式的成功探索,为资本市场提供了全新的绿色金融投资渠道，既符合国家大力发展清洁能源，推动实现“碳达峰”“碳中和”目标，也为投资人提供了资产增值的机会。但投资人和业务参与机构始终应重视相关的法律风险，并合理规避和化解风险，才能让新能源 REITs 发展得越来越好。

第四章

新能源项目运营

1

新能源项目纠纷案件中业主索赔电费损失若干法律实务

张　磊

在笔者先前代理业主因新能源项目工期延误、存在质量问题等,向承包方主张电费损失的几起诉讼案件中,电费损失作为一种可得利益,其主张依据和计算方式常常是案件的主要争议焦点。

本文将基于相关规定、围绕司法实践,对业主主张电费损失的依据和计算问题进行分析,与读者探讨。

一、业主主张电费损失的依据

在诉讼中据以主张的依据不外乎法律依据和事实依据两方面。然而在该类案件中,由于所主张的电费损失为基于合同有效、能够履行相关约定的基础上的可得利益,故是否具有合法有效的合同,则是主张成立的潜在前提之一。

(一)事实依据——主张电费损失以合同有效为前提

《民法典》第584条规定,当事人一方不履行合同义务或者履行合同义务不符合约定,造成对方损失的,损失赔偿额应当相当于因违约所造成的损失,包括合同履行后可以获得的利益。故可得利益本身即为基于有效合同履行后所获的利益,在基础合同无效时较难获得主张。

(2020)最高法民终774号案中,最高人民法院也明确观点:"合同有效,当事人通过履行合同而获取的利益应当依法保护。而无效合同自始无效,当事人通过履行无效合同可能获得的利益，则缺乏相应依据，不受法律保护。”

在（2019）甘民终622号案中，原告诉请被告赔偿因未按时完工导致的电价损失，甘肃省高级人民法院认为，因案涉合同未经过招标投标程序签订、违反法律效力性强制性规定，属于无效合同，合同无效后有过错方应赔偿的损失限于信赖利益，并不包括在合同有效情形下通过履行可以获得的利益，故电价损失作为有效合同履行后的可得利益，在本案中未能获得支持。

（二）法律依据

《民法典》第584条规定：“当事人一方不履行合同义务或者履行合同义务不符合约定，造成对方损失的，损失赔偿额应当相当于因违约所造成的损失，包括合同履行后可以获得的利益……”

最高人民法院《关于当前形势下审理民商事合同纠纷案件若干问题的指导意见》第9条规定：“在当前市场主体违约情形比较突出的情况下，违约行为通常导致可得利益损失。根据交易的性质、合同的目的等因素，可得利益损失主要分为生产利润损失、经营利润损失和转售利润损失等类型。生产设备和原材料等买卖合同违约中，因出卖人违约而造成买受人的可得利益损失通常属于生产利润损失。承包经营、租赁经营合同以及提供服务或劳务的合同中，因一方违约造成的可得利益损失通常属于经营利润损失。先后系列买卖合同中，因原合同出卖方违约而造成其后的转售合同出售方的可得利益损失通常属于转售利润损失。”

根据上述规定，业主投建电站的主要收益为投后运营后的发电、获取电费收益，如因工程导致的电费损失可能可以归类为生产利润损失的一种。因此，在合同有效的前提下，业主存在据以向存在过错的承包方主张电费损失的相应法律依据。

二、业主主张电费损失的金额计算

在案件具备相应事实和法律依据的基础上，业主应就承包方未按约定完工、与其电费损失之间存在因果关系进行充分举证。除此之外，需尤为注意在提起诉讼时应明确主张的电费损失确切金额，以及相应的依据和计算过程；在未进行司法鉴定的情况下，业主需要对该金额进行清晰的说理和计算，以让法院或仲裁庭接受其主张。

总体而言，在计算电费损失时有几项重要因素需要明确，包括但不限于存在电费损失的时间区间（逾期发电天数或发电量损失等）、电价等。下文将结合相关司法实践，根据不同情况对电费损失的计算进行梳理。

（一）逾期完工的电费损失计算

在新能源项目工程逾期完工，业主有证据证明逾期完工系由于承包方的原因导致、电费损失与逾期完工存在因果关系的情况下，业主方可以主张因逾期完工导致的电费损失。虽然目前司法实践中的难点在于对业主主张逾期完工的电费损失的计算暂无明确规定和统一的裁判标准。一般来说，比较常见的电费损失的计算方式是：[（年利用小时数×装机容量）÷365 天]×逾期发电天数×电价。

上述年利用小时数和装机容量一般为项目基础合同中明确约定的事项，比较好确定，两者相乘即为约定的年发电量；逾期发电天数以约定和实际竣工投产日期分别作为起止日期进行计算。

此外，也有部分新能源项目中直接约定了年或者月平均发电量，即可直接乘以逾期发电天数进行计算。例如，（2018）豫民终 666 号和（2022）皖 04 民终 1347 号案件均认可了合同中约定的年或月发电量作为计算电费损失的依据。

（二）因工程质量问题导致的发电量损失的电费损失计算

在很多新能源项目中，存在因工程质量问题导致实际发电量与预期发电量存在差距，从而导致业主的电费收入损失。就该部分损失，除了常见的发电量不足以外，还有项目实际年利用小时数未达到建设设计标准的情形。

此时，就发电量损失的计算需要具体案件具体分析，下文将分别主要就其中两种情形进行简要的梳理分析。

1. 工程质量问题导致发电量不足

工程质量导致的发电量不足常见原因有设备不符合合同约定或行业标准、未按照设计规范进行建设安装等，最终导致实际发电量不足。

在部分新能源项目中，可能仅有部分电路铺设存在问题，仅导致该电路的发电量损失，因此在计算电费损失时需要准确到支路电缆。但需要说明的是，如果因维修该支路电路导致多条电路被隔离，则应以受到影响的全部电路对应的损失进行主张。

在笔者代理的一件主张电费损失的案件中，虽然支路电缆存在质量缺陷导致发电损失，但是在电缆改造期间对光伏矩阵进行了隔离，故发电损失应该包括整个被隔离的光伏矩阵。对于光伏矩阵的日发电量，可以按照如下公式进行计算：（项目年利用小时数 ÷ 365 天）× 装机容量 ÷ 光伏矩阵个数。

2. 年利用小时数不足

年利用小时数也是衡量发电效率的标准之一，具体是指按年为单位一年的时间里可利用的小时总和，等于实际发电量除以装机容量。

在部分新能源项目中会在合同中约定建成投后运营需达到的年利用小时数，以衡量发电效率是否达到业主的要求。

在该种情形下，由当年实际发电量 ÷ 项目装机容量以计算出年利用小时数。主张的电费损失一般为年利用小时数之差 × 装机容量 × 电价。

三、结语

合同有效是业主主张电费损失的前提，在此基础上的主要争议焦点即是电费损失的金额。除了确定好时间区间、按照合同约定进行准确计算等之外，新能源项目投入使用运营过程中能否发电及产生发电量的数额，还受到管理水平、气候变化、设备运行状况等其他多种不确定因素的制约，因此即使业主所主张的电费损失客观存在，法院也会同时考虑是否存在由于上述非因承包方原因导致的扩大损失的部分，以进行相应扣除。故在确保合同合法有效、约定清晰之外，业主作为非违约方，还应在项目管理过程中确保已对损失发生及时采取了补救措施，防止损失继续扩大，以在案件中最大限度实现己方的诉讼主张。

2

从“国补核查”看新能源发电项目的主要合规风险

贾国栋

一、背景

2022年3月，国家发展改革委、国家能源局以及财政部联合下发《关于开展可再生能源发电补贴自查工作的通知》，决定在全国范围内开展可再生能源发电补贴核查工作，严厉打击可再生能源骗补行为。自查对象包括电网企业和发电企业，范围为截至2021年12月31日已并网有补贴需求的再生能源发电项目，其中发电企业的范围为风电、集中式光伏电站以及生物质发电项目。自查内容包括项目合规性、规模、电量、电价、补贴资金、环境保护六个方面。2022年10月8日，三部门再次联合发布了《关于明确可再生能源发电补贴核查认定有关政策解释的通知》，就补贴核查中存在诸多疑义的相关内容进行了说明。

2022年10月27日，上市公司太极实业发公告表示，子公司十一科技下属所涉电站公司收到通知，在内蒙古五个电站的电费补贴需要缴回，缴回金额为4.13亿元；基于已收电费补贴需按通知要求缴回，由此可以合理推断尚未收回的应收电费补贴3.94亿元也将无法收回。而电费补贴要缴回的原因是所涉电站存在未纳入建设指标规模且备案过期失效、为违规项目批复上网电价和擅自变更投资主体的问题。所涉电站已收电费补贴及应收电费补贴合计8.07亿元，其中不含税金额为7.02亿元。①

① 参见中国工业报：《上市公司被要求缴回4.13亿元！“可再生能源补贴核查”持续进行中→》，载百度网，https://baijiahao.baidu.com/s?id=1748335342561643916&wfr=spider&for=pc。

2022 年 10 月 28 日，信用中国网站发布《关于公示第一批可再生能源发电补贴核查确认的合规项目清单的公告》。第一批经核查确认的合规项目共计 7344 个。其中，国网区域项目共 6830 个，南网区域项目共 514 个。

二、“国补核查”要点解析

以上背景即是被称为“史上最严可再生能源电价补贴核查”的“国补核查”行动。“国补核查”直击新能源发电行业痛点，对于存量的风力光伏发电项目而言，是一次大考。本文结合《关于开展可再生能源发电补贴自查工作的通知》的内容，梳理出本次国补核查的要点事项有以下四个方面。

（一）项目合规性

主要核查项目是否纳入计划、规模或者规划等管理文件相应的清单或名单，以及项目是否依法依规核准/备案。从风电和光伏项目自查表要求披露的内容看，主要包括以下 9 项具体内容。

1. 披露项目法人及所属集团的名称，所属集团是指“最高控股股东”。

2. 披露纳入补贴目录或清单的时间、批次和容量。

3. 项目是否发生了权属变更，权属变更是指项目业主或项目业主的股权发生了变更；如发生变更，需披露交易主体、价格和项目企业股权比例。

4. 项目核准/备案文件，核准/备案容量。

5. 是否纳入年度建设规模或规划规模。（1）风电项目包括特许权招标结果明确的项目规模，年度核准计划或增补计划明确的项目规模，各省（区、市）年度开发建设方案、实施方案、调整方案明确的项目规模，基地、试点示范类项目清单明确的规模，全国海上风电开发建设方案（2014—2016）、国家能源主管部门批复的各省（区、市）海上风电规划项目规模。（2）光伏项目包括各省（区市）的项目清单（建设实施方案）、批复的特高压基地配套电源项目清单、各地方相关政府部门公示的领跑者基地项目清单、国家公布的光伏特许权项目招标结果清单、国家公布的新能源微电网示范项目名单、太阳能热发电示范项目名单、张家口市/金寨县确定的项目清单、分布式光伏发电应用示范区项目清单、光伏发电国家竞价补贴范围项目名单。

6. 项目是否属于不限规模类型。不限规模项目指 2015 年至 2018 年 5 月 31

日北京、天津、上海、重庆、西藏等国家政策明确的不限规模地区,以及符合国家发展改革委、国家能源局《关于完善光伏发电规模管理和实施竞争方式配置项目的指导意见》(发改能源〔2016〕1163号,已失效)中“利用固定建筑物屋顶、墙面及附属场所建设的光伏发电项目,以及全部自发自用的地面光伏电站项目不受年度规模限制”条件的项目。

7. 纳入补贴目录或清单容量是否超过核准/备案容量。

8. 核准/备案容量是否超过年度建设规模或规划规模。

9. 是否按规定取得电力业务许可证,或是否符合国家能源局《关于贯彻落实“放管服”改革精神优化电力业务许可管理有关事项的通知》(国能发资质〔2020〕22号)的豁免政策。

(二)项目规模

主要核查项目并网容量是否大于核准容量或年度建设规模;项目分批并网时间和对应容量以及全部容量和并网时间与实际是否一致。在补贴退坡关键时间节点,是否存在以少量机组并网投产的情况。从自查表来看,就项目规模而言,需要重点关注以下内容:项目全部容量并网时间、各批次并网容量及时间;是否存在“以少代全”情况,即在补贴退坡的关键时间节点,少量机组代替全部机组并网投产;是否存在“批小建大”情况,即项目并网容量大于核准/备案容量,或大于年度建设规模或规划规模;纳入补贴目录或清单容量是否超过项目并网容量。

(三)项目电量及电价

主要核查项目补贴电量、补贴年限是否超过政策要求,项目实际年利用小时数与所在地区同期同类项目相比是否异常偏高;项目实际执行的上网电价是否高于国家价格政策明确的上网电价(指导价)并竞价确定的标杆上网电价。是否存在补贴退坡节点后投产却享受节点前补贴强度的情形。从自查表来看,需要重点关注以下几点内容。

1. 是否存在“超期服役”情况,即截至2021年年底项目补贴年限超过20年,或实获补贴资金对应电量超过项目全生命周期补贴电量。

2. 是否存在“以晚报早”情况,即项目于补贴退坡时间节点后开始投产,却享受补贴退坡时间节点前的补贴强度。

3. 项目上网电价是否超过国家价格政策明确的标杆上网电价或指导价。

4. 特许权项目/竞价项目上网电价是否超过中标电价。

(四)项目补贴资金

主要核查项目实获补贴是否超过应获补贴资金,项目完成绿色电力证书交易①的电量是否扣减国家补贴;是否存在未列入补贴清单范围仍拨付补贴资金的情况等。

三、"国补核查"揭示的新能源项目主要合规要求

通过分析《关于开展可再生能源发电补贴自查工作的通知》中的核查要点,结合实践中的具体情况,笔者认为,新能源风力和光伏发电项目主要面临以下合规要求。

(一)补贴白名单制度

新能源发电项目在投资建设前必须确保已取得年度建设规模或规划规模。即进入补贴白名单。根据《关于〈可再生能源电价附加补助资金管理办法〉的通知》(财建〔2020〕5 号)第 6 条的规定,取得建设规模指标是纳入项目补贴清单并取得补贴资格的前提条件。就风电和光伏项目而言,上述补贴白名单种类、形式繁多,详见上文核查要点中的描述,不再赘述。

(二)禁止变更投资主体

2014 年国家能源局《关于规范光伏电站投资开发秩序的通知》(已失效)规定,已办理核准/备案手续的项目的投资主体在项目投产前未经核准/备案机关同意,不得将项目转让给其他投资主体。2016 年国家发展改革委、国家能源局《关于完

① 所谓绿证(绿色电力证书),是指国家对发电企业每兆瓦时非水可再生能源上网电量颁发的具有独特标识代码的电子证书,是非水可再生能源发电量的确认和属性证明以及消费绿色电力的唯一凭证。风电、光伏发电企业出售可再生能源绿色电力证书后,相应的电量不再享受国家可再生能源电价附加资金的补贴。

善光伏发电规模管理和实施竞争方式配置项目的指导意见》(已失效)明确规定，光伏电站项目纳入年度建设规模后，其投资主体及股权比例、建设规模和建设场址等主要内容不得擅自变更。在目前的“国补核查”实操中，对是否构成投资主体变更的核查更加深入，实践中，部分投资主体存在以附条件收购加 BT、合作开发、EPC、双层架构收购等形式收购项目，亦存在被认定为变相变更投资主体的风险。

(三)严格要求并网时间

2020 年 11 月 18 日，财政部办公厅发布《关于加快推进可再生能源发电补贴项目清单审核有关工作的通知》(财办建〔2020〕70 号)，明确上网电价以项目全容量并网时间核定。由于我国的价格补贴标准处于持续下降的态势，并且有严格的适用时间，由此产生补贴不断退坡的状态。如果适用退坡前的较高补贴标准，则企业获利较大；反之，可获得补贴额度将大幅减少。企业只有严格按照并网时间要求及时并网，才可能享受预期的较高补贴标准。

(四)禁止“批小建大”

“批小建大”是指项目并网容量大于核准备案容量或已取得建设规模容量，即俗称的超装。目前国内已建成光伏电站普遍存在“批小建大”的行业不成文惯例，因为电站建设规模指标较难获得，且电站额定容量通常无法实现全负荷运行，发电企业为了获得更大的收益，普遍会对电站超装。根据《关于促进非水可再生能源发电健康发展的若干意见》有关事项的补充通知(财建〔2020〕426 号)，项目纳入可再生能源发电补贴清单时，项目业主应对项目实际容量进行申报。如在核查中发现申报容量与实际容量不符的，将按不符容量的 2 倍核减补贴资金。

3

什么是分布式智能电网？

贾国栋　刘笑冰

在“双碳”目标的大背景下，按照国家的层层战略设计，新能源的供电侧正稳步快速地前进，新能源电站的装机容量不断创新高。与此同时，我国原有的电力系统正在接受越来越高比例新能源电力并网消纳的考验。作为新型电力系统改革的重要内容之一，分布式智能电网慢慢从背后的理论走向前台的实践。分布式智能电网被视为保障电力可靠、稳定、低成本供应的关键技术枢纽平台，是“分布式 + 大电网”布局的关键环节，肩负着降低电力系统负荷、就近消纳电力、抢占未来低碳经济制高点等历史使命。本文将以现有政策文件为基础，对分布式智能电网进行简要介绍。

一、什么是分布式智能电网？

依据 2023 年 1 月 6 日国家能源局发布的《新型电力系统发展蓝皮书（征求意见稿）》，所谓分布式智能电网，是指基于分布式新能源的接入方式和消纳特性，以实现分布式新能源规模化开发和就地消纳为目标的智能电网。最大的特点即在于高比例的新能源接入和消纳，理想状态下，分布式智能电网高比例接入分布式可再生能源，是实现能源自产自销、就近消纳的新型配电系统。

另一重要的特点在于主体功能的变化。正如美国学者杰里米·里夫金在他的《第三次工业革命》一书中预言的：“能源和信息技术革命将使分布式智能网络成为电网主体，未来社会里每个人既是能源消费者，又是能源生产者，人类将迎来‘能源民主化’的新时代。”也就是说，在用户侧，分布式能源的消费者同时也扮演着生产者的角色,这和以往单一单向消费者的角色是不同的。

如图 4.3.1 所示,分布式智能电网主要由高比例的新能源发电系统、输配电系统、储能系统及智能调节系统组成。在运行模式上,相较于传统的"集中式发电 + 大规模远距离输电"模式,分布式智能电网更加靠近用户,是由"controls"控制的具有较高智能化水平的小型发用电单元。因此,本质上,分布式智能电网就是小型的分布式电力系统,也可以说是我们平常理解的微电网,源网荷储一体化系统。

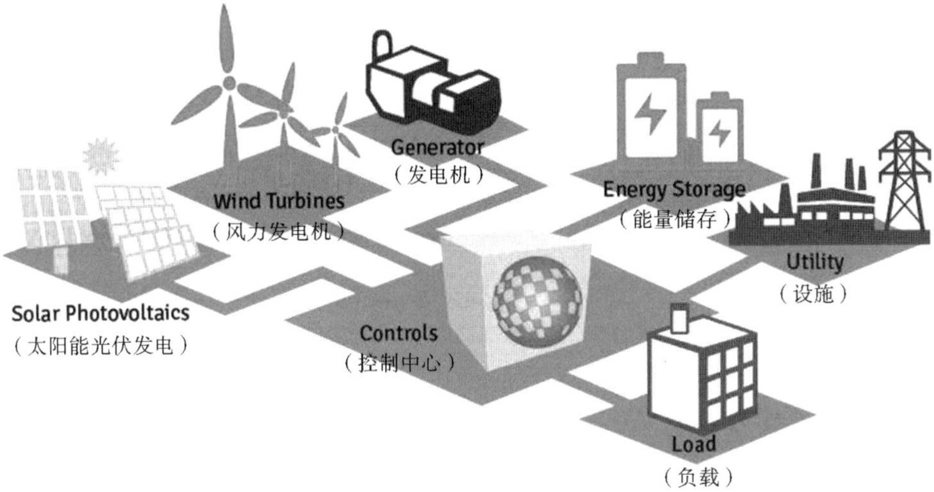

图 4.3.1 分布式智能电网示例

二、分布式智能电网相关政策

分布式智能电网相关政策及内容如表 4.3.1 所示。

表 4.3.1 分布式智能电网相关政策及内容

发布时间	名称	主要内容
2022 年 1 月	《"十四五"现代能源体系规划》	积极发展以消纳新能源为主的智能微电网,实现与大电网兼容互补。以电网为基础平台,增强电力系统资源优化配置能力,提升电网智能化水平,推动电网主动适应大规模集中式新能源和量大面广的分布式能源发展

续表

发布时间	名称	主要内容
2022 年 4 月	《南方电网公司融入和服务贵州在新时代西部大开发上闯新路的重点举措》	提出全面构建数字电网，通过数字电网突破原有技术，形成电网新形态，打造能源生态系统的核心枢纽，赋能智慧能源生态的形成和发展，推动分布式智能电网建设，服务清洁低碳、安全高效的能源体系，助力“双碳”目标实现
2022 年 4 月	中央财经委员会第十一次会议	发展分布式智能电网，建设一批新型绿色低碳能源基地，加快完善油气管网
2022 年 5 月	《关于促进新时代新能源高质量发展实施方案》	发展分布式智能电网，推动电网企业加强有源配电网（主动配电网）规划、设计、运行方法研究，加大投资建设改造力度，提高配电网智能化水平，着力提升配电网接入分布式新能源的能力
2022 年 7 月	《“十四五”全国城市基础设施建设规划》	推进城市能源系统高效化、清洁化、低碳化发展，增强电网分布式清洁能源接纳和储存能力，以及对清洁供暖等新型终端用电的保障能力
2023 年 1 月	《新型电力系统发展蓝皮书（征求意见稿）》	推动分布式智能电网由示范建设到广泛应用，促进分散式新能源并网消纳

分布式智能电网属于电力系统改革这一大命题的范畴。从以往发布的文件来看，关于如何改革电力系统这一命题，我国都遵循着“集中式 + 分布式”的逻辑逐步展开。在我国，输配电分为“电从远处来”和“电从身边取”两种模式，相对应的就是集中式发电和分布式发电。集中式发电模式下，集中单一的发电单元遵循“大型能源基地 + 并入大电网远距离传输”的原则，这在以往以火电为主、相对稳定的发电能源结构中不会有较大影响。但新能源本身的不稳定性会增加电网的运行控制风险，新能源发电容量越大越集中，越容易受到输配电网络的安全稳定边界制约，导致新能源发电与传统电网的矛盾愈加激烈。而分布式发电模式下，依托于分布式智能电网，高比例的新能源更靠近负荷，有利于实现新能源的就近消纳，可以说新能源与分布式智能电网是高度契合的。进一步讲，分布式电网与新能源的相辅相成使其更加符合“与大电网兼容互补”的功能定位，电网企业亦有望加快完成向“平台服务商”的身份转变。从国家能源战略上讲，随着以分布式智能电网为方向的新型配电系统形态逐步成熟，就地就近消纳新能源将成为新能源发电的主要

用电方向,进而形成“分布式”与“大电网”兼容并存的电网格局。

综上,虽然分布式智能电网在技术上尚未达到完全成熟,商业模式也处于探索之中,目前仅在我国少数地区试点运行。但其代表了新能源应用的发展趋势,市场之广阔由此可见。未来在国家更加细致有力的政策的引导下,有望成为我国配电系统的重要支撑。

4

什么是新型电力系统?

贾国栋　刘笑冰

新能源革命的两条主线一是供给侧的新能源电力供给问题,二是电网侧的新能源消纳问题。新能源的供给,在国家过去十几年的大力政策支持以及技术的发展下,目前已经有了相当大的发展,我国以风电和光伏为主力的新能源电站每年的装机量都稳步在世界前列。可以预计,未来新能源供给侧的政策稳定、技术不断革新精进,投资不断扩大,新能源的供给问题会稳步得到解决。与此相反,最近几年新能源的消纳矛盾越来越突出,弃风弃光现象屡见不鲜,成为制约新能源行业快速健康发展的一大难题。由于新能源固有的不稳定的特点,对电网的消纳造成重大的安全隐患。要解决新能源消纳问题,需要两条路线同时前进。一是继续发展提高储能技术,补强新能源的稳定性;二是需要改革现有的电网系统,使之更适应大规模新能源电力的接入。2021 年 3 月 15 日中央财经委员会第九次会议上首次提出要"构建以新能源为主体的新型电力系统",更是在 2023 年 1 月 6 日,国家能源局发布的《新型电力系统发展蓝皮书(征求意见稿)》中首次回答"什么是新型电力系统、为什么要构建新型电力系统以及如何构建新型电力系统"的问题。

一、什么是新型电力系统?

根据国家能源局 2013 年 1 月 6 日发布的《新型电力系统发展蓝皮书(征求意见稿)》,所谓新型电力系统,是指以确保能源电力安全为基本前提,以满足经济社会高质量发展的电力需求为首要目标,以高比例新能源供给消纳体系建设为主线任务,以源网荷储多向协同、灵活互动为坚强支撑,以坚强、智能、柔性电网为枢纽平台，以技术创新和体制机制创新为基础保障的新时代电力系统。但相较于传统电力系统，新型电力系统到底新在哪里？具体对比如表4.4.1所示。笔者认为，这次电力系统的变革可以理解为从发展理念到系统结构的全方位的重构。

表4.4.1　传统电力系统与新型电力系统对比

特点	传统电力系统	新型电力系统
电力系统功能定位	跟随经济社会发展	引领产业升级转变
电力供给结构	化石能源发电	非化石能源发电
电力系统形态	“源网荷”	“源网荷储”
电力系统调度模式	源荷单向调度	源网荷储多元互动的调控

值得说明的是，目前高比例新能源发电对储能技术的迫切需求，导致我国电力系统形态必须由“源网荷”三要素向“源网荷储”四要素转变。究竟如何缓解新能源发电特性与负荷特性不匹配导致的短时、长时平衡调节压力，进一步解放新能源的发展空间呢？可以说储能技术尤其是长时储能技术是目前唯一相对成熟的手段了。因此，我国很多省市已经将储能设施作为新能源的硬性或鼓励性指标。① 这对我国新能源领域的发展是重大利好。

同时，在电网侧，未来我国将不仅仅遵循“电从远方来”的传统电力传输模式，更有“电从身边取”的创新模式，将从单一大电网演变为大电网与微电网互补并存。在用户侧，正如前文所言，在光伏、风电发电模式下，依托于分布式智能电网，用户不仅可以用电，也可以将多余电量并网发电。换言之，在用户侧，用户同时扮演着“发电”和“用电”两种角色，这也是未来能源革命最重要的变化之一。

二、如何构建新型电力系统？

构建新型电力系统非一朝一夕之功，而是需要统筹谋划路径布局，科学部署、有序推进。依据《新型电力系统发展蓝皮书（征求意见稿）》的规划，我国将以2030

① 参见山西省能源局《关于做好2021年风电、光伏发电开发建设有关事项的通知》、内蒙古自治区能源局《关于2021年风电、光伏发电开发建设有关事项的通知》、江苏省发展和改革委员会《关于我省2021年光伏发电项目市场化并网有关事项的通知》、湖南省发展和改革委员会《关于加快推动湖南省电化学储能发展的实施意见》。

年、2045年、2060年为新型电力系统构建战略目标的重要时间节点，制定新型电力系统“三步走”发展路径，即加速转型期（当前至2030年）、总体形成期（2031年至2045年）、巩固完善期（2046年至2060年）（见图4.4.1）。从图4.4.1中可以看到，新型电力系统的构建，始终是围绕“源网荷储”四要素一步步进化的。

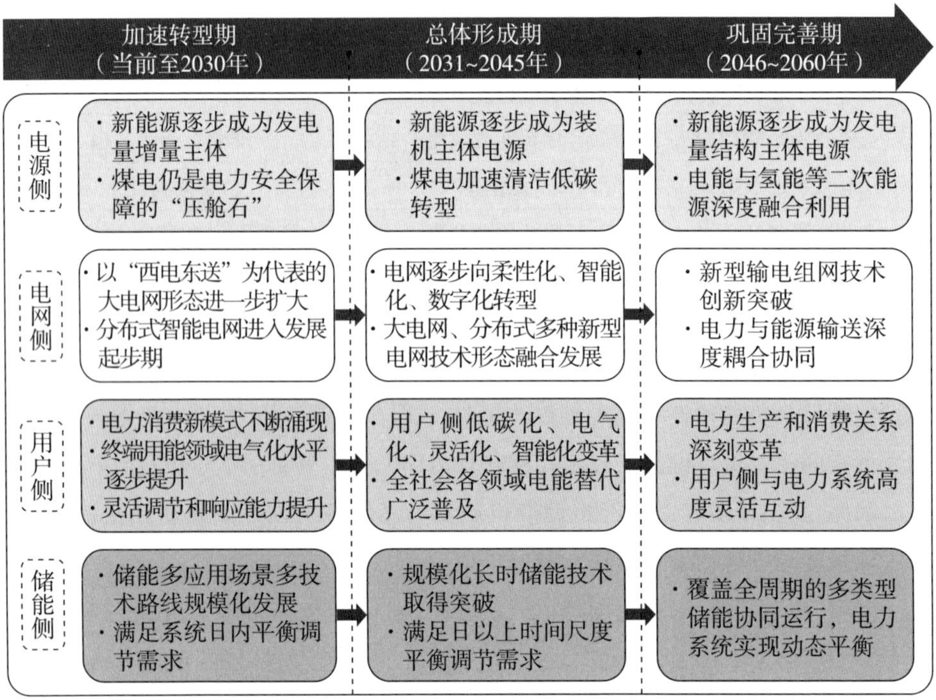

图4.4.1 各时期电力系统的演变路径

当前国际局势复杂多变，导致传统动力煤、天然气等大宗商品价格波动较大，国内煤炭、天然气供应紧张，价格持续高位，部分地区存在电力企业经营困难及电力供应紧张问题。同时，高比例、大规模的新能源装机需求也对传统电网的智能化系统调节能力提出了更高的要求，目前的电力系统已经在制约新能源的高效利用。如果将电力供给的能源类型（化石能源＋非化石能源）比作“血肉”，那电力系统就是“骨架”；未来能源革命不仅在能源供给上迎来“大换血”，也将在电力系统方面迎来“脱胎换骨”的改变。总而言之，构建新型电力系统，不仅是技术的需求，也是国际形势的需求，其真正目的在于我国迫切地需要进行能源转型，以摆脱传统化石能源对我国能源安全的威胁。

综上，构建新型电力系统不仅是国家重大战略任务，也是未来能源革命中我国电力系统适应新要求、实现高质量发展的必然选择。构建新型电力系统，涤除新能源发展的技术性障碍、进一步提高电力系统消纳新能源的能力，是当前阶段的首要任务，也是新能源领域商业发展的重要风口。

5

乡村振兴战略与新能源投资机会

贾国栋

乡村振兴与碳中和都是目前我国的国家战略，二者都是我国在21世纪中叶实现现代化伟大目标的重要支撑。从近几年的光伏扶贫工程开始，越来越多的新能源投资与乡村振兴联系起来。从中不难看出乡村振兴与碳中和两大战略互相融合相互促进的趋势。其中，作为碳中和主力军的新能源行业如何在乡村振兴中发挥作用并赢得商机，是一个值得研究的问题。

一、乡村振兴的战略地位

"三农"问题一直以来都是全党全国工作的重中之重，在打赢脱贫攻坚战的第一个战略目标之后，党的"三农"工作的国家战略升级转移到乡村振兴上来。党的十九大报告中明确提出了实施乡村振兴战略。报告强调：农业农村农民问题是关系国计民生的根本性问题，必须始终把解决好"三农"问题作为全党工作重中之重。要坚持农业农村优先发展，按照产业兴旺、生态宜居、乡风文明、治理有效、生活富裕的总要求，建立健全城乡融合发展体制机制和政策体系，加快推进农业农村现代化。

乡村振兴是党和国家在21世纪中叶实现农村现代化伟大战略目标的具体形式。是具有根本性的最顶层的国家战略。2018年1月2日，题为《中共中央 国务院关于实施乡村振兴战略的意见》的中央一号文件明确提出了实施乡村振兴战略的具体举措，提出乡村振兴是新时代"三农"工作的总抓手，并提出了分2020年、2035年、2050年三个阶段逐步实现乡村振兴的具体目标任务。文件提出：在新时代里，乡村是一个可以大有作为的广阔天地，迎来了难得的发展机遇。我们有党的领导的政治优势，有社会主义的制度优势，有亿万农民的创造精神，有强大的经济实力支撑，有历史悠久的农耕文明，有旺盛的市场需求，完全有条件有能力实施乡村振兴战略。必须立足国情农情，顺势而为，切实增强责任感使命感紧迫感，举全党全国全社会之力，以更大的决心、更明确的目标、更有力的举措，推动农业全面升级、农村全面进步、农民全面发展，谱写新时代乡村全面振兴新篇章。

二、新能源助力乡村振兴的国家政策

为了助力乡村振兴战略，将乡村振兴与能源转型相融合，2021 年 12 月 29 日，国家能源局、农业农村部、国家乡村振兴局三部门联合印发《加快农村能源转型发展助力乡村振兴的实施意见》（国能发规划〔2021〕66 号，以下简称《农村能源转型实施意见》）。对“新能源 + 乡村振兴”提出了具体可行的目标和措施。《农村能源转型实施意见》确定的主要目标是：到 2025 年，建成一批农村能源绿色低碳试点，风电、太阳能、生物质能、地热能等占农村能源的比重持续提升，农村电网保障能力进一步增强，分布式可再生能源发展壮大，绿色低碳新模式新业态得到广泛应用，新能源产业成为农村经济的重要补充和农民增收的重要渠道，绿色、多元的农村能源体系加快形成。

《农村能源转型实施意见》对新能源如何助力乡村振兴提出了十分具有针对性的具体可行的措施，这些措施同时也是新能源行业在乡村的投资机会。主要包括以下几个方面措施。

（一）光伏扶贫电站的运维管理

为巩固光伏扶贫工程的成效，须加强对光伏扶贫电站的运维管理，培育和发展新能源生产运营中心。鼓励能源企业联合设备厂商，组织专业化团队对光伏扶贫电站进行精细化管理维护，保证电站可靠运行和稳定收益。电网企业继续保障全额消纳，及时结算电费、转付补贴。

（二）分布式电网

用中央预算内资金重点支持乡村振兴重点帮扶县、其他脱贫地区、革命老区等农村电网薄弱地区，持续提升农村电网供电保障能力，推动网架结构和装备升级，满足大规模分布式新能源接入和乡村生产生活电气化需求。

(三)集中式风光基地开发

在具备资源条件的中西部脱贫地区，特别是乡村振兴重点帮扶县，优先规划建设集中式风电、光伏基地，为脱贫县打造支柱产业。

(四)户用分布式光伏

支持具备资源条件的地区，特别是乡村振兴重点帮扶县，以县域为单元，采取"公司+村镇+农户"等模式，利用农户闲置土地和农房屋顶，建设分布式风电和光伏发电，配置一定比例储能，自发自用，就地消纳，余电上网，农户获取稳定的租金或电费收益。支持村集体以公共建筑屋顶、闲置集体土地等入股，参与项目开发，增加村集体收入。项目开发企业为村民提供就业岗位，帮助脱贫户增收。

(五)复合型光伏项目

鼓励能源企业发挥资金、技术优势，建设光伏+现代农业。农业企业、村集体在光伏板下开展各类经济作物规模化种植，提升土地综合利用价值。地方政府提供政策支持及拓展产品销路，农户通过土地租赁、参与电站运维、农场劳务等增加收益。在适宜荒漠化、盐碱地、采矿采煤塌陷区，推广"新能源+生态修复、矿山治理"等模式。在林区、牧区合理布局林光互补、牧光互补等项目，打造发电、牧草、种植养殖一体化生态复合工程。建设新能源+农村景观示范，地方政府主导，结合新型城镇化建设、易地搬迁安置区配套基础设施提升完善和郊区亮化等工程，推动新能源与路灯、座椅等公共设施一体化发展。

(六)生物质发电发热项目

引导企业有序布局生物质发电项目，鼓励企业从单纯发电转为热电联产。在农林生物质资源丰富的县域，探索农田托管服务和合作社秸秆收集模式，或以村为单元建设农林废弃物收集站，由专业化企业建设规模化生物质热电联产、生物质天然气项目、生物质热解气化项目、生物质液体燃料项目，就近满足乡镇生产生活用电、用热、用气、用油需要。在畜禽养殖规模较大的县域，结合农村有机垃圾治理，建设区域有机废弃物集中处理沼气生物天然气项目、园区型“养殖—沼气—种植”项目和农户庭院型沼气项目。

（七）综合能源系统项目

在县域工业园区、农业产业园区、大型公共建筑等探索建设多能互补、源荷互动的综合能源系统，提高园区能源综合利用率。采用合同能源管理运营模式，引导企业、社会资本、村集体等多方参与，建设新能源高效利用的微能网，为用户提供电热冷气等综合能源服务。完善配套政策机制，推动增量配电企业发展综合能源服务，创新发展新能源直供电、隔墙售电等模式。

（八）乡村能源站

依托基层电信、农机服务网点、制造企业维修网点等，建设分布式可再生能源诊断检修、生物成型燃料加工、电动汽车充换电服务等乡村能源站，培养专业化服务队伍，提高农村能源公共服务能力。

（九）新能源供热

大力推广太阳能、风能供暖。利用农房屋顶、院落空地和具备条件的易地搬迁安置住房屋顶发展太阳能供热。在大气污染防治重点地区的农村，整县域开展“风光＋蓄热电锅炉”等集中供暖。在青海、西藏、内蒙古等农牧区，采用离网型光伏发电＋蓄电池供电，利用户用蓄热电暖气供暖。积极推动生物质能清洁供暖。合理发展以农林生物质、生物质成型燃料等为主的生物质锅炉供暖，因地制宜推广生物质热解气等集中供暖，鼓励采用大中型锅炉，在乡村、城镇等人口聚集区进行集中供暖。在大气污染防治非重点地区乡村，因地制宜推广户用成型燃料＋清洁炉具供暖模式。因地制宜推进地热能供暖。在地热资源丰富、面积较大的乡镇，优先开展地热能集中供暖。利用地源热泵，加快推广浅层地温能和中深层地热资源开发利用，打造地热能高效开发利用示范区。

针对上述投资领域，《农村能源转型实施意见》提出支持各类市场主体依法平等进入农村能源建设领域。有序向社会资本开放配售电业务，积极培育配售电、储能、综合能源服务等新兴市场主体。鼓励政府和社会资本合作 PPP 等融资经营模式,引导社会力量进入农村能源站、综合能源服务等可商业化运营的领域,形成资金合力。

三、“新能源 + 乡村振兴”的实践

在国家政策的大力引导下,新能源与乡村振兴的融合已经在各地快速开展起来。2022 年 6 月,吉林省能源局印发了吉林省能源局《2022 年度推进新能源乡村振兴工程工作方案》(以下简称《吉林省新能源乡村振兴工作方案》),是全国首个出台的省级“新能源 + 乡村振兴”方案。《吉林省新能源乡村振兴工作方案》提出,2022 年在吉林省 9 个市(州)以及长白山管委会、梅河口市,约 3000 个行政村开展新能源乡村振兴工程(全省共计 9034 个行政村未开展乡村振兴工程,各县(市、区)行政村数量以省民政厅提供数据为准)。每个行政村建设 100 千瓦风电项目或 200 千瓦光伏发电项目,2024 年度实现省内全面覆盖。①

目前实践中比较成熟的新能源项目主要包括:户用屋顶光伏项目、分散式风电项目、农渔光互补等复合光伏项目。《农村能源转型实施意见》中提出的众多领域尚存在非常大的空白。一方面,可以看到乡村振兴中新能源行业巨大的投资机会;另一方面,也要对新能源行业在农村投资的主要风险有清醒的认知,从目前的实践来看,乡村振兴中的新能源项目存在以下几个主要风险。

(一)用地合规风险

在我国,新能源产业在农村投资,要尤其注意生态保护红线和永久性基本农田红线两大红线,不能以破坏生态和耕地为代价进行投资。而新能源项目尤其是光伏项目占地面积很大。一般而言,光伏项目单位面积可安装光伏容量约为 100 瓦/平方米,100 兆瓦的光伏项目占地面积达到 100 公顷。因此,在项目选址时要尤其慎重评估用地合规风险。尽量优先利用荒山荒地、坑塘水面等未利用地。涉及征地的,应依法合规办理征地用地手续。

① 参见《全国首个省级“新能源 + 乡村振兴”方案出炉,每个行政村建设 100 千瓦风电项目》,载 http://www.gyzq.com.cn/a/20220613/65144199.html。

（二）项目运维难度和成本大

以风力和光伏为主的新能源项目投资大、运营期长、投资回报慢。一般需要10年以上才能收回投资成本并逐渐盈利。而由于乡村新能源项目地处偏远农村，各电站分布比较分散，运维的难度和成本都会增大。投资者在项目投资测算时要注意增加运维成本的测算。

（三）与村民、村委会及基层乡镇政府的关系复杂

乡村经济项目需要面对与基层乡镇政府、当地集体经济组织及经济组织成员三个不同主体的关系。通常而言，乡镇政府作为牵头单位，与投资者的关系相对稳定，但其并不是农村集体财产的产权人；当地村委会作为集体产权的所有权人，却容易受换届的影响；而村民个体有时候作为真正的产权人，却难以直接与投资者对接，通常由村委会作为代理人出面。因此，乡村项目的交易成本一般会比较高。投资者应多加注意。

四、结语

综上所述，在新时代里，在乡村振兴与碳中和两大长期国家战略的背景下，我国的广大乡镇和农村大地，新能源行业大有可为。新能源的投资者应结合国家政策，一方面要抓住商机，另一方面又要谨慎评估风险，做长期的价值投资者，助力我国乡村振兴的尽快实现。

6

新能源企业常见民商事纠纷研究报告

贾国栋　刘笑冰

一、引言

本报告所称新能源企业，是指以风电、光伏为代表的新能源发电企业。本报告所称常见民商事纠纷，是指基于近3年（2020～2022年）新能源企业作为一方当事人的、中级及以上人民法院作出的民事案由下的裁判文书大数据所总结归纳出的具有典型意义的案例。

本报告的研究方法是通过对典型案例裁判文书的分析，归纳出该案中法院的裁判观点，进而由案例出发，对相关法律实务问题展开进一步深入解读，最终形成一份能够揭示新能源企业常见民商事法律纠纷类型，并对预防和应对该等纠纷进行初步探讨的研究报告。本报告经过整理，归纳出新能源企业经常遇到的60个民商事纠纷类型。在相关案例的支撑下，报告归纳出在每一类纠纷中司法机关的裁判观点，并结合团队律师多年的执业经验，进一步深入对此类纠纷发生的风险及应对措施作出解析。希望阅读本报告的新能源企业的投资者和管理者有所收获。

需要说明的是，本报告属于学术研究范畴，并非律所或律师出具的正式法律意见书或建议书。报告中归纳、总结、分析、解读所持的观点仅为一家之言，并不必然代表有权机关或主流司法实践的意见。另外，囿于搜索技术的原因，本报告所采纳的数据亦不能涵盖全部案例数据。因此，本研究报告仅供读者学习参考使用。

二、企业投资类纠纷

新能源企业投资类纠纷集中于股权转让纠纷、合作开发纠纷和公司类纠纷。

从中可以看出新能源项目的投资方式主要是股权并购和合作开发两大类。股权转让纠纷案例显示,新能源项目并购存在如下风险:(1)项目尽调不彻底,对可能影响项目存续与否的重大风险没有发现,交易文件中也没有对该风险由原股东承担作出安排;(2)股权转让合同有明显漏洞,对于重要交易事项没作出约定,导致纠纷发生时债权人的请求权缺少依据;(3)股权转让前未事先获得小股东放弃优先购买权的声明,股权转让完成后与小股东产生纠纷,股权转让的效力产生争议;(4)框架协议与正式收购协议边界模糊,存在框架协议被当成正式收购协议的风险。合作开发纠纷案例显示的主要风险是:由一方负责办理项目审批手续的约定不清楚,合作开发模式有被认作买卖路条的风险。公司类纠纷案例显示,新能源项目公司极易发生如下纠纷或风险:(1)大股东与小股东之间发生纠纷,如知情权纠纷、公司僵局导致解散公司纠纷;(2)集团化公司、一人公司因人格混同被债权人揭开公司面纱,追究股东连带责任的风险。

以下为企业投资类纠纷的典型案例、裁判观点和相关解读。

裁判观点1:并购方签订股权转让合同的目的是通过受让股权进而获得水电站的开发建设权,如水电站长期未取得相关行政审批手续,应当认定股权转让合同的目的已无法实现。

相关案例:(2020)川民申5066号。

法院认为:关于合同目的能否实现的问题。案涉《股权转让合同》和《四川三联新能源开发有限公司股权转让补充协议》是双方当事人真实意思表示,内容合法,具有法律效力。虽然合同名称为股权转让合同,但从合同内容看,广康水利公司订立合同的根本目的并非单纯取得三联公司的股权,而是通过受让股权获得平通水电站的开发建设权。合同履行过程中,四川省发展和改革委员会明确答复,平通河已被列为裂腹鱼类国家级水产种质资源保护区,拟开发平通水电站位于保护区第二段核心保护区内,为保障平通河流域水生态保护与修复,应慎重考虑平通河水电开发,平通水电站不具备开发条件,从目前情况看,平通河流域水电规划无法取得规划环评批复,平通水电站项目环境影响评价也就缺少开展工作基础条件,平通水电站无法核准、暂不开发。虽然黄某、陈某铸、牟某修称广康水利公司至今仍在跟进和推动各职能部门对规划设计进行调整,希望能通过调整规划设计使平通水电站早日核准开发。但平通河流域水电规划至今未取得环评批复,也没有证据证明规划设计可能调整，且作为水电开发企业还需考虑经济成本，不可能无限期等待规划调整。因此，一审、二审法院认定案涉合同目的已无法实现，并无不当。

律师解读：合同目的能否实现，是关乎当事人是否可以行使合同解除权的重要问题。虽然股权转让合同的交易标的是公司的股权，但法院在判断股权转让合同目的时，会对商业实质进行审查，判断实质性商业目的是否能够实现，进而判断股权转让合同目的能否实现。在新能源发电企业的并购交易中，除了单纯的财务投资外，并购方收购股权的目的并非只为了取得目标公司的股权，而是通过受让股权获得项目电站的开发权，因而项目具备后续开发条件是其核心的合同目的。一旦确定项目无法取得全部合规开发手续，并购交易的目的也就落空了。

新能源电站项目的开发需要经过诸多的行政审批手续，投资审批手续是否完备影响项目是否合法合规，也是决定项目是否能够存续的关键。因此，新能源电站的投资者应当十分重视投资合规审查。对于新设类项目是如此，对于并购类项目更是如此。为确保并购项目的成功，一方面，并购方应对项目进行充分的尽调，尽量查清项目合规情况；另一方面，对于确实无法准确查清楚的地方，或者尚在办理过程中的事项，应当在并购交易文件中由被并购方对项目合规手续的办理作出保证。一旦项目合规手续无法办理，由被并购方承担违约责任。

裁判观点2：股权转让合同下，若无明确约定，股权受让方不能以转让方未向其交付相关账册和权利凭证为由，拒不支付股权转让款。

相关案例：（2019）冀民终1206号。

法院认为：因双方签订的是股权转让合同，并非资产转让合同。确定双方权利义务关系的依据是股权转让合同，在股权转让合同中没有约定富兴公司有向中宝公司交付相关账册和权利凭证的义务，亦没有将交付相关账册和凭证作为其付款的前提条件，因此，富兴公司未交付相关凭证和账册不构成违约，也不属于中宝公司拒绝付款的约定理由。如果中宝公司认为富兴公司未交付上述账册和凭证属于违反法律规定的附随义务并因此给其造成损失，应属反诉而不是抗辩范畴，原审在其未提出反诉的情况下不予支持其抗辩理由并无不当。

律师解读：在转移控制权型的股权并购中，股权受让方实际是收购了标的公司的整个控制权。股权转让方除了须向受让方交割股权外，还需要交付公司的资产和管理权，其中财务账册和公司权利证照是重要的交付内容。明确股权转让方的上述交付义务是股权转让合同的重要条款之一，而且通常该等义务的履行也会与转让价款的支付相关联，作为某一期转让价款支付的先决条件。倘若合同中没有作出上述安排，股权受让方将面临重大风险，非但主张转让方履行交付资产和管理权义务缺乏依据，而且也无法以此作为不付款的有效抗辩。

裁判观点3：如股权转让双方不存在恶意串通情形，优先购买权受到侵害的股东不能以此主张股权转让合同无效。

相关案例：（2020）赣民终139号。

法院认为：从维护交易安全的角度，有限责任公司的股权交易关涉诸多方面，特别是支付了巨额股权转让款，且已在工商部门登记变更了股权，受让人受让股权后已经参与公司经营管理，社会成本和社会影响已经倾注其中，如果不是国电投江西公司与三一公司恶意串通以损害公司和其他股东的利益，黄某明以已经丧失的优先购买权为由主张股权转让合同无效，将对公司经营管理产生不利影响。

律师解读：为保护有限责任公司的人合性，《公司法》明确赋予有限公司股东在其他股东对外转让股权时享有优先购买权。因此，在部分股权转让的并购交易中，股权受让方取得其他股东出具放弃优先购买权的文件是交易的必要文件之一。如果交易双方恶意串通，故意隐瞒交易事实，侵害其他股东的优先购买权，则整个交易合同可能因此而无效。

如果不存在恶意串通等无效情形，该如何处理？对此，最高人民法院《全国法院民商事审判工作会议纪要》（以下简称《九民纪要》）中明确，“既要注意保护其他股东的优先购买权，也要注意保护股东以外的股权受让人的合法权益，正确认定有限责任公司的股东与股东以外的股权受让人订立的股权转让合同的效力。一方面，其他股东依法享有优先购买权，在其主张按照股权转让合同约定的同等条件购买股权的情况下，应当支持其诉讼请求，除非出现该条第1款规定的情形。另一方面，为保护股东以外的股权受让人的合法权益，股权转让合同如无其他影响合同效力的事由，应当认定有效。其他股东行使优先购买权的，虽然股东以外的股权受让人关于继续履行股权转让合同的请求不能得到支持，但不影响其依约请求转让股东承担相应的违约责任”。可见，即便股权转让合同有效，若其他股东愿意行使优先购买权，依然可以优先获得标的股权，股权受让方只能追究转让方的违约责任而无法获得标的股权。因此，其他股东放弃优先购买权必须作为交易的先决条件，否则受让方将面临重大风险。

裁判观点4:《框架协议》中未明确双方具体权利义务,但明确将来订立新合同的,应当认定为预约合同。

相关案例:(2020)粤17民终853号。

法院认为:本案中,双方所签订的《框架协议》约定双方是为建立合作关系而订立意向性合作协议,吉林电力公司委托五方电力公司开展风电项目立项及后续前期核准工作咨询服务,并签订咨询合同、陆上风电项目按每5万容量7,500,000元签订委托咨询合同、双方及时签订委托咨询合同,并制定好合理的付款节点等内容,双方当事人在《框架协议》中并未明确双方合作的具体权利义务,而是一致明确要在将来订立新的咨询合同或委托咨询合同,以最终明确双方之间的权利义务的具体内容。因此,一审法院认定《框架协议》具有预约的基本特性,构成预约,并非本约的理据充分,法院应予支持。

律师解读:投资合作双方最先签订的《框架协议》、《意向协议》或《战略协议》,究竟是法律上的预约合同还是本约合同,不能仅以合同的名称来判定,而应当根据合同的具体内容加以甄别。通常而言,如果协议中明确约定该协议仅为意向性协议,具体权利义务由双方另行签订合作协议确定。该协议一般会被认定为预约协议。预约协议与本约协议在法律效力上有重大区别,签约双方必须明确签订《框架协议》的主要意图和目的。若仅作为双方的初步合作意向,不想涉及具体准确的权利义务,不希望被协议约束,则应当尽量表明预约合同的性质,避免产生歧义,被误当成本约合同。司法实践中,因意向性协议中含有本约的主要条款,从而被认定为本约合同的案例并不少见。

裁判观点5:合同约定一方当事人委托另一方办理风电光伏项目的审批手续的,该内容不违反法律、行政法规强制性规定,约定合法有效。

相关案例:(2020)甘民申314号。

法院认为:湖南天利恩泽太阳能科技有限公司委托新疆亚太能源开发有限责任公司办理风电光伏项目的审批手续并签订合同,系双方真实意思表示,不违反法律、行政法规的强制性规定,合法有效,当事人应该按照合同约定全面履行合同义务……新疆亚太能源开发有限责任公司未取得合同约定的获得当地县级政府的风电光伏项目的入园协议和批准文件,合同目的未能实现,新疆亚太能源开发有限责任公司应当承担违约责任，原审法院判决新疆亚太能源开发有限责任公司退还湖南天利恩泽太阳能科技有限公司所支付的节点费及利息损失并无不当。

相关案例：(2020)苏11民终1165号。

法院认为：首先，本案双方均认可，涉案合同中涉及顾某林配合进行光伏项目报批、备案、接入、并网等工作，即所谓"路条转让"的内容。该约定是双方的真实意思表示，且不违反法律法规的强制性规定。现涉案光伏发电项目也已完成建设，并已并网验收合格。故双方约定的"其他配合神飞公司取得泰州市鑫海投资有限公司一期光伏项目备案、接入批复等工作"合同条款有效，双方应当按约履行各自的权利义务。

律师解读：目前，国家及地方能源主管部门禁止光伏电站项目在投产前进行项目转让或变更项目投资主体(禁止"路条"买卖)。但投资方通过委托合同的方式委托具有相关执行能力的主体作为其代理人，代为办理项目的审批手续，并不属于项目转让行为。司法实践中，也倾向于认定该委托合同合法有效。但双方签订委托合同的内容应注意符合该类合同的性质，避免被认定为"名为委托合同实为项目转让合同"。其中最重要的是要明确，受托方应当以委托方或委托方投资设立的项目公司的名义申请项目备案及其他手续。

裁判观点6：公司股权被冻结后，公司股东仍有权增资。

相关案例：(2021)晋06民终1281号。

法院认为：首先，最高人民法院《关于"最高人民法院公开各类司法依据文件"的答复》明确表示，该答复属于具体个案的请示答复，其法律拘束力仅限于个案本身，而不具有普遍的法律效力，不能将上述答复直接作为裁判依据。其次，本案所涉为股东增加注册资本，决议决定双方按原有股权比例进行增资，股权比例不变。在股权比例不变的情况下，增加注册资本更有利于保障债权人行使对债务人财产权利的追索权。最后，国家工商行政管理总局《关于未被冻结股权的股东能否增加出资额、公司增加注册资本的答复意见》(工商法字〔2011〕188号)规定：冻结某股东在公司的股权，并不构成对公司和其他股东增资扩股等权利的限制。最高人民法院研究室《关于"未被冻结股权的股东能否增加出资额、公司增加注册资本"意见的复函》(法研〔2011〕121号)规定：冻结某股东在公司的股权，指向的是股权代表的财产权益,并不构成对公司和其他股东增资扩股等权利的限制。对部分股东股权被冻结期间,公司和其他股东能否增资扩股,《公司法》及其他法律法规并无禁止性规定。故上诉人锋电能源公司的该项上诉意见无法律依据,法院不予支持。原判并无不当。

律师解读:有限责任公司股权所包含的权能非常丰富,不仅有分红权、剩余资产分配权等财产权内容,也有表决权,优先权等内容。冻结某股东在公司的股权,目的主要是限制该股东对股权处分变现,指向的是股权的财产权益。股权冻结并不能限制股权的其他权能,如优先增资权、表决权等。

裁判观点7:因政策原因导致风电场无法经营,应当认定为"公司继续存续会使公司股东权益受到重大损失",项目公司小股东有权请求人民法院解散公司。

相关案例:(2020)吉01民初4602号。

法院认为:洮南三合公司成立后主要业务为洮南105兆瓦风光互补电厂项目,该项目包括5兆瓦光伏及100兆瓦风电组成,对于5兆瓦光伏,虽然5兆瓦光伏已经取得吉林省发展和改革委员会的批准,但是依据吉林省发展和改革委员会作出吉发改审批〔2011〕731号文件《关于洮南向阳太阳能光伏发电项目核准的批复》的规定,该核准文件有效期为2年,因项目在核准文件有效期内未开工建设,故核准文件自动失效;对于100兆瓦风电,依据国家能源局发布《关于发布2017年度风电投资监测预警结果的通知》(国能发新能〔2017〕52号)、《关于发布2018年度风电投资监测预警结果的通知》(国能发新能〔2018〕23号),吉林省为红色预警区域,地方暂缓核准新的风电项目。综上所述,洮南三合公司经营目的已经无法实现,故依据《公司法》第180条第1款第1项规定:"公司因下列原因解散:(一)公司章程规定的营业期限届满或者公司章程规定的其他解散事由出现",洮南三合公司已经符合解散的情形,同时股东投资设立公司的最终目的是获取收益,洮南三合公司经营目的已经无法实现,获取收益更无法实现,继续存续股东权益势必受到重大损失。

律师解读:新能源电站项目的核准/备案是项目合规的根本,若项目公司无法取得核准/备案文件或文件因各种原因失效,意味着项目的彻底失败。此时投资者应依法解散项目公司。若股东之间因纠纷导致项目公司无法顺利解散,依据《公司法》的规定,单独或合计持有公司10%以上股权的股东,可以以公司经营管理发生严重困难,继续存续会使股东利益受到重大损失,通过其他途径不能解决为由,请求人民法院解散公司。

裁判观点 8:判断公司的经营管理是否发生严重困难,应当从公司组织结构的运行状况进行综合分析,着重考察公司管理方面是否存有严重内部障碍。

相关案例:(2020)鲁 01 民终 862 号。

法院认为:鲁电公司的经营管理已经发生严重困难。判断公司的经营管理是否发生严重困难,应当从公司组织结构的运行状况进行综合分析,着重考察公司管理方面是否存有严重内部障碍,如股东会失灵、无法就公司的经营管理进行决策等。第一,鲁电公司章程规定公司解散应当经代表 2/3 以上表决权的股东通过,鲁电公司仅有中广核公司、能源谷公司两股东,中广核公司持股占比 60% 未达到 2/3,能源谷公司不同意公司解散,两股东无法对公司解散形成有效的股东会决议,也无法对公司之后的正常经营形成决议。第二,鲁电公司与大部分工作人员解除了劳动关系,除法定代表人外,无履行职责的公司员工。第三,鲁电公司无固定的经营场所,其办公室租赁合同已经到期,暂由新能源山东分公司为鲁电公司提供经营住址。综上,鲁电公司股东会无法对公司解散或继续经营作出决议,公司已与大部分员工解除劳动合同,且无固定经营住所,足以证实公司经营管理已经出现了严重困难。

律师解读:不少新能源项目公司是由两个不同的投资集团合资设立的有限责任公司。在公司运营过程中,两个股东之间因各自利益不同发生矛盾十分常见。当矛盾激化到项目公司已经无法正常经营管理时,一方股东只能依据《公司法》赋予的司法解散公司的权利,请求法院解散公司。但公司解散事宜原则上属于公司自治的范畴,人民法院只有在认为公司经营管理出现严重困难,穷尽公司内部治理手段已无法恢复正常经营状态时,才会干预公司的解散。“公司经营管理出现严重困难”的重要判断标准之一是从公司组织结构的运行状况进行综合分析,着重考察公司管理方面是否存有严重内部障碍。

裁判观点 9:认定公司人格与股东人格是否存在混同,最根本的判断标准是公司是否具有独立意思和独立财产,最主要的表现是公司财产与股东财产是否混同且无法区分。判断公司与股东财产混同的核心标准是公司与股东相关行为是否进行相应的财务记载。

相关案例:(2020)京 01 民终 3005 号。

法院认为:认定公司人格与股东人格是否存在混同,最根本的判断标准是公司是否具有独立意识和独立财产,最主要的表现是公司的财产与股东的财产是否混同且无法区分,而判断财产混同的核心标准就是相关行为是否进行相应的财务记载……本案中,关于温州昌浩公司诉称北京意科公司账户被查封的情况下仍与中铝宁夏公司有资金往来,双方财产存在混同的情况,北京中瑞诚会计师事务所有限公司出具的鉴定报告及中铝宁夏公司、北京意科公司在庭审中的陈述及庭后出具的情况说明已经足以澄清。中铝宁夏公司成立资金结算中心不违反国家有关金融管理等法律、行政法规规定,且在结算中心的账目中所有的往来款项都是以子公司为单位单独记账独立核算的,相互之间不混同。

相关案例:(2021)桂 03 民终 1455 号。

法院认为:认定公司人格与股东人格是否存在混同,最根本的判断标准是公司是否具有独立意思和独立财产,最主要的表现是公司财产与股东财产是否混同且无法区分。在认定是否构成人格混同时,应当综合考虑以下因素:(1)股东无偿使用公司资金或者财产,不作财务记载的;(2)股东用公司的资金偿还股东的债务,或者将公司的资金供关联公司无偿使用,不作财务记载的;(3)公司账簿与股东账簿不分,致使公司财产与股东财产无法区分的;(4)股东自身收益与公司盈利不加区分,致使双方利益不清的;(5)公司的财产记载于股东名下,由股东占有、使用的;(6)人格混同的其他情形。

律师解读:对于集团型公司而言,在公司治理领域,尤其须注意法人人格否认的风险。由于集团化公司对所属公司的管控比较紧密,难免会出现人员、财产混同或者过度控制等情况,一旦发生诉讼,容易被债权人揭开项目公司面纱,股东对公司债务承担无限责任。其中,最起码要做到公司与股东之间的财务往来符合正常商业惯例和会计制度,做到财务独立,财务往来清晰可查。除此之外,在人员关系、办公用房使用、公司董监高权力与股东权力的分离等诸多方面都应当尽量做到规范化管理,保证公司有独立的人格。

裁判观点 10:在判断公司与股东人格是否混同时,应考虑集团公司内部统一管理的合理性,集团公司中存在部分员工交叉任职的情形,并不一定被认定为人格混同。

相关案例:(2020)京 01 民终 3005 号[类似案例:(2022)鲁 05 民终 1376 号]。

法院认为：本案中，北京意科公司与中铝宁夏公司虽存在部分人员交叉任职的情况，但应考虑到中铝宁夏公司系国有控股的集团公司，在集团公司中，尤其是国有控股公司，对下属公司的人员、组织、机构进行统一管理是较为常见的管理方式，上述交叉任职的情况可以认定属于集团公司统一管理的范围。关于温州昌浩公司所称双方经营混同一节，北京意科公司虽系中铝宁夏公司的控股子公司，但其成立日期早于中铝宁夏公司，有自己独立的经营场所，营业执照记载的经营范围与中铝宁夏公司基本没有相同或类似内容。

律师解读：对于集团化公司而言，在认定其是否构成公司法人人格否认时，司法机关会考虑集团化公司对内统一管理的合理必要诉求。给予其一定的统一集中管理的空间，不会简单地因集团公司之间存在部分人员交叉任职，而否认公司的独立人格。法人人格否认制度本身也是对股东有限责任原则的例外，司法机关在作出判断时，享有自由裁量权。

裁判观点11：认定股东的行为是否构成过度支配与控制，最根本的判断标准仍是置于个案之中，判断公司是否具有独立意思和独立财产。

相关案例：（2020）京01民终3005号。

法院认为：认定股东的行为是否构成过度支配与控制，最根本的判断标准是置于个案之中，涉案公司是否具有独立意思和独立财产。根据庭审查明情况，银星制造公司、北京意科公司与中铝宁夏公司的清偿协议签订时间在宁夏意科公司、北京意科公司、银星制造公司三方签订的债权债务转移协议之前，清偿协议中相关款项2471.66万元已实际支付给北京意科公司。三方债权债务转移协议基于明确的合同依据，中铝宁夏公司虽系北京意科公司和宁夏意科公司的大股东，但其并非该债权债务转移协议的签订主体，且亦无证据证明该三方协议违背三方的独立真实意思表示，在中铝宁夏公司控制下形成。故不能认定北京意科公司完全丧失独立性，中铝宁夏公司对其存在过度支配与控制。

律师解读：法人人格否认制度是公司法对股东有限责任原则的例外，司法实践中，尊重和保护股东有限责任仍然是大原则，只有在少数情形下，公司明显丧失了独立的意思和独立财产，法院才可能适用法人人格否认制度。依据《九民纪要》的精神，股东对公司的过度支配与控制也是否定法人人格的一种类型。但对什么情形下构成过度支配与控制，则没有统一细致的规定，只能在个案当中由法官行使自由裁量权作出认定。

裁判观点12:股东查阅公司账簿是股东行使知情权的重要方式之一,除非有证据证明其知情权的行使具有“不正当目的”,否则应当依法予以保障。

相关案例:(2021)桂03民终2018号。

法院认为:股东知情权是股东固有的、法定的基础性权利,股东查阅公司账簿是股东行使知情权的重要方式之一,除有证据证明其知情权的行使具有“不正当目的”,否则应当依法予以保障……本案中,万科节能公司行使知情权的目的在于了解大唐灌阳公司的经营状况及投资情况,查阅公司账簿的目的具有正当性。大唐灌阳公司拒绝万科节能公司对公司会计账簿行使查阅权的理由和依据不足,依法不予支持。

律师解读:在有限责任公司里,大股东通常掌控公司的实际经营管理,小股东无法及时全面了解公司情况。此时,股东知情权是保护小股东利益的一项重要权力。对于能够直接反映公司经营状况的公司账簿是股东知情权的重要内容,原则上,公司和大股东有义务协助小股东行使查账权,实践中,小股东可以自行或者聘用专业的会计师协助查账,但股东对财务账簿仅有查阅权,没有复制拍照权。如果大股东和公司有证据证明小股东查账确有不正当目的,如存在同业竞争冲突、查账会导致公司重要商业秘密泄露等,则有权对小股东的查账权作出限制,不允许查账。

裁判观点13:公司注销后,股东作为公司权利义务承接人,仍应对公司存续期间的对外债务承担偿还责任。

相关案例:(2022)京02民终4171号。

法院认为:现中广核承德公司已经依法注销,中广核公司作为中广核承德公司的权利义务承接人和唯一股东,在中广核承德公司注销时亦作出明确承诺,故理应对中广核承德公司上述费用及利息损失承担偿还责任。对凯瑞公司该项诉讼请求予以支持,但对利息标准予以调整。

律师解读:公司虽经依法清算后注销,但仍有可能有遗漏的债务,公司注销前存在的或有债务亦可能在注销后变成实有债务。总之,公司的清算注销并不意味着公司权利义务的彻底终结。因此,公司登记机关在公司注销时会要求公司的股东或实控人对公司“生前”的债务作出明确担保承诺。股东在公司注销后,仍有可能对公司存续期间的债务承担责任。

裁判观点14：在一人公司法人人格否认案件中，一人公司的股东负有举证责任，证明股东与公司之间财产独立。一人公司股东提供审计报告以证明公司财产独立的，即已完成初步举证责任。债权人若无其他证据证明其主张，法院有可能认为一人公司股东完成了举证责任。

相关案例：（2019）京02民终14286号。

法院认为：关于中广核公司的责任承担问题，德令哈公司系一人有限责任公司，中广核公司作为唯一股东提交审计报告以证明其财产独立于德令哈公司财产，硝石公司虽上诉称二者存在财务、人员、业务的交叉或混同情形，中广核公司应对德令哈公司的债务承担连带责任，但并未提供反驳证据，故应承担举证不利的法律后果，其相应主张缺乏证据支持，法院无法采纳。中广核公司提交审计报告以证明其公司财产独立于德令哈公司财产的事实主张形成了证据优势，一审法院予以采信并判决驳回硝石公司要求中广核公司对德令哈公司的债务承担连带责任的诉讼请求并无不当。

相关案例：（2021）京01民终8287号。

法院认为：铝业公司作为新能源公司的唯一股东，未能提供2016年以来连续的财务会计报告，导致无法通过连续的财务会计报告，对新能源公司的财产是否独立于铝业公司的财产进行判断；铝业公司在本案中提交的审计报告书中，亦无法体现新能源公司的财产独立于铝业公司的财产。

律师解读：一人公司是一种特殊的有限责任公司。《公司法》虽然允许投资者设立一人有限责任公司，但基于公司与股东的高度一致性，为避免人格混同，《公司法》对一人有限责任公司作出了特别的规定。比如，要求一人公司在每一会计年度终了时编制财务会计报告，并经会计师事务所审计。一人公司的股东不能证明公司财产独立于股东自己的财产的，应当对公司债务承担连带责任。即在一人公司法人人格否认案件中，举证责任是倒置的，一人公司的股东处于不利的诉讼地位。司法实践中，一人公司股东通常提交公司的审计报告，以证明公司财产独立于股东财产。但这只是初步证据，并不是充分的证据。如果债权人能够提交其他证据证明公司存在人格财产混同等情形，一人公司的股东仍有很大可能要对公司债务承担连带责任。因此，股东设置一人公司一定要慎重，且一定要高度重视公司治理的规范性。

三、企业融资类纠纷

新能源企业融资类纠纷主要集中于融资租赁纠纷、保理、票据纠纷、借贷担保纠纷。从中可以看出新能源企业的融资方式以融资租赁、保理和票据等供应链金融工具为主,同时兼用传统的银行信贷工具。融资租赁合同纠纷案例显示如下纠纷和风险:(1)融资方将“烟囱、输料廓、引桥及空压机房、循环水泵房及戏水池、渣库、厂区围墙、厂区道路”等构筑物作为租赁物会产生纠纷,引起对合同性质究竟为融资租赁合同还是借款合同的争议。(2)融资租赁合同登记后,承租人将租赁物再行抵押是否有效的争议。保理纠纷案例显示,应收账款基础合同虚假可能导致保理无效的风险。票据类纠纷案例显示,持票人行使票据追索权的条件、时效以及票据追索权超期后的救济路径易产生纠纷。借贷担保纠纷案例显示,可再生能源补贴是否属于应收账款质押范围易产生争议;公司对外担保内部决议瑕疵对担保合同效力的影响存在争议;最高额保证合同中最高限额是否包括本金之外费用有争议;无权盖章行为是否代表公司意志,能否对公司发生法律效力存在争议。

以下为企业融资类纠纷的典型案例、裁判观点和相关解读。

裁判观点15:在法律及司法解释未对融资租赁合同的租赁标的物作出明确具体禁止性规定的情况下,各方当事人自愿将具有使用价值和金钱价值的固定资产作为租赁物进行融资租赁交易,并未违反法律禁止性规定,其对合同性质和效力不产生否定性影响。

相关案例:(2019)苏民终783号。

法院认为:本案所涉合同性质系有效的融资租赁合同,不是企业间借贷合同。(1)案涉租赁标的物性质并不影响融资租赁合同的性质及效力。首先,本案融资租赁合同清单中“烟囱、输料廓、引桥及空压机房、循环水泵房及戏水池、渣库、厂区围墙、厂区道路”等固定资产,均未登记在土地使用权和房屋所有权证中。而用于抵押担保的土地使用权和房屋,与用于融资租赁的标的物无论其资产范围还是名称均不相同,且用于融资租赁交易的固定资产并没有登记于已办理抵押登记的不动产资产范围内,故不存在用于融资租赁的标的物与用于抵押的标的物系同一物的情形。其次,上述租赁标的物具有相应的金钱价值和约定的使用价值,可以作为融资租赁合同标的物。清单中“烟囱、输料廓、引桥及空压机房、循环水泵房及戏水池、渣库、厂区围墙、厂区道路”等固定资产是所有人投资兴建及购买，评估报告已证实其资产价格，故具有相应的金钱价值。同时，其处于承租人不动产范围内，亦为承租人的生产经营活动所具体使用，具有相应的使用价值。在法律及司法解释未对融资租赁合同的租赁标的物作出明确具体禁止性规定的情况下，各方当事人自愿将具有使用价值和金钱价值的固定资产作为租赁物进行融资租赁交易，并未违反法律禁止性规定，因此案涉租赁标的物可以成为融资租赁合同的标的物，其对合同性质和效力不产生否定性影响。故各上诉人主张上述标的物不构成独立的物，不能作为融资租赁合同标的物的意见，缺乏事实及法律依据，不能成立。(2)融资租赁合同标的物是否发生实际转移交付并不影响合同的性质和效力。经查，苏州金融公司与国丰江苏公司在两份融资租赁合同租赁物的交付条款中明确约定，“项目为回租模式，租赁物一直由承租人占有，在出租人向承租人支付租赁物转让价款之日，即被视为所有权全部转移至出租人名下……为此目的在出租人向承租人支付租赁设备转让款之日，承租人应向出租人出具租赁物接收函，以表明承租人确认出租人已于当日在完整良好的状态下将租赁物交付给承租人”。该约定明确表明双方采用回租模式的融资租赁，在出卖人和承租人系同一人时，承租人为使用租赁物，一般不会发生物的实际交付转移占有问题。本案合同履行过程中，双方也分别签订和办理了租赁物转让协议、所有权转移证明、租赁物接收函等手续，表明双方已经对回租模式下租赁物的交付作出特别约定并按照约定进行了履行。因此，租赁标的物是否发生转移占有并非考量回租模式融资租赁合同法律关系性质和效力的否定性因素。故各上诉人以没有发生租赁物实际交付转移占有为由否定融资租赁法律关系及其效力的上诉理由，缺乏事实和法律依据，法院不予采纳……综上，各上诉人关于案涉合同名为融资租赁合同，实为企业间借贷合同、合同无效的上诉理由不能成立，法院不予采纳。

律师解读：目前，融资租赁几乎成了风电光伏等新能源电站项目建设期融资的标配模式。在该融资模式下，原则上应只以动产类设备作为租赁物，如风电机组，光伏组件、电缆、变压器等。而不动产类资产如土地使用权、办公楼、构筑物等，不宜作为融资租赁的标的物。以免引起对合同性质究竟为融资租赁合同还是借贷合同的争议。但实践中，租赁双方为了增加融资规模，会倾向于将“烟囱、输料廓、引桥及空压机房、循环水泵房及戏水池、渣库、厂区围墙、厂区道路”等构筑物一并列入租赁物清单。此类标的物因为在产权转移和交付环节存在瑕疵,容易对融资租赁合同的性质产生一定影响。通说认为,融资租赁合同必须是兼具融资和融物的特征。当融资租赁合同丧失了融物特征,仅具有融资特征时,其性质就不再是融资租赁合同,而更像是单纯的借款合同。《最高人民法院关于审理融资租赁合同纠纷案件适用法律问题的解释》第1条第2款规定:“对名为融资租赁合同,但实际不构成融资租赁法律关系的,人民法院应按照其实际构成的法律关系处理。”司法实践中,融资租赁合同存在被认定为借款合同的风险,值得交易双方的注意。

裁判观点16:融资租赁合同约定的逾期支付租金的利息,其性质为合同的违约金,违约金兼具补偿性和惩罚性,商事合同中约定的违约金属于商事主体意思自治的范畴,违约方若未能就违约金过分高于守约方损失充分举证,其关于减少违约金的抗辩一般不予支持。

相关案例:(2020)京01民初22号。

法院认为:本案中,柯坪海鑫公司未依《融资租赁合同》按期向康富租赁公司支付租金,存在违约行为,故康富租赁公司主张其按照《融资租赁合同》的约定支付逾期利息,具有事实及法律依据。逾期利息的性质为违约金,违约金兼具补偿性和惩罚性,判断违约金数额是否过高应当根据守约方的实际损失、合同履行情况、违约方的过错程度以及预期利益等因素综合考量,商事合同通常情况下属于有偿、诺成性合同,系以营利为目标所发生的合同关系,当事人关于违约金条款的约定属于商事合同当事人意思自治范畴。虽然华君控股公司、上海海润公司主张违约金的计算标准过高,但其并未就违约金过分高于造成的损失举证予以证明,故法院对其请求予以减少的抗辩意见不予采信。

律师解读:虽然法律规定违约金过高情形下人民法院有权依当事人申请行使自由裁量权适当调整。但作为商事类合同,首先应当予以保护的法益是商事主体的意思自治和契约自由,如若违约方不能充分举证证明约定的违约金过分高于损失,人民法院轻易不会调整违约金的数额。因此,交易双方在签约谈判时应当就违约金的标准进行充分的磋商谈判,不应指望事后发生纠纷时请求司法干预违约金数额。

裁判观点17：在《融资租赁合同》已完成公示情形下，承租人未经出租人同意擅自在租赁物上为商业银行设定抵押权，系无权处分行为；依据《商业银行法》，商业银行对抵押物权属等情况负有严格的审查义务，银行未能通过融资租赁登记公示系统尽到审慎注意义务，不能善意取得租赁物的抵押权。

相关案例：(2018)沪01民撤6号。

法院认为：(1)依据《融资租赁合同(回租)》的约定，涉案租赁物所有权属于出租方交银租赁公司，承租方海右石化公司并无处分权。在被告海右石化公司清偿合同项下所有债务前，全部租赁物所有权始终属于交银租赁公司。现海右石化公司在未完全履行付款义务的情况下，未经交银租赁公司同意，后又与原告中行莒县支行于2016年1月12日签订《最高额抵押合同》，擅自在租赁物上为他人设立抵押权，该行为系无权处分行为。(2)《商业银行法》第36条第1款规定，商业银行贷款，借款人应当提供担保。商业银行应当对保证人的偿还能力，抵押物、质物的权属和价值以及实现抵押权、质权的可行性进行严格审查。中国人民银行《关于使用融资租赁登记公示系统进行融资租赁交易查询的通知》第3条进一步明确，银行等机构作为资金融出方在办理资产抵押、质押和受让等业务时，应当对抵押物、质物的权属和价值以及实现抵押权、质权的可行性进行严格审查，并登录融资租赁登记公示系统查询相关标的物的权属状况，以避免抵押物、质物为承租人不具有所有权的租赁物而影响金融债权的实现。上述通知公布于2014年3月20日，原告中行莒县支行作为专门从事资金融通和具有相当风险评估控制能力的商业银行，其在与被告海右石化公司签订《最高额抵押合同》(2016年1月12日)时理应知晓上述法律法规及操作规范。原告中行莒县支行认为，被告交银租赁公司在公示系统登记时间是2014年4月4日，登记信息显示的承租人为“山东A有限公司”，在山东A有限公司变更名称后，交银租赁公司未及时变更登记。而与原告签订借款合同以及办理抵押的主体是“山东海右石化集团有限公司”，原告在办理设备抵押时按照中国人民银行《关于使用融资租赁登记公示系统进行融资租赁交易查询的通知》，以“山东海右石化集团有限公司”进行查询，但无法查询到相关租赁信息，故原告已经尽到必要的审查义务。《商业银行法》和中国人民银行相关通知已明确商业银行应对抵押物进行严格审查并列明具体的审查方式，抵押物权利人的名称及变更情况当然应包括在审查范围之内。即便原告通过公示系统进行过查询，但仅以“山东海右石化集团有限公司”为关键词，也远未达到尽职调查、严格审查之程度。况且，其并未提交相关严格审查的证据材料。由此可见，作为商业银行，原告中行莒县支行未按照相关要求对抵押物情况实施严格审查，明显未尽到法定的注意义务，存在过错，不符合《物权法》（已失效）第106条有关善意取得的规定。

律师解读：中国人民银行征信中心下设的动产融资统一登记公示系统（中登网）是包括融资租赁在内的动产融资的官方公示系统，具有民法上的公示公信效力。融资租赁合同完成登记后，出租人对租赁物的所有权受到法律保护。债权人尤其是金融机构在出借资金前尽调时，应注意对债务人的固定资产是否为融资租赁的租赁物进行调查。

裁判观点18：持票人超过票据追索权的时效，即丧失了对前手的追索权，但仍可向出票人及承兑人请求承担付款责任。

相关案例：（2020）宁01民初329号。

法院认为：票据追索权是指票据到期不获付款或期前不获承兑或有其他法定原因时，持票人在依法履行了保全手续以后，向其前手请求偿还票据金额、利息及其他法定款项的一种票据权利。根据《票据法》第17条第1款第3项的规定，持票人对前手的追索权，自被拒绝承兑或者被拒绝付款之日起6个月不行使而消灭。本案票据于2019年3月20日到期，根据《票据法》第53条规定，定日付款的汇票，持票人应自到期日起10日内向承兑人提示付款，根据《票据法》第54条的规定，持票人提示付款的，付款人必须在当日足额付款。原告在法定期限内提示付款，宝塔财务公司未付款，故原告至迟应于2019年3月30日便已知被拒绝付款。原告于2020年1月15日提起诉讼，已经超过6个月的票据追索权利时效期间，故其他被告不承担付款责任，但根据法律规定，出票人被告宝塔大古公司，其签发汇票后，即承担保证该汇票承兑和付款的责任。承兑人被告宝塔财务公司，承诺到期后无条件付款，故应由承兑人及出票人承担付款责任。

律师解读：在企业现金流紧张的环境下，票据支付越来越成为市场交易中的主要债务履行方式，尤其为商事主体所认可。因票据具有无因性，可以独立进行转让，因此票据也是一种有效的融资工具。但作为票据的持有人，应当注意票据权利是有时效的，应及时行使票据权利，避免权利过期。依据《票据法》的规定，票据的主要时效有：（1）持票人对票据的出票人和承兑人的权利，自票据到期日起2年。

见票即付的汇票、本票,自出票日起2年;(2)持票人对支票出票人的权利,自出票日起6个月;(3)持票人对前手的追索权,自被拒绝承兑或者被拒绝付款之日起6个月;(4)持票人对前手的再追索权,自清偿日或者被提起诉讼之日起3个月。

裁判观点19:出具拒绝付款证明或者退票理由书是承兑人或付款人的法定义务,也是持票人行使追索权的必备形式要件,该拒付证明可以以公司公告的形式发出。

相关案例:(2020)宁01民初1313号。

法院认为:出具拒绝证明或者退票理由书是承兑人或付款人的法定义务,也是持票人行使追索权的必备形式要件。承兑人宝塔财务公司的公告写明其存在造成持有宝塔票据的客户不能如期兑付的问题,其作为付款义务人向所有持票人以发布公告的方式作出的意思表示,表明其存在拒绝付款的事实,该公告一经发布即对所有持票人发生效力,该公告可以认定为拒付证明。故原告行使追索权的条件成就。

律师解读:票据的持有人享有付款请求权和追索权双重权利,但两项权利是有先后顺序的。付款请求权是持票人享有的第一顺序权利,追索权是持票人享有的第二顺序权利。持票人只能在首先向付款人行使付款请求权而得不到付款时,才可以行使追索权。持票人行使追索权时,应当提供被拒绝承兑或者被拒绝付款的有关证明。承兑人或者付款人必须出具拒绝证明,或者出具退票理由书。以公告的方式作出对不特定对象的拒付声明也符合上述要求。

裁判观点20:尽管承兑人签收了票据,但未履行付款义务的行为已构成事实上的拒付,持票人有权行使追索权。

相关案例:(2020)川04民终104号。

法院认为:尽管案涉票据状态显示为票据已结清,但承兑人重庆力帆公司并未付款,华荣公司曾先后派员到承兑人重庆力帆公司办公现场或邮寄函件进行催收,并向重庆银保监局报送情况说明、信访、投诉,电话向人民银行重庆营管部进行投诉均未果。在案证据及公证书等均能证明案涉票据实际处于拒绝付款状态,昆钢公司在2019年6月18日向前手武钢昆明钢铁公司发出的追索函中也载明了“付款期到期后,付款人拒绝付款”的事实,案涉票据承兑人未依法足额付款的实际行为,已构成事实上的拒付。因此,华荣公司在提示付款期内行使票据付款请求权后,则产生提示付款的法律效果,并具备行使追索权的主体资格。

律师解读：接上一案例解读，票据持有人先行行使付款请求权并遭拒付，是行使追索权的前置条件。司法实践中法院往往对拒付证据的掌握比较宽松。但建议持票人仍应当尽量获取明确拒付的证据，以免引起不必要的争议。

裁判观点 21：债权人在票据权益无法实现时，既可以基于票据关系行使票据追索权，也可以基于原因关系行使基础债权。

相关案例：（2021）皖 01 民终 2799 号。

法院认为：虽然《票据法》赋予持票人在付款请求权得不到实现后可行使追索的权利，但并未规定债权人在票据权益无法实现时只能依据《票据法》继续行使追索权或《票据法》上规定的其他权利。本案东莞南玻公司作为债权人，在案涉承兑汇票权益未能实现的情况下，其作为出卖人未能获得该买卖合同的对价，双方当事人之间买卖合同关系的权利义务并未消灭，东莞南玻公司基于票据的原因关系即双方之间存在的买卖合同关系行使债权并无不当，合肥东升公司应承担支付 40 万元货款的责任。

律师解读：在具备追索权行使条件前提下，票据持票人可以选择依据追索权追究包括出票人、承兑人、背书人、保证人等在内的连带责任；当然也可以依据原因关系向主债务人主张原合同下的权利。票据关系下，原因关系的债权债务并未消灭。

裁判观点 22：以虚假买卖合同形成的应收账款办理保理融资，规避金融监管，其买卖合同及其他相关约定应认定无效。

相关案例：（2020）京 02 民初 435 号。

法院认为：根据现有证据及查明的事实，中机公司与锋电技术公司签订《设备采购合同》买进设备，又与锋电投资公司签订《设备总包合同》，将设备卖给锋电投资公司，除单价上浮外，合同签订的时间、内容、数量等基本相同，且货物买进卖出除到货交接单外，均无其他货物流转证据证明。从三方之间的合同内容及履行情况综合考虑，三方之间形成了相同产品的连环买卖关系，相互之间有合同、资金流、票据流，但并无货物的转移，不符合买卖合同的基本法律特征，故不能认定三方之间具有真实的买卖合同关系……中机公司利用其与锋电投资公司之间虚假的买卖合同关系形成的应收账款办理保理融资，中机公司与锋电投资公司之间恶意串通，规避金融监管、放大金融风险，危害金融安全，上述行为应认定无效。

律师解读：债权的真实性是保理业务的基础。连环买卖合同关系不符合买卖合同的基本特征，双方以此虚假交易形成的虚假债权进行保理融资，其行为因破坏金融监管秩序而无效。但应收账款债权人与保理人之间的保理合同并不必然无效，应收账款债务人不得以应收账款不存在为由对抗保理人，除非保理人明知债权是虚构的。

裁判观点23：可再生能源补贴属于政府发放的补助款项，不属于购售电合同项下的应收账款的范围，在没有特别约定情况下，不能当然地成为应收账款质押的标的。

相关案例：（2021）京04民初233号。

法院认为：进出口银行还曾经与阳新凯迪签订《应收账款质押合同》，约定阳新凯迪将"基础交易合同"项下权利（应收账款）质押给进出口银行，该合同附件载明的基础交易合同指向阳新凯迪与国网湖北省电力公司每年续签的售电协议。此后进出口银行亦就此质押事项办理了应收账款质押登记。然而，进出口银行在2019年自行办理变更登记，将阳新凯迪获取的可再生能源补贴亦作为质押财产予以补充登记，但诉讼中进出口银行并未提交阳新凯迪曾经承诺将可再生能源补贴质押予进出口银行的相关证据。一方面，法院注意到，《封闭管理专题会议纪要》虽然提及阳新凯迪承诺以可再生能源补贴款偿还债务，但未涉及质押事项。另一方面，可再生能源补贴应属于政府发放的补助款项，目前没有证据证明补贴款属于基础交易合同相对方（国网湖北省电力公司）在售电合同项下的给付义务。法院认为，质权登记虽然是担保物权设立的标志，但登记事项不应当是无本之木，在没有合同依据的情况下进出口银行自行扩充质押物范围，有侵害阳新凯迪其他债权人合法权益之虞，故法院认定进出口银行享有质押权的应收账款仅限于阳新凯迪电费收入而不包括可再生能源补贴。

律师解读：目前我国新能源发电补贴的发放模式，是政府直接将补贴发放给电网公司，再由电网公司发放给发电企业。新能源发电企业将电费应收账款质押是融资的重要增信措施。但补贴款项是否属于电费应收账款的范围，实践中存在争议，新能源企业与电网公司签订购售电合同中，有可能并未对此加以明确。为减少争议，在办理质押登记时，各方当事人最好对补贴费用是否属于应收账款范围、进而是否作为质押标的进行明确。

裁判观点24：公司对外担保中，债权人仅负有形式审查的义务，即使公司内部决议存在程序瑕疵，不影响担保合同的效力。

相关案例：（2020）新71民初7号、（2021）新民终298号。

法院认为：金安桥公司认为该公司共有3名股东，案涉股东会会议决议只有1名股东出席、签名，该股东会会议决议不成立，案涉保证合同无效。法院认为光大银行并非金安桥公司的内部人，难以了解公司决议的具体情况，其对公司决议的审查只能是形式审查，根据本案相关证据可以认定案涉股东会会议决议的出具系其真实意思表示，金安桥公司关于案涉股东会会议决议不成立、《保证合同1403》无效的理由，明显违反诚信原则，依法不能成立。本案二审法院认为，本案中股东会决议的作出以表决权为效力判断要素，金江公司持有金安桥公司80%的股份，其享有的表决权已满足《金安桥公司章程》对有效决议的约定，故经金江公司盖章作出的股东会决议，合法有效。

律师解读：依据《公司法》的规定，公司对外提供担保，须依照公司章程的规定，由董事会或者股东会、股东大会作出决议。没有履行内部决议程序的，该担保对公司不发生效力。因此，债权人应当对公司是否按照公司章程作出了决议负有审查义务，但该审查义务仅为形式审查义务，如果公司决议系伪造、变造的，且债权人对此并不知情也不应当知情，则不影响担保合同的效力。至于如何认定形式审查义务的标准以及是否应当知情的标准，在司法实践中易产生争议，作为债权人而言，则应当尽可能地充分进行审查为宜。

裁判观点25：公司对外担保虽未履行内部决议程序，但法定代表人及2/3以上表决权的股东均签字的，应当认定担保有效。

相关案例：（2021）青民终51号。

法院认为：尽管担保行为不是法定代表人所能单独决定的事项，必须以公司股东（大）会、董事会等公司机关的决议作为授权的基础和来源，华清公司法定代表人蔡某的对外担保事项，未履行《公司法》规定的公司对外担保决议程序，但法定代表人蔡某的签字属履行职务行为，且担保合同经过了有2/3以上表决权的股东（郭某）签字同意，应认定为华清公司的真实意思表示，担保行为有效。

律师解读：最高人民法院《关于适用〈中华人民共和国民法典〉有关担保制度的解释》已有明确规定：公司对外担保虽未经公司作出决议，但担保合同系由单独或者共同持有公司2/3以上对担保事项有表决权的股东签字同意的,担保合同有效。此时,可视为公司担保事项经过了股东会决议。

裁判观点26:未尽合理审查义务,债权人不属于公司对外担保的善意相对人。

相关案例:(2021)粤民终982号。

法院认为:根据济南高新公司二审提交的四川省成都市蜀都公证处询问笔录显示,当时富奥康公司、天业国际公司、济南高新公司三方均有提交公司章程,富奥康公司作为专业的基金管理公司并未依济南高新公司的章程规定审查其股东大会决议,因此无论其当时是否审查了济南高新公司的董事会决议,以及董事会决议是否合法有效,均不足以认定富奥康公司已尽合理的审查义务,且富奥康公司作为专业的基金管理公司,亦应知晓济南高新公司作为上市公司,其股东大会或董事会作出的决议以及对外提供担保均应依照相关规定进行公开披露,富奥康公司在济南高新公司未依规披露案涉担保的相关事项时,理应知晓该担保存在违规之处,但其仍签订案涉《保证合同》并发放案涉融资款项,一审法院因此认定富奥康公司不属于《合同法》(已失效)第50条所保护的善意相对人,时任济南高新公司法定代表人曾某秦超越权限对外签订的《保证合同》对济南高新公司不发生法律效力并无不当,本院予以维持。

律师解读:公司作为保证人对外提供担保时,债权人对公司担保行为是否经过其内部有权机构的决议负有审查义务。从目前的司法实践来看,债权人的审查义务包括实质性审查公司章程,债权人不能仅凭公司提供的一纸决议,就认为公司已就担保经过了内部有效决策。公司章程若有不同版本,应以公司登记机关备案的文本为准。若担保人为上市公司,债权人可以直接根据上市公司公开披露的关于担保事项已经董事会或者股东大会决议通过的信息,相信其已经履行内部有效决策程序。

裁判观点27:除非有特别约定,最高额保证合同中的最高债权额是指包括主债务本金、利息、实现债权费用等全部债务的限额,并非仅指本金最高限额。

相关案例:(2020)京04民初342号。

法院认为:锋威公司在《担保函》中承诺的担保范围为主合同项下债务人的人民币1亿元债务,包括但不限于主债权本金、利息、债务人因违反主合同而应支付的罚息、复利、违约金、损害赔偿金、债权人为实现债权而发生的所有费用、债务人根据法律规定和主合同约定应向债权人支付的其他款项等，该约定中的1亿元债务针对的是金控公司所承担的全部债务，并非仅限定为本金的数额，故山东资管公司提出要求锋威公司对金控公司应负担债务的本金1亿元及对应部分承担连带保证责任的诉讼请求，不符合双方的约定，法院不予支持，锋威公司应对金控公司所承担的全部债务中的1亿元债务承担连带保证责任。

律师解读：最高人民法院《关于适用〈中华人民共和国民法典〉有关担保制度的解释》第15条规定，“最高额担保中的最高债权额，是指包括主债权及其利息、违约金、损害赔偿金、保管担保财产的费用、实现债权或者实现担保物权的费用等在内的全部债权，但是当事人另有约定的除外”。也就是说，在最高额担保合同没有特别约定的情形下，自动推定按照对担保人有利的理解。

裁判观点28：合同上的盖章并非公司法定代表人或授权代理人加盖，且合同上没有法定代表人或代理人的签字，盖章行为不能代表公司意志。

相关案例：（2020）鲁11民终935号。

法院认为：公司为法律拟制人，需要通过特定自然人的职务代表或职务代理行为才能实现其意志。上诉人蓝湾公司与被上诉人莒县华亨公司的借款协议以及鸿泰公司与被上诉人莒县华亨公司的借款协议仅加盖被上诉人公章，无法定代表人或授权经办人的签字。借款协议所加盖的被上诉人公章是纪英尚将该公章交接给日照山海天城建开发有限公司后，由日照山海天城建开发有限公司加盖而成，并非莒县华亨公司法定代表人或授权的代理人所签订，故不能代表莒县华亨公司的意志。而且借款协议约定莒县华亨公司为贷款人，鸿泰公司、蓝湾公司分别为借款人，与上诉人蓝湾公司主张的借贷事实完全相反，一审据此认定上诉人主张的上述两笔借款均不成立正确，法院予以维持。

律师解读：根据最高人民法院《九民纪要》的精神，公司在合同上盖章并不一定会产生合同成立并生效的法律后果，公司公章能否代表公司意志，关键要看盖章的人是否为法定代表人或授权代表，即“认人不认章”，突出强调人的签字比盖章更重要。建议当事人在合同签署时，以公司盖章并有法定代表人或授权代表签字作为合同生效的要件。

四、项目建设期纠纷

从检索到的数据来看，项目建设期的纠纷仍是新能源企业所有民商事纠纷中数量最大的一类。项目建设期的纠纷，集中于建设工程施工合同纠纷和买卖合同纠纷两大类，新能源企业应当尤其注意这两类合同的签约和履约管理。从建设工程施工合同纠纷案例来看，大部分都是常规的建设工程纠纷类型，如合同效力纠纷、工程质量纠纷、工程价款纠纷、实际施工人纠纷等，但有个别纠纷是属于新能源电站工程特有的内容，如工程质量引发的发电量损失计算问题。从买卖合同纠纷案例看，主要集中在发电设备质量及其损害赔偿的纠纷。项目建设期投资额大，不仅影响业主方的现金流，而且是运营期能否顺利发电的关键。无论是业主方和承包方都应当引起足够的注意，加强项目建设期的管理，尽量减少纠纷，防止对项目建设造成不利影响。

以下为项目建设期纠纷的典型案例、裁判观点和相关解读。

裁判观点 29：建设工程施工合同关系引起的支付工程款之债与借款合同项下的还款义务非同一种法律关系，不能直接依照民间借贷利率上限作为判断违约金是否过高的标准。法院可以综合考虑合同的履行状况、当事人的过错程度、预期利益等情况，行使自由裁量权作出认定。

相关案例：(2020)鄂 03 民终 821 号。

法院认为：双方签订的合同中约定："发包人无正当理由而未按合同规定支付工程款，每逾期壹天，按逾期付款的 0.1% 支付违约金给承包人。"因建设工程施工合同关系引起的支付工程款之债，并非借款合同项下的还款义务，不能以受法律保护的民间借贷利率上限作为判断违约金是否过高的标准。双方约定的违约金计算标准明显过高，且东方日升公司在一审时提出异议，人民法院应当依法予以调整。羲和公司未能提供证据证明因逾期付款造成的实际损失，法院酌定将违约金计算标准调整为：以欠付工程款为基数，按照中国人民银行同期贷款利率上浮 30% 计算至 2019 年 8 月 19 日止；从 2019 年 8 月 20 日起，按照全国银行间同业拆借中心公布的贷款市场报价利率上浮 30% 计算至付清之日止。

相关案例：(2020)京民终 548 号。

法院认为：判断违约金是否过高不仅以违约金标准，还需考虑合同的履行状况、当事人的过错程度、预期利益等情况。本案大唐集团已履行完毕合同义务，但焦酸公司未在两年付款期内付清合同款项，至今逾期已达 6 年有余，如此长期占用大唐集团资金，主观过错明显，且双方约定的违约金年利率 23% 标准并不过高，一审法院未予调整并无不当。

律师解读：建设工程合同中所约定的发包人逾期支付工程款的违约金是否过高，属于法官自由裁量权的范畴。司法实践中对此问题并无统一的意见。有案例以基准贷款利率（LPR）上浮30%～50%为标准，但也有案例参照民间借贷利率上限（LPR的4倍）为标准。

裁判观点30：违法分包合同中关于工程价款计价方式、计价标准等与工程价款数额有关的约定在法律效力上具有独立性和约束力，工程款结算可以参照施工合同的约定处理。

相关案例：（2020）甘09民终1206号。

法院认为：根据工程施工完成情况及各方当事人陈述，华强机电公司作为违法建设工程分包合同的承包人，系实际履行施工义务一方，为案涉工程的实际施工人，其已通过施工行为将人工、材料、机械等费用物化到工程上，因案涉合同无效，该物化部分事实不能返还而受损，故应当由违法发包人海科工程公司折价补偿。案涉合同虽为无效合同，但案涉工程已投入使用，该合同中关于工程价款计价方式、计价标准等与工程价款数额有关的约定在法律效力上具有独立性和约束力，因此，工程款结算可以参照施工合同的约定处理，合同效力问题并不影响相关当事人应承担的付款义务。

律师解读：依据《民法典》的最新规定及目前的司法实践，违法分包的建设工程施工合同为无效合同，但若施工的工程经验收合格（或被发包方接收并使用）的，承包方可以请求参照合同关于工程价款的约定折价补偿。这一规定在实践中常被称作"无效合同的有效化处理"。关于工程价款的约定一般是指合同中关于计价方式、计价标准、结算方法等与确定工程价款数额有关的条款，但具体范围仍存争议。如工程款付款期限、利息标准、付款违约金条款是否也属于关于工程价款的约定，可以一并参照适用？司法实践中对此观点不一。

裁判观点31：发包人对实际施工人承担责任以其欠付的建设工程价款为限，其责任性质为补充责任，而非直接付款责任。

相关案例：（2020）甘09民终1206号。

法院认为：最高人民法院《关于审理建设工程施工合同纠纷案件适用法律问题的解释（二）》（已失效）第24条规定："实际施工人以发包人为被告主张权利的，

人民法院应当追加转包人或者违法分包人为本案第三人,在查明发包人欠付转包人或者违法分包人建设工程价款的数额后,判决发包人在欠付建设工程价款范围内对实际施工人承担责任。"二审中,亚新酒泉公司与江苏电力三建公司对未付款数额15,416,000元予以确认,亚新酒泉公司应在欠付江苏电力三建公司工程款15,416,000元范围内对华强机电公司承担付款责任。因该条款规定的发包人对实际施工人承担责任以其欠付的建设工程价款为限,其责任性质为补充责任,一审认定亚新酒泉公司直接承担付款责任,判处不当,应予纠正。

律师解读:实际施工人制度是我国建设工程领域特有的一项制度。为了保护农民工群体的基本利益,以司法解释的形式赋予实际施工人在一定范围内直接向发包人主张工程款的权利。但发包人承担责任的方式,在司法实践中因理解不同而做法不一,有的案例判决发包人与承包人承担共同责任,有的案例判为连带责任,有的案例判为补充责任。但正确的理解应当为:在判决承包人对实际施工人承担付款责任后,在稍后的判项中单独判决发包人在欠付承包人工程款范围内对实际施工人承担付款责任。从形式来看,发包人承担的只是补充责任,但实际上,实际施工人可以同时向承包人和发包人主张权利。只是发包人的责任以其欠付承包人工程款范围为限。

裁判观点32:依法享有工程价款优先受偿权的主体,必须与发包人存在直接的施工合同关系。

相关案例:(2018)皖15民初70号。

法院认为:关于原告博微公司主张对被告霍邱潘集李岗村15兆瓦光伏发电系统工程拍卖、变卖所得价款享有优先受偿权的诉请。最高人民法院《关于审理建设工程施工合同纠纷案件适用法律问题的解释(二)》(已失效)第17条规定,与发包人订立建设工程施工合同的承包人,根据原《合同法》第286条的规定,请求其承建工程的价款就工程折价或者拍卖的价款优先受偿的,人民法院应予支持。依据该司法解释规定,依法享有工程价款优先受偿权的人,必须与发包人存在直接的施工合同关系。如前所述,翔晟公司、恒瑞公司系两个法人,博微公司与翔晟公司之间没有签订建设工程施工合同,没有直接的施工合同关系,根据合同相对性原理,博微公司与翔晟公司之间没有直接的权利义务关系,即翔晟公司对博微公司没有支付工程款的义务。因此,博微公司此项诉讼请求不能成立,法院不予支持。

律师解读：尽管我国司法中特有的实际施工人制度，给予了实际施工人一定的特权，即可以在一定条件下直接向发包人主张工程款。但是，在建设工程价款优先受偿权方面，原则上实际施工人并不对建设工程享有价款优先受偿权。依据司法解释的明确规定，必须与发包人存在直接的施工合同关系的承包人才是法定的享有优先受偿权的主体。非法转包和违法分包情形下的实际施工人因与发包人没有直接合同关系，不是适格的权利主体。但借用资质关系下的实际施工人，在发包人对挂靠事实知情的情况下，是否因与发包人构成事实上的合同关系而成为适格的优先权的主体？该问题在实践存有争议，既有赞成的观点，也有反对的观点。

裁判观点33：无施工资质的个人实际施工人，在主张折价补偿时依然可以参照工程造价费用构成，主张相应的措施费、管理费、利润等费用项目。

相关案例：(2021)甘09民终154号。

法院认为：第一，关于其他费率措施费。焦某虽为无施工资质的个人，但其在实际施工中也存在投入施工生产的成本开支，属于案涉工程施工中必然产生的费用，若不计取其他费率措施费，会造成双方权利义务不对等，故依据公平原则，应将其他费率措施费支付给焦某。第二，关于企业管理费。企业管理费是指建筑安装企业组织施工生产和经营管理所需要的费用，包括管理人员工资、办公费、差旅交通费、固定资产使用费、工具用具使用费、劳动保险和职工福利费、劳动保护费、检验试验费、工会经费、职业教育经费、财产保险费、财务费、税金和其他费用。从企业管理费的构成与规范对象来看，缴纳义务人是企业，而不是自然人，鉴于本案中焦某在施工过程中亦产生了一定的施工管理成本，另外上诉人对案涉合同无效有过错，不应由被上诉人承担全部不利后果，而使上诉人获得全部工程利润并免除部分成本，故上诉人应支付焦某一部分企业管理费……第三，关于施工利润。利润属建设工程施工合同合法有效情况下的履行利益，案涉施工合同虽被认定为无效，但依据最高人民法院《关于审理建设工程施工合同纠纷案件适用法律问题的解释(二)》(已失效)第3条关于赔偿损失规定，承包人焦某可主张利润这一间接损失，本案中，天宁公司明知焦某不具备施工资质，仍将案涉工程违法发包，对导致合同无效存在过错，其以焦某不具有资质为由拒付利润，有违诚信原则。

律师解读：依据现有法律规定，建设工程施工合同无效，但工程验收合格的，承包人有权请求发包人参照合同中有关工程价款的约定折价补偿。有关工程价款的约定,正常情况下包含了工程造价的基本费用项目,如人工费、材料费、机械设备费、措施费、企业管理费、利润和税金。因此,尽管实际施工人可能是没有资质的单位甚至是个人。其主张折价补偿时,法律会给予其与有资质的承包商相同的保护,除非双方在合同中将工程造价中的某一费用项目明确排除在外。

裁判观点34:实际施工人未能证明发包人明知挂靠事实,且发包人已经足额向承包人给付工程款的,发包人对承包人欠付实际施工人的工程款,不承担连带给付责任。

相关案例:(2020)辽14民终882号。

法院认为:中航建工集团阜阳公司锦州分公司对宋某峰借用其资质施工、提取管理费的事实予以认可,宋某峰以中航建工集团阜阳公司锦州分公司的名义签订施工合同并施工,因中航建工集团阜阳公司锦州分公司存在违法出借资质行为,且工程结算均是通过中航建工集团阜阳公司锦州分公司完成,故一审判决由其向李某平给付劳务费并无不当。中航建工集团阜阳公司锦州分公司、李某平亦未能就辽宁太阳能应用公司知晓宋某峰为借用资质的事实提出充分证据予以证明,且辽宁太阳能公司已经足额给付工程款,根据最高人民法院《关于审理建设工程施工合同纠纷案件适用法律问题的解释》(已失效)第26条的规定,发包人只在欠付工程价款范围内对实际施工人承担责任,故一审判决辽宁太阳能公司不承担连带给付责任并无不当。

律师解读:依据现行的法律及司法解释,借用资质的实际施工人,并不享有直接请求发包人在欠付工程款范围内承担给付责任的权利。但若发包人对实际施工人借用资质的事实是知情的,视为发包人与实际施工人之间形成事实上的承包合同关系,实际施工人有权直接向发包人主张权利;若发包人对借用资质不知情的,则实际施工人无权向发包人主张权利。

裁判观点35:总承包合同对电站发电指标无明确约定,因而不能证明案涉电站建设质量问题与发电量不达标之间存在因果关系,亦不能因发电量不达标就推定案涉工程存在质量问题。

相关案例:(2020)青民终138号。

法院认为:案涉《总承包合同》与其他合同对电站应达到的发电指标无明确约定,海南光科公司一审提交的可行性研究报告上标明为“送审稿”而非“审定稿”,

海南光科公司未提供其他证据证明该报告中载明的发电量标准最终被双方当事人确认，故现有证据无法证明案涉电站发电量未达到双方约定或者相关规定的标准。海南光科公司主张因案涉工程质量问题导致发电量达不到标准而被国家能源局西北监管局罚款，但其提交的考核补偿情况通知无国家能源局西北监管局的公章，其据以证明罚款损失的电量结算明细表也是单方制作，无交款票据等其他证据予以佐证。2017 年 7 月，海南光科公司也已将案涉工程交给第三方青海宏海电力科技有限公司运维管理。综上，海南光科公司提交的证据不能证明案涉电站发电量不达标，不能证明案涉电站建设质量问题与发电量不达标之间存在因果关系，亦不能因发电量不达标就推定案涉工程存在质量问题。

律师解读：发电量指标是电站工程的重要指标，为了确保施工质量合格，不影响发电量，业主单位应当在建设工程施工合同中明确将发电指标作为工程质量验收的重要内容，并且对发电量损失的计算方法作出明确约定，以便于在将来出现问题时进行索赔。但是，影响发电量的因素较多，如发电设备质量、天气因素、施工工程质量等。一般情况下，法院在审理此类纠纷时，还要审查工程施工质量与发电量损失之间是否存在因果关系。

裁判观点 36：工程未经验收即交付使用，且保修期内未提出质量维修主张，发包人再主张质量问题并申请鉴定的，人民法院不予支持。

相关案例：(2020)内民终 421 号[类似案例：(2020)青民终 259 号、(2021)内 29 民终 707 号]。

法院认为：关于山晟公司的一审反诉请求应否支持问题。首先，依据最高人民法院《关于审理建设工程施工合同纠纷案件适用法律问题的解释》(已失效)第 13 条“建设工程未经竣工验收发包人擅自使用后，又以使用部分质量不合格使用进行抗辩，不予支持……”的规定，本案中，送变电公司承建工程土建、安装工程已于 2015 年 1 月完工并投入使用。因此，山晟公司提出的鉴定请求和损失，原审没有支持，并无不当。其次，山晟公司主张案涉工程存在质量问题的依据即包头冶金建筑研究院出具的检测报告为其单方委托，且无其他证据予以佐证，不能作为认定案件事实的依据。最后，因案涉工程已于 2015 年 1 月交付使用，山晟公司未提交证据证明在工程交付使用后向送变电公司主张质量维修或赔偿损失的请求，直至 2018 年 2 月送变电公司提起本案诉讼主张工程款，山晟公司才在本案中提出反诉。综上,山晟公司的一审反诉请求不能成立。

律师解读:发包人负有主动组织工程验收的义务,建设工程未经竣工验收,发包人擅自使用的,除地基基础工程和主体结构工程外,不能再对承包人提出质量索赔主张。因此,发包人一定要重视工程竣工验收工作,在竣工验收合格后再接受工程。并且,在质量保修期内发现质量问题的,应当按照约定的保修流程及时通知承包人维修,并保留通知的证据。

裁判观点37:施工单位对建设工程中的施工质量承担的是违约责任,而非绝对责任。

相关案例:(2020)陕08民终3305号。

一审法院认为:本案中造成吉山梁发电厂损失的根本原因是所使用的钢筋断裂,核心问题是陕西建工基础工程集团有限公司(以下简称陕西建工)在承包该工程的施工过程中,所需精轧钢筋材料是否是由吉山梁发电厂指定购买。根据查明的事实,国电陕西风力发电有限公司在与陕西建工签订合同之前就确定了所需钢筋及材料配件由案外人山西双赢实业有限责任公司提供,生产厂家为天津市天铁第二轧钢有限公司。双方签订合同后陕西建工按照吉山梁发电厂的要求与案外人山西双赢实业有限责任公司签订了供货协议书,所有技术指标、价格均由吉山梁发电厂与山西双赢实业有限责任公司确定,只是精轧钢筋材料款由陕西建工与山西双赢实业有限责任公司结算,在市场钢筋降价后,双方又签订了补充协议,对材料款进行了调整,故陕西建工认为建筑材料由吉山梁发电厂指定购买的理由成立。根据《关于审理建设工程施工合同纠纷案件适用法律问题的解释(一)》第13条规定:"发包人具有下列情形之一,造成建设工程质量缺陷,应当承担过错责任:(一)提供的设计有缺陷;(二)提供或者指定购买的建筑材料、建筑构配件、设备不符合强制性标准;(三)直接指定分包人分包专业工程。承包人有过错的,也应当承担相应的过错责任。"同时陕西建工在施工中严格按照合同约定,审查了供货商的产品合格证、现场进行了检验,并由吉山梁发电厂指定的陕西建筑工程质量检测中心进行检验,原告亦未提供被告在施工过程中有过错的证据。故陕西吉山梁风力发电厂、国电陕西新能源有限公司请求陕西建工赔偿因工程质量给其造成的各项损失于法无据,法院不予支持。

律师解读:建设工程的质量不仅仅是由施工单位承担的,而是由多个参建单位共同承担的。《建设工程质量管理条例》第3条明确规定,“建设单位、勘察单位、设计单位、施工单位、工程监理单位依法对建设工程质量负责”。作为建设单位,尤其要慎重指定材料、设备供应商。最高人民法院《关于审理建设工程施工合同纠纷案件适用法律问题的解释(一)》第13条规定:“发包人具有下列情形之一,造成建设工程质量缺陷,应当承担过错责任:(一)提供的设计有缺陷;(二)提供或者指定购买的建筑材料、建筑构配件、设备不符合强制性标准;(三)直接指定分包人分包专业工程。承包人有过错的,也应当承担相应的过错责任。”也就是说,在发包人指定供应商情况下,发包人必须证明承包人也有过错,才可能追究承包人与过错相当的责任,否则,不能就质量问题向承包人索赔。

裁判观点38:《建设工程质量保证金管理办法》中关于缺陷责任期的规定属于推荐性规定,而非强制性规定。

相关案例:(2020)甘07民终333号。

法院认为:从内涵上看,质保金是对保修期内工程质量问题的担保,因此其返还期限理应与工程质量保修期一致,但实践中往往存在当事人对质保金返还期限所作约定与质量保修期不一致的情况。尽管《建设工程质量保证金管理办法》规定“缺陷责任期一般为1年,最长不超过2年,由发、承包双方在合同中约定”。但该规定中的最长不超过2年属于推荐性规定,并非强制性规定。

律师解读:建设工程领域同时存在质量保证期、保修期、缺陷责任期等相类似概念。实践中常常混为一谈。质量保证期是《民法典》买卖合同中的概念,应理解为卖方对工程、货物或服务的质量承担担保责任的最长期限。保修期是《建筑法》和《建设工程质量管理条例》规定的建设工程领域的特有概念,是施工单位对工程负责保修的期限。《建设工程质量管理条例》对保修期限有最低的要求,但允许合同双方作出更长期限的约定。即使保修期限届满,也不必然免除施工单位的工程质量担保责任,若在保修期后发现质量问题系施工方违规施工所致,施工单位仍应对此负责。缺陷责任期是2017年以后住房和城乡建设部在新的《建设工程质量保证金管理办法》和建设工程施工合同示范文本(GF-2017-0201)中创设的概念,一般理解为有质量保证金担保的保修期。缺陷责任期满,施工方的质量保证金予以返还。但在司法实践中对此的主流观点是:缺陷责任期并不以2年为限,可以自由约定延长;双方亦可约定保修金与保修期(而不是缺陷责任期)挂钩,即合同可以约定保修期满后再返还质量保证金，而不论缺陷责任期是否已经届满。

裁判观点 39：风力发电量损失影响因素较多，要精准计算发电设备故障造成的发电量损失难度比较大，法院可综合考量个案事实情况，参照双方合同约定的预计发电收入，以及发电设备故障造成发电损失的可能性和妥当性作出认定。

相关案例：(2022)鲁民申 1218 号。

法院认为：对于损失数额的计算问题，因电力生产不同于一般工业制成品的生产，一般工业制成品的生产成本、产量、利润等经营指标比较容易精确核算，而电力生产，特别是风力发电的生产受当地自然环境的影响比较大，人力不可控因素比较多，要精准计算发电设备故障造成的发电量损失难度比较大，原审法院综合考量本案实际情况，按照双方订立的《PC 总承包合同补充协议》第 6 条约定的预计发电收入 6700 万元为基数，确认 11 号发电设备故障给被申请人造成的发电量损失数额具有可能性和妥当性，也符合最高人民法院《关于适用〈中华人民共和国民事诉讼法〉的解释》第 108 条关于民事诉讼证据证明标准的规定。

律师解读：当项目建成后发电量低于预期指标时，如何进行损失索赔是业主方面临的一个重大挑战。由于影响发电量的因素较多，既有人为因素，亦有外在客观因素。证明损失是由于设备故障或工程质量因素所致的举证责任在业主一方。为减小举证难度，在设备采购或工程承包合同中，应当明确对项目的发电量预期目标作出约定，并对损失的计算方法作出事先约定。

裁判观点 40：光伏爆板损失和停电损失均为非正常发生损失项目，在业主方没有提交证据证明其具体损失的情况下，其主张的光伏板爆板损失和停电损失的诉请难以得到法院支持。

相关案例：(2021)甘民终 156 号。

法院认为：二审中，金昌煜华公司虽然主张案涉工程光伏板爆板率达到 40%，但并未提交证据证明，且案涉光伏板已经投入使用 8 年之久，光伏板老化、损耗乃至爆板亦是常识、常理。工程修复需要停电作业固属常识，但是金昌煜华公司主张的工程修复停电损失并未实际发生，并且停电多长时间、是小范围还是整个厂区停电、停电损失几何等问题均不具体确定，前述发电损失亦不属于工程修复造价鉴定的范围。综上评析，金昌煜华公司主张的，并且双方当事人对此存有较大争议，鉴定机构依据现有条件亦无法做出准确判断。在金昌煜华公司没有提交证据证明其具体损失的情况下,一审法院没有支持其主张的光伏板爆板损失和停电损失的诉请适当,金昌煜华公司的该项上诉请求不能成立。

律师解读:风电和光伏发电设备一般预期寿命均为20年以上,业主方应当在合同中对设备质量保证期和保修期作出合理的约定,避免出现过期无法保修的风险。关于工程修复的损失,由于修复可能引起诸如停电停业的间接损失,业主方应当证明其维修方案的必要性和合理性,最好委托专业的电力设计单位出具维修方案,或者在诉讼中委托司法鉴定。

裁判观点41:合同解除后,双方当事人未约定如何撤场的,承包人作为现场管理者,负有向发包人移交现场的义务。未履行移交义务的,应当承担由此产生的损失。

相关案例:(2021)甘民终240号。

法院认为:关于钢筋损失问题。因双方当事人对撤场后钢筋材料的看管责任并无约定,兰州倚能公司亦未提交向甘肃光热公司移交钢筋材料的相关证据。《合同法》(已失效)第119条规定:"当事人一方违约后,对方应当采取适当措施防止损失的扩大;没有采取适当措施致使损失扩大的,不得就扩大的损失要求赔偿。当事人因防止损失扩大而支出的合理费用,由违约方承担。"未使用钢筋属于可移动财产,根据庭审调查情况,兰州倚能公司由于运输成本问题及继续施工考虑,撤场后将钢筋材料堆放在材料场地,既未搬离也未采取相关减损措施,故钢筋损失应当由兰州倚能公司自行承担,一审判决由甘肃光热公司承担缺乏事实和法律依据,法院予以纠正。

律师解读:施工合同无论因为何种原因中途解除,合同双方均负有善后的义务,避免因合同解除造成更大的损失。承包人主要负有配合验收、看管和及时移交现场的义务,发包人负有验收及核对工程量和接受现场的义务。法院在认定撤场导致的损失承担时,一般会考虑双方的过错及相应因果关系因素。

裁判观点42:项目中途停工且承包人退场的,发包人负有验收义务,发包人怠于验收的,结合项目已并网的事实,应视为发包人接收了已完工程。

相关案例:(2020)冀民申1014号。

法院认为:根据本案查明,建设工程造价编审确认表显示,北京公司已于2010年12月31日不再施工,后三峡公司将北京公司尚未完工的工程发包给他人,故三峡公司应当在将北京公司尚未完工的工程发包给他人之前检验北京公司已施工的工程是否符合双方签订的合同约定或有关规定，三峡公司怠于检验，可以视为三峡公司接收了北京公司已完工的工程。三峡新能源尚义石井风电场一期工程竣工验收鉴定书中载明，2013 年 5 月 25 日首台风机并网，且北京公司所施工的工程全部是并网的基础，可以说明北京公司在 2013 年 5 月前已将所施的工程全部移交给三峡公司，故北京公司主张根据双方签订合同约定的 2015 年 5 月 12 日发生的升压站屋顶掀翻事故已过缺陷责任期的理由成立。

律师解读：工程施工中途更换承包商是一个大忌，几乎所有更换承包商的项目都会导致巨大的损失和纠纷。因此，发承包双方在选定合作方时应充分考虑各方的履约能力，对于明显缺乏履约能力的建设单位或施工单位，应当慎重选择。在更换承包人之前，发承包双方应互相配合做好交接工作，对于发包人而言，必须先对前承包人已完工内容进行验收，确定质量是否合格，不能为了单方面追赶工期而安排新承包人赶工。除非前承包人不配合验收，否则，一旦工程继续施工，则应推定前承包人已完工程是合格工程。

裁判观点 43：新能源工程项目属于关系社会公共利益、公众安全的基础设施项目，属于必须招标的范围。

相关案例：（2020）京 01 民终 5173 号。

法院认为：本案中，涉案的 4 份合同均是与风电场项目工程建设有关的服务，既涉及新能源建设等关系社会公共利益、公众安全的基础设施项目，同时也使用国有企业资金，金额较大，属于《招标投标法》的调整和规制范围。中海鑫源公司上诉认为涉案合同仅为居间合同而不受《招标投标法》的规制的理由，不能成立。

律师解读：新能源类项目属于关系社会公共利益、公众安全的基础设施项目，依据《招标投标法》以及配套的《必须招标的工程项目规定》（国家发展和改革委员会令第 16 号）、《必须招标的基础设施和公用事业项目范围规定》（发改法规〔2018〕843 号），必须通过公开招标的方式选定工程承包方和设备供应商。

裁判观点 44：《建设工程工程量清单计价规范》不属于行政法规，不应仅以此否认合同效力。

相关案例：（2020）云民申 299 号。

法院认为：能源建设山西第三公司提出风机基础及安装施工协议书约定的条款违反《建设工程工程量清单计价规范》的强制性规定，但该规范不属于司法解释所规定的全国人大及其常委会制定的法律和国务院制定的行政法规范畴,不能据此认定合同条款的无效。

律师解读:《建设工程工程量清单计价规范》属于住建部制定的国家标准之一。司法实践中,关于违反计价规范的合同约定是否有效问题,一直争议不断,各地法院观点不一。但据我们观察,更多的裁判观点认为,工程计价应当尊重双方合同的约定,不应因合同约定与规范不符,就认定双方约定无效。

裁判观点 45:工程款利息属于法定孳息,虽然合同无效,但仍可以主张利息。

相关案例:(2021)新民终 323 号。

法院认为:关于工程款利息的问题。即使案涉合同无效,在穆勒四通公司欠付工程款的情况下,利息属于法定孳息,四川升辉公司仍有权主张工程款利息。

律师解读:无效合同下工程欠款是否应支持利息问题,实践中有两种观点。一种观点认为:在工程验收合格的前提下,无论是折价补偿义务还是支付工程款义务,发包人对承包人都负有付款义务,利息属于资金的法定孳息,与其对应的本金之间具有附随性,与发包人负有的付款责任同时产生,发包人未按照合同约定的时间和数额支付工程价款时,应当支付工程欠款利息。另一种观点认为:利息属于合同无效情形下承包人的损失,按照有关合同无效后果的法律规定,应考虑承包人对合同无效是否存在过错,若承包人存在过错,则其利息损失应自行承担,不得向发包人主张。但据我们观察,持第一种观点认为应当支持利息的案例居多。

裁判观点 46:当事人在合同中明确约定了提供劳务服务的内容,结合当事人诉请的债权也是劳务费,应当认定双方为劳务合同关系而非建设工程施工合同关系。劳务合同纠纷的原告并非实际施工人,不享有突破合同相对性向非合同关系的承包人和发包人主张债权的权利。

相关案例:(2021)青 25 民终 94 号。

法院认为:关于争议焦点一,结合何某与王某刚签订的《施工协议书》内容分析,双方约定的工程承包范围为光伏支架基础施工、生产楼及危废品楼、厂区道路、厂区围栏、生活区土建。合同第 7 条约定甲方责任和义务,甲方及时提供供应的施工机械设备、周转材料;第 8 条约定乙方责任和义务,对本协议劳务承包范围内的工程质量向甲方负责;海南共和光科三期 10 兆瓦光伏电站工程款明细中明确了何某完成施工内容且已完成劳务施工内容。且何某一审诉讼请求明确为王某刚、程某男、扬州六建公司共同给付何某劳务费1,147,997.93元。故法院认为,王某刚将海南州光科三期10兆瓦并网光伏电站工程的桩基础、房屋建筑、箱变基础、道路、围栏、其他土建的劳务施工以包清工的方式转包给何某,故何某与王某刚签订的施工协议书应属劳务合同。因何某与王某刚签订的合同系劳务施工合同,非建设工程施工合同。依据合同相对性原则,向何某支付劳务施工费用的是合同相对方王某刚及对支付劳务费用进行追认的程某男,因何某非涉案工程的实际施工人,故其不能突破合同相对性原理向扬州六建公司及海南光科公司行使追索劳务施工费用的请求权。

律师解读:劳务分包的指向对象是专业工程中剥离出来的简单劳务作业,计取的是直接费中的人工费和一定的管理费,其对价属于法律上的劳务报酬。工程分包的指向对象是分部分项工程,计取的是直接费、间接费、税费和利润,其对价属于法律上的工程款。实践中,劳务分包与工程分包之争大量存在,原因是存在以劳务分包之名行工程分包之实的情况。承包人将部分工程交给他人施工并负有支付工程价款义务的,虽名为劳务分包,但应认定为工程分包。但也有劳务分包方为了行使实际施工人的特权,而妄称为工程分包,故意造成混淆。劳务分包和工程分包的承包人在诉讼程序中的地位和权利都有较大差别,各方应当注意甄别。

裁判观点47:依据司法解释的规定,可以突破合同相对性,直接向发包人主张权利的只有转包及违法分包的承包人,而不包括借用资质的承包人。

相关案例:(2020)黔06民再44号。

法院认为:根据最高人民法院《关于审理建设工程施工合同纠纷案件适用法律问题的解释》(已失效)第26条"实际施工人以转包人、违法分包人为被告起诉的,人民法院应当依法受理。实际施工人以发包人为被告主张权利的,人民法院可以追加转包人或者违法分包人为本案当事人。发包人只在欠付工程价款范围内对实际施工人承担责任"之规定,两类实际施工人可以突破合同相对性的权益保护,即转包合同的承包人和违法分包合同的承包人的权益保护问题,而对借用有资质的建筑施工企业名义与他人签订建设工程施工合同的承包人的权益保护问题没有涉及,故本条不适用于借用资质的建筑企业名义与他人签订建设工程施工合同的承包人,即本案不适用于挂靠的实际施工人。

律师解读:根据《最高人民法院民一庭2021年第20次专业法官会议纪要》形成

的主流意见:(1)借用资质的实际施工人不能依据最高人民法院《关于审理建设工程施工合同纠纷案件适用法律问题的解释(一)》第 43 条的规定请求发包人承担补充责任;(2)发包人对借用资质事实明知的,发包人与挂靠人形成事实上的建设工程施工合同关系,工程验收合格的,挂靠人可以请求发包人参照合同约定折价补偿。

裁判观点 48:违法分包的总承包方应当对劳务者的人身损害与违法分包人共同承担连带赔偿责任。

相关案例:(2021)辽 08 民终 1347 号。

法院认为:本案中,辽宁鼎环新能源发展有限公司作为施工总承包方,将其与国网辽宁省电力有限公司营口供电公司之间签订的《工民建工程施工合同》中合同项下的室内装修装饰工程分包给无任何资质的胡某岩,胡某岩又将其中的木工工程承包给叶某健,叶某威受叶某健雇用做木工部分。叶某威在受雇于叶某健期间,因劳务受到损害,且叶某威违规操作,自身对于损害的发生有主要过错,叶某健作为雇主对于其提供的手持角磨机的安全性未尽到合理的审查义务,亦存在过错,依照上述规定,叶某威应承担主要责任,叶某健作为雇主应承担次要责任,被告辽宁鼎环新能源发展有限公司和胡某岩作为承包人和分包人应当知道接受分包业务的叶某健没有相应资质或者安全生产条件的,应与叶某健承担连带赔偿责任,故原审判决并无不当。

相关案例:(2021)鲁 01 民终 6122 号。

法院认为:《建筑法》第 29 条第 3 款规定:"禁止总承包单位将工程分包给不具备相应资质条件的单位。禁止分包单位将其承包的工程再分包。"本案中,涉案罩棚装饰工程的施工属于高空作业,承前所述,京博公司将该工程发包给不具备建筑资质的个人施工,一审法院认定京博公司对由此带来的损害后果承担连带赔偿责任,符合法律规定,并无不当。另外,综合考虑涉案事故形成原因、当事人过错等因素,一审法院酌情确定李某自行承担 10% 的损害后果,苗某杰承担 90% 的赔偿责任,京博公司承担连带赔偿责任,不超出合理范围,二审法院不再进行调整。

律师解读:总承包方是施工现场安全的第一责任人,如果总承包方存在非法转包、违反分包或出借资质等违法情形,即使最终受到人身损害的劳务工人与其没有直接的合同关系,甚至双方之间间隔多层分包关系,仍不能免除总承包对人身损害赔偿的连带责任。

裁判观点49:一般而言,卖方开具发票的义务属于附随义务,而买方支付货款的义务属于主义务,二者并非对等的义务。如无特别约定,买方不能以开具发票对抗支付货款的主合同义务;但若双方在合同中明确了将开具发票作为请求付款的在先义务,那么,卖方未开具发票的,买方有权行使先履行抗辩权,拒绝支付货款而不构成违约。

相关案例:(2019)皖01民初2481号。

法院认为:案涉合同约定海润公司向原告支付第三笔进度款前,原告应先向海润公司提交经各方盖章确认的交货验收证明以及与付款金额相符的17%税率增值税专用发票,否则海润公司有权迟延支付相应费用,且不因此向原告承担任何逾期付款的违约责任。原告亿维公司在未向被告海润公司提交约定发票的情况下,其要求后者承担违约责任的诉请,因不符合合同约定,法院不予支持。

相关案例:(2021)湘01民终7096号。

法院认为:关于天聚公司上诉主张红太阳公司应向天聚公司开具17%税率的增值税发票,法院认为,开具增值税发票是红太阳公司的法定义务,税率由国家机关确定,不受买卖合同交易双方控制。向天聚公司交付相应的增值税发票系双方买卖合同项下红太阳公司的附随义务,而合同的附随义务并不能对抗合同主义务即天聚公司支付含税货款义务的履行。因此,若红太阳公司未依法开具增值税发票,天聚公司可向税务主管机关寻求救济,若因红太阳公司拒不履行交付增值税发票的义务给天聚公司造成损失的,天聚公司可另行主张,但天聚公司不能以红太阳公司未开具或交付相应的增值税发票来对抗其负有的向红太阳公司支付含税货款的义务。一审对天聚公司欠付红太阳公司货款的金额及法律的适用均认定正确,二审法院予以确认。

律师解读:实践中,发票在先还是付款在先的争议时常存在,从当前司法实践来看,人民法院倾向于将先后关系交给当事人意思自治。即如若当事人明确约定先开发票后付款,未开发票则不付款,则应当尊重双方的约定;但如果双方未作特别约定,则不能以未开发票为由拒不付款。

裁判观点50:质保期内因发电机组质量问题产生的发电量损失,属于履约后可以获得的可得利益损失,不超过卖方订立合同时预见到或者应当预见到的因违反合同可能造成的损失范围,应予支持。

相关案例:(2022)最高法民终74号。

法院认为:《合同法》(已失效)第 113 条第 1 款规定,当事人一方不履行合同义务或者履行合同义务不符合约定,给对方造成损失的,损失赔偿额应当相当于因违约所造成的损失,包括合同履行后可以获得的利益,但不得超过违反合同一方订立合同时预见到或者应当预见到的因违反合同可能造成的损失。案涉《发电机组采购合同》第 1.12 条约定,质量保证期内,卖方新誉公司保证合同设备的正常稳定运行并负责排除合同设备的任何缺陷。故此,质保期内因发电机组质量问题产生的发电量损失,属于案涉买卖合同中里程公司履约后可以获得的可得利益损失,不超过里程公司一方订立合同时预见到或者应当预见到的因违反合同可能造成的损失范围,应予支持。

律师解读:发电机组出现质量问题,会影响正常发电,造成买方的发电量损失,通过常识和基本逻辑可以得出,这一损失属于正常的、必然发生的损失,因此,买方有权就此损失要求卖方赔偿。需要注意的是,如何计算发电量的损失数额是一个争议焦点,建议在签订合同时对正常情况下每一发电机组的发电量作出约定,以便于计算发电量损失。另外,也可以进一步对电费价格作出约定,如果不能具体约定电费金额,可以约定电费的计算依据。

裁判观点 51:买受人购买的产品出现质量问题的,应在质保期内向出卖人提出质量异议并要求索赔。买受人未在质保期内对产品质量提出异议的,期满后无权提出产品质量的主张。如无特别约定,质保期自收货日起最长不超过 2 年。

相关案例:(2019)苏 04 民终 4599 号。

法院认为:《合同法》(已失效)第 158 条第 1、2 款规定:"当事人约定检验期间的,买受人应当在检验期间内将标的物的数量或者质量不符合约定的情形通知出卖人。买受人怠于通知的,视为标的物的数量或者质量符合约定。当事人没有约定检验期间的,买受人应当在发现或者应当发现标的物的数量或者质量不符合约定的合理期间内通知出卖人。买受人在合理期间内未通知或者自标的物收到之日起两年内未通知出卖人的,视为标的物的数量或者质量符合约定,但对标的物有质量保证期的,适用质量保证期,不适用该两年的规定。"根据该规定,标的物的瑕疵无论是表面还是隐蔽瑕疵和需要运转才能发现的瑕疵,买受人的最长通知时限应当自收到标的物时起 2 年内,否则,买卖双方的关系就会长期处于不确定的状态。

相关案例:(2021)鲁 01 民终 2843 号。

法院认为:根据一审、二审查明事实,金桥公司尚欠龙腾公司案涉合同余款98,000元,事实清楚,证据充分。金桥公司主张龙腾公司交付的货物存在质量问题,案涉合同约定"出卖人对质量负责的条件及期限:质保期为设备出厂之日起18个月或试机之日起12个月,先到为准"。龙腾公司提起本案诉讼时,案涉货物已经超出质保期,金桥公司没有提交证据证实其曾经在质保期内就产品质量提出异议并与龙腾公司进行沟通,一审法院对金桥公司关于产品质量的抗辩不予支持,并无不当。金桥公司应当支付余款98,000元。关于金桥公司主张的提起反诉问题,金桥公司可就其诉求,另案主张权利。

律师解读:质保期条款是买卖合同的重要条款,除了个别产品国家有最低质保期规定外,绝大部分产品的质保期需要当事人合同约定。如果没有约定,现行法律规定的最长质保期(检验期)为2年,即自收货之日起超过2年后,卖方将不再对产品的质量作出保证。因此,建议买方在购买重要机器设备时,对正常使用条件下产品的设计寿命进行明确约定,并要求卖方在设计寿命期间内承担质量保证责任。

五、项目运营期纠纷

新能源项目进入运营期后,容易发生纠纷的主要类型为侵权类纠纷、保险合同纠纷、劳动用工纠纷等。其中以侵权类纠纷为主,侵权类型主要包括人身损害纠纷、财产损害纠纷、排除妨害纠纷。就业主方而言,首先,应当注意前期投资建设手续的合规性,尤其注意用地的合规性,避免项目建成后发生土地侵权风险;其次,运营期内应为项目投保足够的商业保险,用商业保险抵御难以控制的意外风险。另外,业主方如果选择将项目委托专业的运维单位负责运营和维护,应注意在运维合同签署时明确区分产权方和运维方的责任。

以下为项目运营期纠纷的典型案例、裁判观点和相关解读。

裁判观点52:土地使用权人发生变动,不影响承租人依土地租赁合同开展光伏建设项目,其对土地使用权权利承继人不构成侵权。

相关案例:(2021)鲁14民终502号。

法院认为:凯旺公司虽然通过与德州市绿原农业开发中心于2016年7月12日签订土地使用权转让合同并于2017年取得了含有乾鑫公司承租的部分土地的土地登记证书,但根据《合同法》(已失效)第229条"租赁物在租赁期间发生所有权变动的,不影响租赁合同的效力”的规定,土地使用权人发生变动,不影响土地租赁合同的效力,故乾鑫公司基于土地转让给凯旺公司之前租赁合同关系使用涉案土地具有合法性,对凯旺公司不构成侵权。一审驳回凯旺公司的诉讼请求并无不当,应予维持。

律师解读:土地使用权的转让,不影响在先成立的合法有效的租赁权。对于土地使用权的受让人而言,应当注意在签订转让合同前对土地的使用现状进行调查,对地上有无租赁权以及租赁期限等了解清楚。否则,一旦遇到在先的长期租赁合同,可能会导致土地完全无法使用。对于租赁权人而言,应当注意租赁合同是否合法有效。如为集体土地,尤其需要注意,出租人是否履行了集体讨论决策的程序,否则可能导致合同无效。另外,还应注意土地的用途,是否可以通过出租取得其使用权。

裁判观点53:电力设施的经营者应当对高压线路触电死亡事件承担无过错责任,公共场所管理者未尽到安全警示义务应承担相应过错责任,事故当事人自己有过错也应承担相应责任。最终由法院结合各方过错和能力,在各责任方之间合理分配责任。

相关案例:(2021)晋08民终2564号。

法院认为:根据一审查明的事实,死者史某巧被高压电电击导致死亡,平陆凯迪公司作为高压电的经营者应当承担无过错责任。本案案涉高压线路及高压塔位于平陆县林业局国有林场管理范围内,平陆县林业局国有林场对该区域负有安全保障义务,但其未能采取安全防护措施,未尽到安全警示义务,应当承担相应的赔偿责任。死者史某巧未经许可进入国有林场,其携带具有强导电性的钓鱼竿,在高压塔旁边通过时未能及时收回钓鱼竿而引起触电,导致损害结果的发生,存在过错,依法应当减轻平陆凯迪公司的赔偿责任。一审法院结合本案各方当事人对高压电危险作业的注意义务、对周围环境造成的危险性大小及危险回避能力的优劣,认定平陆凯迪公司承担40%责任,平陆县林业局承担20%责任,死者史某巧承担40%责任,划分比例适当。

律师解读:电力设施经营行业属于高度危险作业行业。《民法典》对从事高度危险作业的行业规定了专门的侵权责任。作为经营者,其并不以自身存在过错作为承担责任的必要条件,但能够证明损害是因受害人故意或者不可抗力造成的,不承担责任。被侵权人对损害的发生有重大过失的,可以减轻经营者的责任。作为现场管理者,能够证明已经采取足够安全措施并尽到充分警示义务的,可以减轻或者不承担责任。

裁判观点 54:从事高压电活动的经营者,既包括利用电力设施生产高压电用于出售的发电企业,也包括利用电力设施输送高压电与获取利润的供电公司,还包括利用电力设施使用高压电进行生产经营的用电单位。

相关案例:(2020)黔 06 民再 33 号[类似案例:(2020)黑 02 民终 585 号]。

法院认为:刘某 1 在自家屋顶太阳能热水器附近玩耍时,在高压线下被电击伤,万山供电局不能提交证据证明刘某 1 非因高压电致伤,应当认定刘某 1 系高压电造成身体损害。根据《侵权责任法》(已失效)第 73 条"从事高空、高压、地下挖掘活动或者使用高速轨道运输工具造成他人损害的,经营者应当承担侵权责任,但能够证明损害是因受害人故意或者不可抗力造成的,不承担责任。被侵权人对损害的发生有过失的,可以减轻经营者的责任"的规定,应当由从事高压电活动的经营者承担侵权损害赔偿责任。从事高压电活动的经营者,既包括利用电力设施生产高压电用于出售的发电企业,也包括利用电力设施输送高压电与获取利润的供电公司,还包括利用电力设施使用高压电进行生产经营的用电单位,无论是发电公司还是供电公司,或是用电单位在其从事高压电活动进行经营的高度危险作业过程中,造成他人损害的,均应依法承担损害赔偿责任。

律师解读:从司法实践来看,司法机关对高压电活动的经营者倾向于作出宽泛的解释,既包括发电企业,也包括输电供电企业,甚至还包括用电单位。这代表法律对高度危险行业的从业者课以了极高的注意义务,电力从业者一定要以高出一般人注意程度的专业态度从事本行业,对公共安全负起应有的责任。

裁判观点 55:在供电设施上发生事故引起的法律责任,按供电设施产权归属确定。产权归属于谁,谁就承担其拥有的供电设施上发生事故引起的法律责任。

相关案例:(2022)京 02 民终 5628 号[类似案例:(2019)粤 03 民终 14385 号]。

法院认为:根据电力公司下属丰润区供电分公司与郝某春之父郝某元签订的《居民供用电合同》第 1 条第 5 款的约定:产权分界点及供电设施维护管理责任:电能表出线 10 厘米处,分界点以下属用户。《供电营业规则》第 51 条规定:在供电设施上发生事故引起的法律责任,按供电设施产权归属确定。产权归属于谁,谁就承担其拥有的供电设施上发生事故引起的法律责任。本案事故发生地属于分界点以下,故供电设施的产权及维护管理责任应属于用电方,由此发生事故引起的法律责任应由用电方承担。

律师解读:在供电设施上发生事故引起的法律责任,按供电设施产权归属确定。对于运营管理单位与产权单位不一致的,应当由产权单位先承担责任,然后可以根据其与运营单位之间的合同关系去追究责任。

裁判观点56:被侵权人违反安全规章制度,擅自进入供电设施非安全区域内,私搭接电线,造成其触电身亡,其损害后果系其自身过错行为导致。应自行承担责任。

相关案例:(2020)川09民终41号。

法院认为:本案冯某松死亡原因系1000伏以下低压照明线路致人死亡,根据相关法律规定,低压供电设备上引起的触电人身损害纠纷,应适用过错责任原则。经查,2018年10月,死者冯某松即与当地政府达成拆迁安置补偿协议,后冯某松停止支付电费,其房屋入户电线及电表箱均已拆卸,与蓬溪供电分公司的供用电合同未再履行,由冯某松之子冯某全为冯某松安装太阳能供电设备提供生活照明用电。2019年7月28日,冯某松触电身亡。根据接报警登记表及现场照片等证据综合分析,冯某松死亡原因应为其违反安全规章制度,擅自进入供电设施非安全区域内,在蓬溪供电分公司的供电线路上搭接电线,造成其触电身亡,其损害后果系其自身过错行为导致。虽然冯某举、冯某春、冯某全上诉主张蓬溪供电分公司未对残存供电线路尽到管理职责,残存供电线路上有电致冯某松死亡,但其并未提交确实充分证据证明蓬溪供电分公司未对残存供电线路尽到管理职责、存在过错,且本案不适用无过错责任原则或推定过错责任原则,蓬溪供电分公司无须承担证明自己对残存供电线路尽到管理职责,不存在过错的责任,因此蓬溪供电分公司不应承担损害赔偿责任。

律师解读:低压供电设备和高压设备,法律要求的注意义务不同,适用不同的责任认定规则。如果是高压设备,适用无过错侵权责任。即便被侵权人存在重大过失,电力经营者依然可能承担一定的责任。这就要求电力经营者承担更高的注意义务。

裁判观点 57：排除妨害、恢复原状虽然是侵权案件的责任承担方式，但若恢复原状的社会和经济成本过高，也可考虑以赔偿损失的方式进行替代。

相关案例：（2020）鲁 06 民终 2015 号。

法院认为：排除妨害、恢复原状虽系一般侵权案件的一种处理方式，但是涉案 5 号塔基在内的该线路已并入国家电网运营多年，属于公共设施，投资巨大，考虑到本案土地的属性、恢复原状的可行性、工程量、人力物力的投入情况，排除妨害、恢复原状势必浪费社会成本，造成资源的浪费，不利于生产经营，且双方就除涉案 5 号塔基占地之外其他建设项目用地补偿事宜包括线路线塔、沥青路面修复等，已经达成协议，并已经履行完毕，故对被上诉人排除妨害、恢复原状的诉讼请求，依法不予支持。一审法院对此判决错误，应予纠正。

律师解读：新能源项目占地面积大，尤其是有的土地还会涉及耕地林地和草地，土地合规对项目的整体合规性至关重要。如果项目侵占他人土地，会面临排除妨害，恢复原状的责任，即便不需要恢复原状，也需要按照评估价格赔偿损失。

裁判观点 58：风机规划未能合理规划，导致对周围住宅产生不利影响，应当承担侵权责任。

相关案例：（2019）宁 01 民终 4678 号。

法院认为：被上诉人作为合法继承人，对涉案房屋享有所有权，其依法主张权利，系本案的适格主体。华电公司、华电公司宁东分公司在建设涉案风机规划时未能合理规划，造成建成的风机距离被上诉人的住宅较近，给其生活造成影响，构成侵权。一审法院根据《物权法》（已失效）关于“物权的取得和行使，应当遵守法律，尊重社会公德，不得损害公共利益和他人合法权益”的规定，认定上诉人华电公司、原审被告华电公司宁东分公司承担侵权责任并无不当。

律师解读：新能源电站项目规划时，应充分考虑对周边相邻物业权利人的不利影响，如噪声、光照等，提前做好沟通和补偿工作。否则项目建成后易构成侵犯他人相邻权而承担侵权责任。

裁判观点 59：土地出让合同中已明确政府为公用事业需要而敷设的各种管道与管线可以进出、通过、穿越受让宗地的，土地使用权人无权要求拆除穿过该土地的杆塔及高压线路。

相关案例：（2021）甘 02 民终 714 号。

法院认为:关于案涉杆塔及高压线路是否需要办理用地审批手续,甘肃长城文化公司诉请拆除案涉杆塔及高压线路的理由是否成立的问题。华电嘉峪关分公司提交的甘肃省自然资源厅作出的《政府信息公开告知书》可证实案涉光伏发电工程的选址、建设、线路输出均获得国家各管理部门的批准,案涉杆塔及高压线路不需办理征地审批手续。本案中,甘肃长城文化公司与土地管理部门签订的《国有建设用地使用权出让合同》第17条载明:甘肃长城文化公司同意政府为公用事业需要而敷设的各种管道与管线进出、通过、穿越受让宗地。甘肃长城文化公司取得土地使用权时,争议杆塔及高压线路就已建成存在,华电嘉峪关分公司在甘肃长城文化公司取得土地使用权后并无妨害行为,甘肃长城文化公司主张争议杆塔及高压线路用地未经审批与查明事实不符,其诉请排除妨碍,拆除争议杆塔及高压线无事实依据,不予支持,故一审认定华电嘉峪关分公司无妨碍行为并无不当。

律师解读:通过出让方式获得的土地使用权,不仅包括土地平面的使用权,而且包括地上和地下一定高度的立体的土地使用权。但是为了公共利益需要,出让方一般会在合同中约定地上或地下一定距离可以敷设管道线路等。土地使用权人对此负有一定的容忍义务。新能源电站项目建设中,杆塔及高压线路如需占用他人土地范围的,稳妥的做法还是事先沟通确认是否存在侵权风险,以免因纠纷影响项目建设。

裁判观点60:运营商对风电设备支付了高额保险金,对保险合同格式条款进行解释时应采不利于保险人的解释,以满足投保人对保险合同条款的合理期待。

相关案例:(2021)冀08民终482号。

法院认为:保险合同中的投保人、被保险人,因风险承受能力较低、信息量占有不对称、合同地位不平等,属于商事交易中的弱势群体,人民法院应重视并尊重被保险人以及受益人对保险合同条款的客观合理的期待。本案中,上诉人东润风电公司为其运营的大型风机机组设备在被上诉人阳光财险承德中心支公司处投保并交纳大额保险费,其对保险利益的合理期待即是在因风机机组损坏而产生的高额损失能得到赔偿,如果因被上诉人阳光财险承德中心支公司制作的相冲突的格式条款而免除保险公司的保险责任,那么不仅与投保人东润风电公司交纳巨保险费时的合理期待不符,且会导致上诉人东润风电公司因保险条款冲突而利益受损,故本案对于争议的保险条款应作不利于保险人的解释原则,以便维护投保人东润风电公司合法权益。

律师解读：保险合同属于典型的格式合同。相对于保险人，投保人在合同中处于弱势地位，《民法典》明确规定，格式条款有多种理解时，应采取不利于格式条款制作方的解释。但保险公司对此也有应对措施，对合同中不利于投保人的条款一般会给予特别提示，因此，投保人也不应掉以轻心，还是应当对保险合同进行充分的审阅。